KB126392

이너골프로 10타 줄이기

The INNER GAME of GOLF

한 라운드의 실제 스윙시간 3분만 느껴라

이너골프로 10타 줄이기

티모시 갤웨이_저 · 김영규_역 · 이상무_그림

아키온
ARCHAEON

이너골프로 10타 줄이기

초판 1쇄 2006년 12월 5일

지은이 티모시 갤웨어
옮긴이 김영규
펴낸곳 아키온
펴낸이 이완재

등 록 1992년 11월 11일(제10-749호)
주 소 서울시 서대문구 북아현3동 192-2
전 화 (02)393-9814 / 365-6368
팩 스 (02)365-6369

ISBN 89-8482-123-3(03690)
값 15,000원

※잘못된 책은 교환해 드립니다.

서문

뒤돌아보면 게임능력을 향상시키려는 사람들에게 항상 두 줄기의 조언이 따라다녔다. 나는 그것을 '공식의 강'과 '느낌의 강'이라고 부른다. 전자가 외부세계에서의 기술적 숙달을 지향한다면 후자는 내적세계의 숙달을 의미한다.

'공식의 강'은 구체적인 분석을 바탕으로 기술적 지침을 양산해 내는 특징을 갖고 있다. 이 같은 접근방식은 아이작 뉴턴경의 우주 기계관을 바탕으로 하는 서구 사상에서 비롯됐다. 물체의 움직임을 지배하는 법칙을 발견해 물리적 움직임의 인과관계를 이해하려는 시도다. 우주의 모습은 작은 기어가 돌면서 큰 기어를 움직이는 거대한 기계적 시계로 이해되며, 그 결과 뉴턴주의자들은 물리적 현상을 예측하거나 조정할 수 있는 새로운 능력을 개발해 수없이 많은 영역에서 다양한 기술을 선보였다.

골프라는 게임, 특히 스윙 메커니즘은 뉴턴주의자들이 가장 선호하는 주제다. 그들은 스윙의 구성요소와 연속성을 집중 분석해 수천가지의 기술을 만들어냈다. 그리고 수많은 지침을 적용하는데서 오는 실패에도 아랑곳 않고 기술적 지식에 대한 욕구와 믿음은 끊이지 않았다. '욕구가 알아서 컨트롤 한다' 며 탐구를 계속해온 뉴턴식 기술혁명이었다.

하지만 뉴턴주의자들은 지속적 탐구를 하면서도 항상 혼란을 겪는 분야가 있었다. 우주물리학으로는 인간의 감성과 욕망을 쉽게 이해할 수도, 통제할 수도 없다는 게 그것이었다. 뉴턴주의자들은 인간의 행동이 인과관계를 갖지만 그 요인들을 완전히 이해하거나 조정하기에는 너무 복잡하다는 사실을 인정했다. 그들은 특히 관찰과 묘사를 중시하는 성향 때문에 인간의 행위를 분석하는데 있어 두 가지 한계를 노출했다.

첫째는 인간이란 시계를 돌리는 기어와 지렛대가 신체 내에 존재해 있어 그 실체를 파악하기 어렵다는 점이다. 신체를 해부해 내부의 움직임을 정확히 관찰할 수 없기 때문에 외적 행위의 관찰을 통해 내적 기어의 움직임을 유추해야 한다.

둘째는 인간이 갖고 있는 자유선택이라는 독특한 성격의 존재다. 자유라고 불리는 이상과 인과관계는 상호 배타적인 것처럼 보인다. 인간의 내부적 실체는 주관적, 외부는 객관적 대상이어서 과학의 객관적 연구가 주관적 실체에 쉽게 접근하기 어렵다는 것이다.

그러나 뉴턴보다 훨씬 이전에 태어난 소크라테스와 같은 현인들은 '너 자신을 알라' 고 조언했다. 그들은 인간내부의 실체를 이해하는 게 가능한 것으로 생각한 것이다. 현재의 의미로 보면 과학적 분석보다는 직관, 통찰, 또는 자각이란 이름으로 불리는 지적능력을 동원해 인간을 관찰한 셈이다.

'느낌의 강' 은 사고나 느낌 등 인간의 실체를 지배하는 것으로 게임의 '심리적 측면' 이라고 할 수 있다. 나는 이를 '이너게임' 이라고 부른다. 사고는 언어로 표현되어야 관찰하고 분석할 수 있지만, 사고 그 자체가 지나치게 빨리 나타나 정확히 관찰하기 어려운 게 현실이다. 느낌의 경우도 개인마다 주관적이어서 외부에는 말이나 몸짓으로 모호하게 표출될 수밖에 없다. 다시 말해 자신은 충분히 느낄 수 있지만, 그 느낌을 표현하거나 다른 사람들과 공유하는 것은 극히 일부분이다. 골프를 포함한 인간의 행위가 모두 중요하다고 말하는 사람들은 은유나 비유로 그것을 표현한다. 은유나 비유는 정확하지 않으며, 내부 게임의 은밀성에 관해 힌트를 줄 뿐이다. 내적 게임을 주장하는 목소리는 지난 수십세기 동안 강하고 끈질기게 이어져왔지만 소수의 생각에 불과했다.

공식과 느낌은 이처럼 두개의 큰 강처럼 역사를 거슬러 올라왔다. 하나의 강이 커지면 다른 쪽은 작아지고, 때로는 합쳐짐이 없이 서로를 건너지르는 식이었다. 두 강이 동일한 바다로 향한다고 말하기는 어렵지만 두 강이 제시하는 것을 모두 필요로 하는 것 또한 사실이다. 실제

두 강 모두 골프를 치는 법을 배우고 플레이하는데 큰 영향을 주며, 훌륭한 선수와 교습가들은 두 강이 안고 있는 지혜를 하나로 묶을 줄 알았다. 나는 독자들이 이 수정판을 읽음으로써 공식과 느낌, 두 강의 결합으로 무장하길 바란다.

「더 이너게임 오브 골프」란 책을 처음 출간했을 당시 나는 골프스윙의 메커니즘조차 잘 몰랐다. 다만 테니스를 통해 익힌 '내적 기술' 을 골프에 접목해 실력을 향상시킬 수 있을지 여부에 도전한다는 기분이 강했다. 때문에 '편안한 집중' 을 통해 볼과 신체의 움직임에 집중해서 그 결과를 정확히 관찰하는 능력을 강화시키는데 초점을 맞추었다.

사실 골프에 흥미를 느낀 초보자가 기술적 공식의 흐름에서 벗어날 가능성은 거의 없다. 흔히 골프매거진, 전문교습가, 친구 등과 같은 코치의 홍수에 빠지기 마련이다. 갑자기 샷이 향상되면 그들의 설명과 처방의 급류에 휩쓸려 버린다. 나의 경우도 마찬가지였다. 좋은 샷과 나쁜 샷 간의 편차가 너무 크게 나타나면 전문가들은 즉각 스윙궤도의 문제를 지적했었다. 자연히 기술적 지침들과 어울리기 시작했고, 그 유혹에 빠져 주요한 기술적 공식을 스스럼없이 받아들였다. 골프클럽의 그립을 바로 잡거나, 자세를 바로 하거나, 스윙에만 집중하면 나의 취약점인 컨트롤이 개선될 것으로 기대했다.

골프 기교의 배후에 놓여있는 단순 가설은 기술적 공식들을 정확히 따르면 컨트롤이 가능해져 원하는 결과를 얻을 수 있다는 것이다. 골프는 컨트롤 게임이라고 해도 과언이 아니며 자연히 컨트롤을 잘하도록 강요받게 된다. 하지만 그 강요는 점차 강압의 형태로 나타난다.

나를 포함한 대부분의 골퍼들은 최단 시간 내에 우아하고 완벽한 스윙을 통해 볼을 원하는 방향으로 보내는 방법을 터득하려 시도한다. 성공만하면 다른 사람들은 경탄과 당혹스런 마음으로 자신의 완벽한 샷을 구경할 것이란 환상도 갖게 된다. 하지만 그것은 꿈에 불과하다. 그 꿈이 깨어지면 골프는 운동신경이 뛰어난 사람들이 매일 매일 연습을 해야 정복이 가능한 것으로 생각이 바뀌게 된다. 부자유스런 몸에 다양한 지침이 강요되고, 지침대로 했는지 평가도 받게 된다. 어깨, 다리, 히프는 물론, 턱까지도 바짝 조여야한다. 나는 테니스를 통해 이너게임 훈련을 했던 덕분에 기술적 물결에 빠지지는 않았다. 기술적 물결에 끊임없이 발가락들을 빠트린 것은 사실이지만 두발을 모두 담그지는 않았다.

나는 전문가들의 도움을 받지 않고 골프실력을 어느 수준까지 발전시킬 수 있는지를 실험해 보는데 집중했다. 출판사 편집자는 내가 이 책을 저술하는 동안 일주일에 한 차례 골프장에 나가 80타를 깨는, 이른바 싱글 핸디캡을 나의 목표로 삼으라고 제시했다. 이 책이 자연스런 배움을 저해하는 불신, 두려움, 주의력 결핍과 같은 심리적 장애를 극복하는 탐구 중심으로 전개된 것도 바로 이런 이유에서다. 동시에 배움을 쉽게 해주는 내적 기술도 제시하였다.

책이 출간되자 골프세계는 이 책이 제시하는 내적 접근방식에 놀라운 반응을 보였다. 처음에는 예상대로 스윙 메커니즘에 대한 지식으로 권위를 유지해온 단체들이 상당한 거부감을 표시했다. 내적 골프의 중요성을 잘 알고 있는 프로선수들도 나의 주장을 공개적으로 지지하는 것을 꺼렸고, 일부 선수들은 그들의 코치로부터 배웠던 인과관계 메커니즘과 일치하지 않는다며 노골적으로 반론을 폈다.

그렇지만 이 책은 뉴턴주의가 지배하는 골프세계에서 베스트셀러가 됐다. 상당수의 골퍼들이 라운드를 돌며 즐기는 것은 기술적 메커니즘 이상이라는 사실을 인지했던 덕분이었다. 그들은 이 책이 출간된 것을 기뻐하며 친구들에게 권했다. 책을 읽은 후 핸디캡이 줄고, 골프에 대한 즐거움이 커졌다는 반응을 보내오는 사람들도 많았다. 얼마 지나지 않아 이너게임 방식에 의혹을 표시했던 골퍼들과 프로들조차 이 책을 읽으며 접근을 시도했다.

운동선수와 코치들 간에 스포츠심리에 대한 연구 붐이 점차 확산되자 골퍼들 역시 공개적으로 골프의 심리적 측면에 마음을 열기 시작했다. 지난 1974년 출간된 「더 이너 게임 오브 테니스」는 게임의 심리적 감성적 측면을 직접적으로 다룸으로써 혁명적이란 평가를 받았다. 이전까지는 사람들이 이너게임의 필요성을 거론하는 것조차 꺼렸으며, 특히 선수들은 내적게임의 중요성을 거론하는 것을 극히 자제했다. 심리와 관련된 주제는 다소 유약한 것으로 비쳐질 수 있다는 생각이 깊숙

이 깔려있었기 때문이었다. 하지만 「더 이너 게임 오브 테니스」가 출간된 이후 심리적, 육체적 성과를 절정으로 끌어 올릴 수 있는 수많은 연구물과 단체들이 우후죽순처럼 생겨난 것은 분명 놀라운 변화였다.

골프교습 내용이 발전해 나가는 단계를 관찰해 보면 매우 흥미롭다. 밥 토스키의 경우 "골프스윙에 있어 가장 중요한 점은 느낌을 터득하는 것" 이라고 강조해 큰 호응을 얻었다. 그는 베스트스윙을 느린 동작으로 보여주면서 골프를 가르치는 이미징스쿨을 운영했었다. 특별한 스윙동작을 분석해 주거나 가르치는 대신 "긴장을 풀고 당신이 그와 같은 멋진 스윙을 한다고 상상해보라" 고 주문한 것이다. 「더 이너게임 오브 테니스」에 나오는 교습내용과 유사한 방식이었다.

최근 뉴욕타임스는 북리뷰를 통해 리 아이젠버그가 쓴 「당신은 타이거 우즈가 아니다」를 소개하면서 골프저서에 여러 종류가 있다며 다음과 같이 기술했다. "골프저서의 한 종류는 인과관계를 모은 매뉴얼지침서로서 주로 유명선수나 그 스승들이 발간한 책들이다. 하지만 이런 장르는 비디오카메라의 등장으로 그 빛을 잃어가고 있다. 비디오카메라가 베스트골퍼들의 스윙을 슬로모션으로 전환시켜 원하는 스윙을 정지된 상태에서 제공해주기 때문이다. 이 기술은 스윙움직임의 세밀한 분석을 가능케 해주어 기술적 교습을 확산시키는데 큰 역할을 했다. 동시에 슬로모션 기능은 뛰어난 골퍼의 탁월함이 개인적인 것일 뿐 그의 스윙이 항상 일정한 것은 아니라는 사실도 밝혀냈다." 골프의 탁월한 이론가이자 교습가인 데이빗 리드베터도 「더 골프 스윙」이란 저서에서 "골프 테크닉을 수년간 연구한 결과 절대적인 방법은 없다는 결론을 내렸다"고 말했다.

하지만 골프에서든 테니스에서든 대부분의 코치들은 학생들의 개인적 특성을 무시한 채 하지 말아야 할 것을 각인시켜 주는데 주력하는 경향이 강하다. 그들의 기본적인 생각은 입증된 '스윙 모델'을 찾아 모든 사람들에게 똑 같이 가르치는 것이다. 뉴욕타임스는 「당신은 타이거 우즈가 아니다」란 책이 기계적 교습 이외에도 게임의 심리적 측면을 주요 장르로 제시했다고 지적하며, 그 분야의 대표적 저서로 「더 이너 게임 오브 골프」와 밥 로텔러박사의 「골프 이즈 낫 어 게임 오브 골프」를 들었다. 선임자는 피터 크랜포드의 「더 위닝 터치 인 골프」와 게리 와이런의 「더 뉴 골프 마인드」라고 덧붙였다. 이 책들의 공통점은 통찰력을 내적 게임의 영역에 포함시켰다는 것이었다.

최근 열린 미PGA 코칭 컨퍼런스에서 「골프팁스」란 잡지사 대표는 "골프교습 방식의 발전, 클럽과 볼 만드는 기술의 진보, 그리고 무수히 많은 새로운 훈련방식이 나왔지만 골프스코어는 향상되지 않고 있다"며, "골프스쿨과 훌륭한 코치, 지침서와 잡지, 하이테크장비들이 양산되고 있지만 미국 골퍼들의 평균 핸디캡은 기껏해야 이전 수준에 머물고 있다"고 문제를 제기했다.

나는 그 이유가 골프스윙과 교습능력에 큰 차이가 있기 때문으로 분석한다. 기술과 감성에 기초한 지도가 상호 연관 없이 독자적으로 발전한다면 문제를 해결하지 못한다. 양측이 서로 결합돼 골프에 녹아 들어가야 한다는 게 나의 생각이다. 결합은 서로의 개성을 유지하는 바탕위에서 이뤄져야 진정한 하나 됨이 가능하다. 각 분야의 지식이 동시에 작용하면서도 각자의 기능을 독자적으로 유지해야한다. 한쪽이 독단적으로 자신의 발전을 고집해 상대방을 압도해서는 안 된다는 얘기다.

나는 이 수정판을 집필하면서 두 가지 점에 주력했다. 마지막 4개 장(章)에서는 이너게임 발전의 다음 단계를 구체화 하는 시도로, 골프를 배우고 플레이하는데 있어 근육운동과 동작감지에 대한 기본욕구를 뛰어 넘는데 초점을 맞추고 있다. 왜 그리고 어떻게 플레이해야하는지를 분리할 수 없다는 기본적인 중요성을 깊이 있게 제시하는 것이 그 목표다. 중간 장(章)들은 기계적인 골프교습과 감성에 기초한 교습 간에 유효한 다리를 만드는데 초점을 맞추고 있다. 오랫동안 분리돼온 내적 접근과 외적접근간의 관계를 개선하려는 나의 희망이 담겨있는 것이다.

이 책은 골퍼들의 최대 적이 자신이란 점을 지속적으로 강조한다. 자신을 가로막는 내적 장애를 솔직하게 인정하지 않으면 골프실력이 진정으로 향상될 수 없다는 메시지를 전하고 있다. 잠재력에 대한 믿음은 과거보다 더욱 강해졌지만, 자기 스스로가 잠재력 발산을 방해하는 경향이 있다는 것을 우리 대부분은 인정하지 않는다. 우리가 스스로를 방해한다는 사실을 인정하고 수정하겠다는 정직성과 용기를 가진다면 많은 기술적 정보를 더욱 효율적으로 사용할 수 있게 된다.

내적게임과 외적게임 간에 다리를 놓으면 모든 게임에서 좋은 결실을 얻을 수 있다. 그 다리는 골프를 진정한 레크리에이션의 수준으로 끌어 올려줄 것이다. 초보자는 초기단계에서 느끼게 되는 좌절감을 상당 폭 줄이며 골프에 접근할 수 있고, 코치들에 대한 존경심도 높아질 것으로 믿는다.

옮긴이의 글

"한 라운드 18홀을 도는 동안 실제 골프스윙 시간은 불과 3분이다.

슬럼프란 없다. 자기불신이 만들어낼 뿐….

테니스보다 골프의 집중력이 떨어지는 것은 공이 멈춰있기 때문이다.

영화배우처럼 잭 니클로스의 스윙을 모방하라.

샷에 앞서 공략지점의 이미지를 그려라.

컨트롤을 시도하지 말고 클럽헤드를 그냥 느껴라.

강하게 치려하면 오히려 근육간 간섭만 유발된다."

이 책을 번역하면서 나는 골프를 다시 생각하게 됐다. 골프장에서 동반자와 인사를 나누면 즉시 온갖 상념에 젖어든다. 그의 핸디캡을 생각해보고 함께 지낸 4시간30분을 돌이켜 보면 쓴 웃음이 난다.

이 책은 골프를 통해 좋은 성과(performance), 즐거움(enjoyment), 그리고 배움(learning)등 3가지를 얻어야 한다고 강조한다. 그리고 스윙시간 3분을 제외한 4시간27분의 라운딩 중에 함정에서 벗어나는 방법으로 이너게임을 제시한다. 하지만 딱딱한 이론서라기보다는 골프의 진정한 맛과 멋을 느끼게 해준다.

골프를 사랑하는 모든 사람들이 이 책을 통해 실력향상은 물론 골프에 대한 즐거움과 자신감을 체험하게 된다면, 옮긴이의 수고는 창공을 나는 골프공을 보는 행복감으로 대신하겠다.

김영규

Contents

골프 : 내 · 외적 도전

테니스라켓을 던져 버리고 거의 25년간 사용하지 않았던 골프클럽을 깨끗이 손질하면서 나는 두 가지 감정을 느꼈다. 테니스코트와 스키슬로프에서 개발했던 이너게임의 전략과 원칙을 귀족적 스포츠인 골프게임에도 적용할 수 있을 것이란 기대감이 그 하나다. 동시에 골프게임에서 나타나는 악명 높은 정신적 장애를 극복할 수 있을지에 대한 불안감도 함께 느꼈다. 골프는 역시 극복할 수 없는 위험한 게임으로 결론 날지 모른다는 우려감의 반영이었다.

이너게임의 원칙은 신뢰를 바탕으로 깔고 있으며, 이것이 제시하는 전략은 테니스나 스키는 물론, 음악, 사업, 교육, 건강, 가족생활 등 다양한 분야에서 역동적인 결과를 만들어냈다.

내가 느꼈던 불안감은 이너게임에 대한 믿음의 부족에서 오는 것은 아니었다. 이너게임의 원칙은 신뢰를 바탕으로 깔고 있으며, 이것이 제시하는 전략은 테니스나 스키는 물론, 음악, 사업, 교육, 건강, 가족생활 등 다양한 분야에서 역동적인 결과를 만들어냈다. 나아가 「더 이너 게임 오브 테니스」를 읽었던 많은 골퍼들로 부터 '스코어를 상당히 줄였으며 골프에 대한 즐거움도 커졌다' 는 내용의 편지도 많이 받았다. 나는 이너게임이 골프를 짧은 순간에 정복할 수 있도록 도와준다고 진정으로 믿었다.

그러나 골프는 일생 동안 즐겼던 테니스와 여러 점에서 크게 달랐다. 나의 목표는 초보단계인 나의 실력을 짧은 시간 내에 어느 수준까지 향상시킬 수 있는지를 살펴보는 것이었다. 때때로 실패할 수 있다는 가능성 때문에 압박을 받기도 했지만 이너게임을 한다면 골프에 대해 더 많은 것을 배울 수 있다고 스스로 위안했다. 따라서 나는 질수가 없었다.

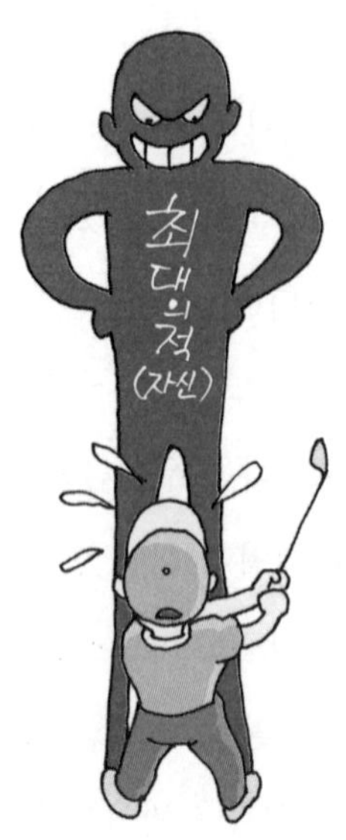

골프는 이길 수 없는 유일한 게임

골프를 다시 시작한 후 첫 라운드의 상대는 캘리포니아에서 가장 유명한 외과의사인 닥터 F였다. 유명 인사들이 참여하는 테니스 토너먼트에서 만난 적이 있는 닥터 F는 바쁜 와중에도 일주일에 세 차례씩 골프라운드를 즐기고 있었다. 나는 티박스에 처음 올라서자 친근하지 않은 환경에 긴장하며, 닥터 F의 자신 찬 모습에 감탄했다. 그는 첫 번째 홀에서 파를 기록했다. 하지만 두 번째 홀에서는 두 차례 연속 오비를 내자 좌절감속에 드라이버로 땅을 치며 "골프는 인간의 마음이 꾸며낸 가장 저주스런 게임이다"고 소리쳤다.

"그렇다면 당신은 왜 자주 골프를 치느냐" 하고 나는 순진하게 물었다. 그는 잠시 멈칫하더니 "골프는 이길 수 없는 스포츠야" 라며 다소 뚱딴지같은 대답을 했다. 그리곤 자신의 답변에 놀란 듯 다시 생각하더니 "맞아, 골프는 내가 한 스포츠중 이길 수 없는 유일한 게임이야" 라고 중얼 거렸다.

닥터 F는 이날 드라이브샷에서만 좌절감을 느낀 게 아니었다. 불과 4피트짜리 퍼트를 남겨 놓고도 극도로 긴장했다. 그가 만약 퍼트를 하는 것처럼 불안과 걱정 속에 외과용 메스를 들고 있다면 나는 결코 그가 집도하는 수술대에 올라가지 않을 것이다. 어려운 수술은 4피트 거리의 퍼트를 성공시키는 것 보다 더 능숙함을 요구하기 때문이다.

그러나 골프는 닥터 F를 무기력하게 만들었다. 그가 메스를 수술실 바닥에 내던지고 자신을 멍청이라고 질책하는 일을 상상해 보라. 그는 그린에서 세 번에 한번 이상 '멍청이'라고 소리치며 자학했다.

좌절에 빠진 것은 닥터 F만이 아니었다. 나 역시 테니스를 통해 이너 게임을 잘 터득했다고 자부했지만 미스샷을 할 때마다 스윙을 분석하는 나 자신을 발견하며 놀라곤 했다. 나는 스윙 메커니즘을 잘 알지 못하면서도 무엇이 잘못 되었는지를 밝혀내려 애를 썼다. "스윙을 할 때 균형이 무너진 것일까? 너무 힘이 들어가지는 않았는가? 손목을 너무 일찍, 혹은 너무 늦게 꺾은 것은 아닐까? 다음 샷에서는 이번 실수를 반드시 만회해야지."

그러나 하나의 결점을 수정하면 두 가지 이상의 결점이 다시 고개를 들었다. 컨트롤을 시도할수록 오히려 리듬감이 상실되면서 스윙은 기계적으로 변해갔다. 샷이 불안정해 질수록 자기수정에 대한 욕망은 더

욱 커졌다. 자기수정이라기 보다는 자기파괴에 더 가까웠다.

새로운 시각으로 라운드를 되돌아보았다. 그리고 무엇을 위해 노력했는지를 반문해 보았다. 마음속에 와 닿은 한 단어는 '컨트롤' 이었다. 원하는 대로 몸을 움직이게 할 수 있다면 볼도 원하는 곳으로 보낼 수 있다.

골프코스를 떠나면서 새로운 시각으로 라운드를 되돌아보았다. 그리고 무엇을 위해 노력했는지를 반문했다. 마음속에 와 닿은 한 단어는 '컨트롤' 이었다. 원하는 대로 몸을 움직이게 할 수 있다면 볼도 원하는 곳으로 보낼 수 있다. 골프는 자기 신체의 컨트롤에 대한 강력한 도전이라고 생각했다. 그리고 테니스를 하면서 터득했던 컨트롤에 대한 해법을 골프에도 그대로 적용하기로 결심했다.

테니스코트에서 배운 것

내가 테니스코트에서 배운 것을 한마디로 요약하면 잘 작동하지 않는 신체를 컨트롤하는 것이다. 자신의 신체에 어떻게 하라고 지시하는 것은 실력을 향상시키는 효과적인 방법이 아니다. 근육은 언어를 이해하지 못하며, 마음은 손과 귀의 조화를 이해하지 못한다. 테니스선수들 대부분은 레슨의 지침과 일치시키기 위해 신체의 자유로운 움직임을 스스로 억눌러 근육간의 조화를 방해한다. 그들은 시합도중 "백스윙을 할 때는 라켓을 미리 뒤로 빼, 볼은 앞에서 치고, 폴로스루 할 때는 라켓을 돌리지마" 라며 화난 듯 자신을 다그친다. 이 같은 지침들을 모두 지키면 선수들의 몸은 뻣뻣해져 제 실력을 발휘할 수 없게 된다.

나의 코칭능력과 학생들의 실력은 지침의 남발이 역효과를 낸다는 사실을 깨닫는 순간 발전 단계로 접어들었다. 이너게임을 탐색하던 시

"어떻게 칠 것인가에 대한 생각을 모두 버려라." 하지만 이너게임은 이 같은 하나의 지침만으로 얻어질 수 없다. 교묘한 방해자들이 우리의 심리를 파고들기 때문이다.

기에 학생들에게 "테니스볼을 어떻게 칠 것인가에 대한 생각을 모두 버려라"는 단순한 지시가 큰 성과를 내는 것을 지켜보면서 나 역시 상당히 놀란 적이 있다. 하지만 이너게임은 이 같은 하나의 지침만으로 얻어질 수 없다. 교묘한 방해자들이 우리의 심리를 파고들기 때문이다.

테니스 플레이에서 나타나는 실수는 스윙 메커니즘 보다 의혹 긴장 집중력 약화 등 심리상태가 더 크게 작용한다. 나는 코치로서 모든 외적 현상을 교정하기보다는 실수를 유발하는 심리적 원인을 해결하는 '인사이드 아웃' 처방이 훨씬 효과적이란 사실을 발견했다. 스윙에 대한 자기불신을 없애주면 기술적 개선이 즉각 가능하다는 사실을 계속해서 관찰할 수 있었다. 그 변화는 기술적 지침이나 끊임없는 자기분석 없이도 가능했다.

테니스코트에서 선수들이 심리적 문제를 극복하는 효과적인 방법은 이미 입증됐다. 이제 골프에서도 실용적인 방법을 찾는 도전만이 남은 것이다.

골프는 이너게임

나는 보다 규칙적으로 라운드를 돌면서 골프가 이너게임의 마지막 도전이란 사실을 깨달았다. 골프는 어린 아이들처럼 신비롭고 사랑스럽게 다가오지만 동시에 인간의 약점을 그대로 드러내게 한다. 약점을 극복하든지 아니면 압도당하든지 둘 중 하나다. 결국 골퍼는 외적게임

못지않게 이너게임에서 발생하는 도전도 받아 들여야 한다. 벙커나 오비표시등 외적 장애와 함께 심리적 위험도 상존하고 있는 것이다.

골프에서 발생하는 다섯 가지 심리적 요인은 자아를 반영하려는 게임의 유혹, 정확성의 요구, 경쟁에서 오는 압박, 독특한 진행속도, 그리고 스윙메커니즘에 대한 집착이다.

이너게임을 학습하려면 우선 골프에서 발생하는 심리적 요인을 잘 인지할 필요가 있다. 심리적 요인은 다양한 측면에서 분석될 수 있지만 본질적으로는 다섯 영역으로 분류가 가능하다. 자아를 반영하려는 게임의 유혹, 정확성의 요구, 경쟁에서 오는 압박, 독특한 진행속도, 그리고 스윙메커니즘에 대한 집착이 그것이다.

골프의 유혹

나는 골프를 다시 시작하면서 다른 스포츠에서는 찾아볼 수 없는 매력을 발견했다. 많은 골퍼들은 좌절에 빠지면 즉각 포기를 공언하지만 실제로 그만두는 사람은 거의 없다. 라운드 도중 두세 차례의 멋진 성공은 오래 기억되는 반면, 미스샷이나 졸전은 쉽게 잊혀지기 때문이다.

때때로 행운이 따라 주어 좋은 결과를 얻을 수도 있다. 초보자가 우연히 챔피언처럼 플레이할 수 있는 유일한 스포츠가 바로 골프다. 처음 골프를 하는 사람이 첫 그린에서 5피트거리의 퍼트를 성공시킨 뒤 '골프는 쉬운 게임이야' 라며 의기양양하기도 한다. 20세 청년이 그의 첫 드라이브샷을 페어웨이 정 중앙 2백50야드까지 날린 뒤, 볼을 향해 걸어가면서 멀지 않아 미PGA투어에 나갈 수 있을 것으로 자신할 수도 있다. 75세인 나의 아버지도 잭 니콜로스가 최악의 플레이를 했을 때 보다 잘 친 날이 분명히 있었다.

나도 초보시절 드라이브 샷을 페어웨이 정 중앙으로 보낸 뒤 어프로치 샷으로 그린에 올려 단 한 번의 퍼트로 버디를 잡은 적이 있다. 프로도 그 결과에 만족할만한 멋진 성과를 올린 것이다. 문제는 그와 같은 일이 자주 일어나지 않는다는 점이다. 골프는 우연히 좋은 성적을 내면 훌륭한 골퍼들과 어깨를 나란히 하고 플레이를 할 수 있을 것이란 순진한 생각을 갖도록 유혹한다. 하지만 성적이 나빠지면 막연한 기대가 이내 절망으로 바뀐다.

다른 스포츠의 경우는 상황이 다르다. 나는 골프보다 테니스를 훨씬 잘 친다. 하지만 나의 게임감각이 절정일 때도 최악의 상태에 빠져있는 피터 샘프라스(1990년대 테니스 황제)와 게임을 하면 세트는커녕 포인트도 제대로 얻지 못할 것이다.

나는 드라이빙 레인지에서 연습을 시작한지 불과 몇 시간 만에 골프가 주는 매력이 바로 좌절 그 자체란 사실을 깨달았다.

나는 드라이빙 레인지에서 연습을 시작한지 불과 몇 시간 만에 골프가 주는 매력이 바로 좌절 그 자체란 사실을 깨달았다. 서른 이후 골프코스에 나갈 기회가 적었지만 필드에 나가면 드라이버로 230야드를 정확히 날리곤 했었다. 볼이 높이 치솟는 순간, 한껏 고무되면서 힘과 정복감을 느꼈다. 하지만 내가 원할 때 그와 같은 경험을 할 수 없다는 사실에 좌절감도 동시에 경험했다. 실패에서 오는 초조함을 억누르며 볼을 하나하나 치면서 이전의 멋진 플레이를 재연할 수 있다는 것을 입증하려 시도했지만 결과는 더욱 나빠졌다.

연습장을 둘러보니 다른 사람들도 같은 덫에 걸려있는 듯 했다. 그들은 시간과 돈을 투자하며 예측 가능한 완벽한 스윙을 갈망하고 있었지만 시간이 흐를수록 우리 모두 자신이 원하는 컨트롤을 할 수 없다는 실망에 빠져 들었다. 이전에 멋진 샷만 하지 않았다면 그토록 마음이 상하지 않았을지도 모른다. 실력은 우리 안에 있었던 것이다.

나는 골프에 대한 닥터 F의 열정에 점차 공감하기 시작했다. 골프는 자아를 파괴하기 위해 과대포장 되는 것처럼 보였다. 그렇다면 골프를 하면서 즐거움을 기대할 수는 없는 것일까? 이길 수 있는 대상일까? 좌절 없이 즐기고 플레이하는 것을 배울 수는 없는가? 나는 좌절 없이 즐길 수만 있어도 큰 성공이라고 생각했다.

정확성의 요구

골프를 다시 시작하면서 가장 고통스럽게 느낀 점은 '일관성의 결여' 였다.

골프를 다시 시작하면서 가장 고통스럽게 느낀 점은 '일관성의 결여' 였다. 40피트 거리에서 완벽한 훅성 어프로치로 그린에 멋지게 볼을 올려놓았지만, 다음번에는 똑 같은 상황에서 슬라이스를 냈다. 보다 짜증스런 일은 어떤 홀에서는 드라이브 샷이 페어웨이 중앙을 향했지만, 다음 홀에서는 볼의 위쪽을 쳐 티에서 줄줄 굴러가는 것을 지켜봐야했다. 테니스를 할 때도 때론 일관성 결여를 경험했지만 골프 정도로 편차가 심하지는 않았다. 상대방이 리턴할 수 없는 멋진 에이스를 기록한 뒤 다음 서브가 라인을 벗어나 아웃된 적은 있지만, 네트의 밑둥을 치거나 펜스를 맞추는 터무니없는 경우는 거의 없었다. 좋은 골퍼에게 요구되는 정확성을 향상시키려면 테니스보다 더 많은 심리적 훈련이 필요한 것도 이런 이유에서다.

골프는 우선 실수를 유발하는 이유를 찾기가 어렵다. 예를 들어 거리를 좌우하는 것은 클럽헤드의 속도지만 다운스윙시 팔의 속도는 테니스선수가 서브를 할 때의 속도보다 훨씬 느리다. 또 골프클럽은 테니스라켓보다 길고 유연해 클럽헤드 속도가 더욱 빠르다. 클럽헤드가 시속 100마일 이상의 속도로 볼을 쳤다면 다소 빗맞아도 수십 야드 이상 날려 보낼 수 있다. 볼이 항상 우리가 원하는 방향으로 날아간다면 그것이 오히려 놀라운 일일지도 모른다.

테니스의 경우 첫 번째 동작은 서브지만, 골프에서는 모든 샷이 첫 번째 동작이다. 테니스에서 첫 번째 서브를 실수하면 두 번째 서브를 할 수 있는 기회를 갖지만, 골프는 용서가 없다. 테니스라켓의 표면적은 골프클럽보다 크지만 플레이 거리는 훨씬 짧은 것도 양측 간의 큰 차이다. 테니스에서 골프로 취미를 바꾸면 집중력을 재정비할 수밖에 없다.

골프는 정확도 못지않게 매너도 요구한다. 테니스선수는 서브를 할 때 스스럼없고 때로는 현란한 동작을 취한다. 서비스라인에 서면 공을 여러 차례 튀긴 후 서브를 하는 게 일반적이다. 그러나 대부분의 골프선수들은 플레이를 할 때 극도로 자제하는 모습을 보여준다. 매번 거의 의식을 치루 듯 비슷한 모습으로 골프공을 다룬다. 의상도 섬세하게 챙겨야한다. 칵테일 파티장에 아무리 많은 사람이 모여도 테니스선수와 골프선수를 쉽게 분간해 낼 수 있다는 농담도 이래서 나왔다.

나는 소년시절 신발 한 짝은 늘 끈이 풀려있는 등 섬세함과는 거리가 멀었다. 별 어려움 없이 수학문제를 모두 풀었지만 부주의하게 계산이

틀려 만점을 받지 못했다. 때문에 골프가 요구하는 '정확함' 이란 규율을 성취할 수 있을지 스스로 의문을 가졌었다. 골프를 시작하면서 유일한 바람은 나의 능력에 도전해서 심리적 안정을 높일 수 있는지를 확인하는 것이었다.

골프가 요구하는 정확성은 다른 공격적인 스포츠와는 달리 좌절이나 울분의 해소를 허용하지 않는다. 골프는 좌절을 유발하는 동시에 다음 샷까지 이를 어떻게 삭히는지를 터득하라고 요구한다. 이너게임에 대한 멋진 도전이 아닐 수 없다.

압박감

테니스시합에서 6대3 6대3, 세트스코어 2대0으로 완패했다면 상대방이 게임을 잘한 결과라고 자위하면 된다. 그러나 골퍼는 테니스선수와 달리 홀로 게임을 하기 때문에 스코어에 대한 비판이나 평가는 자신을 겨냥하게 된다. 함께 플레이를 한 나머지 세 사람은 심판에 불과한 셈이다. 골프에서는 모든 샷이 카운트된다. 반면 테니스에서는 포인트를 아무리 많이 잃어도 승리할 수 있다. 테니스는 실수를 용서하지만 골프는 어떠한 실수도 용납하지 않는다. 게임 내내 압박감을 느낄 수밖에 없는 운동이다.

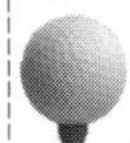

골프는 자신과의 게임이어서 자아가 도전과 위협을 받을 수밖에 없다. 골퍼의 기분은 오로지 스코어에 따라 좋아지기도 하고 가라앉기도 한다.

골프는 자신과의 게임이어서 자아가 도전과 위협을 받을 수밖에 없다. 골퍼의 기분은 오로지 스코어에 따라 좋아지기도 하고 가라앉기도

한다. 많은 골퍼들이 날씨, 코스상태, 동반자, 가족, 그리고 사업 등을 핑계로 이 같은 압박감에서 벗어나려 하지만 결국은 자신과 코스와의 싸움이며 스코어는 실력의 결과라는 사실을 외면하는 바보는 없다.

많은 골퍼들이 압박감에 짓눌려 팔짝팔짝 뛰면서도 이 압박감이 오히려 골퍼들의 마음을 사로잡는 것 또한 사실이다. 대부분의 골퍼들은 보다 어려운 코스를 좋아하며, 게임을 즐겁게 한다는 이유로 내기를 하며 스스로 압박감을 가중시킨다.

압박감속에서 최선을 다하는 것을 배우는 것이 이너게임의 목표다. 18번째 마지막 홀에서 이기기 위해 5피트거리의 짧은 퍼트에 도전하는 것은 육체적 행위라기보다는 심리적 행위다. 그와 같은 압박감속에서 정확도와 파워를 유지하는 것을 익히면 인생에 있어 다른 어떠한 어려

운 상황도 극복할 수 있지 않을까.

속도

골프 플레이의 속도는 다른 스포츠와 완전히 다르다. 테니스의 경우 부정적인 생각이 들면 갑자기 날아오는 볼을 길게 리턴하는 대신 커트를 하면 된다. 골프의 경우 생각을 하는 시간이 지나치게 길다. '이전 샷은 무엇이 잘못된 것일까. 다음 샷을 오비내면 스코어는 엉망이 될 터인데' 하는 식으로 샷과 샷 사이에 부정적 사고가 엄습한다. 분석하는 시간이 길어지면 당황스럽고 위축되고 화도난다.

골프를 치면 100개미만의 샷을 하게 된다. 매 샷마다 2초가 걸린다고 추산하면 4시간동안 스윙에 소요되는 시간은 3분 남짓에 불과하다.

4시간 동안 테니스를 치면 64게임, 또는 1200~1500번의 스윙을 하며, 400포인트 정도를 때낼 수 있다. 그 시간동안 골프를 치면 100개미만의 샷을 하게 된다. 매 샷마다 2초가 걸린다고 추산하면 4시간동안 스윙에 소요되는 시간은 3분 남짓에 불과하다.

골프에 있어 집중력을 키우려면 특단의 노력이 필요하다. 첫째, 볼은 움직이지 않고 그 자리에 있으므로 정확한 순간에 볼을 치려면 집중력이 절정에 달해야한다. 샷과 샷 간의 긴 시간동안 산만함에서 벗어나는 능력이 요구된다. 테니스에 있어서는 게임이 진행되면 집중력이 자연스럽게 강화되고, 게임에 밀리면 집중력이 절정에 이른다. 그러나 골프에서는 게임이 안 풀리면 집중력을 오히려 잃기 쉽다.

나는 연습을 하면서 다음 샷을 하기위해 걸어가는 시간이 게임의 중

다음 샷을 하기위해 걸어가는 시간이 게임의 중요한 부분이다. 샷과 샷 간의 공백 기간은 내 · 외적 게임의 승패를 좌우하는 경우가 많다.

요한 부분이란 사실을 깨달았다. 샷과 샷 간의 공백 기간은 내 · 외적 게임의 승패를 좌우하는 경우가 많다. 그 시간 동안 부정적인 생각을 하면 균형이 무너지고, 이전 샷의 긴장을 떨쳐내면 안정된 샷을 준비할 수 있다. 이너골퍼는 샷과 샷 사이에 마음을 안정시키고 다음 2초간의 스윙에 필요한 집중력을 준비하는 방법을 제시한다.

조언과 테크닉에 대한 몰입

나는 방대한 골프관련 자료를 접하기 이전에는 테니스의 스윙 메커니즘이 완전히 분석된 것으로 생각했었다. 하지만 골프의 스윙메커니즘은 테니스보다 놀라울 정도로 세밀하게 해부되어왔다. 내가 골프를 다시 시작했다는 소식을 접하고 한 친구가 보내온 빌 캐스퍼의 295가지 골프레슨, 게리 플레이어의 395가지 골프레슨, 그리고 아놀드 파머의 495가지 골프레슨만 훑어보아도 그 사실을 충분히 짐작할 수 있었다.

골프코스에서 미신의 위력을 보는 것은 어렵지 않다. 많은 골퍼들은 비법을 끊임없이 찾으며, 마술적 공식이 비법 신봉자들의 마음을 파고든다. 골퍼들은 한마디의 멋진 조언을 가슴에 새기며 좌절감에서 벗어나 굿샷을 날릴 기대감에 사로잡힌다. 그리고 '잘 될 거야' 라며 자기최면을 건다.

하지만 단순한 마술적 공식이 골퍼들에게 어느 정도의 도움을 줄 수 있겠는가? 미스 샷을 몇 차례 내면 마법에 대한 믿음과 기대는 동시에 사라지고, 즉시 또 다른 조언을 찾게 된다. 물론 진정으로 도움이 되는 조언도 많지만, 단순한 조언은 이길 수 없는 게임을 정복할 수 있다는 기대감만 높여줄 뿐이다. 행복하고 훌륭한 골퍼는 단순한 술책이 실력을 향상시켜 줄 수 없다는 것을 안다. 인내를 갖고 내·외적 기술을 꾸준히 연마해야 좋은 골프를 할 수 있다.

단순한 조언은 이길 수 없는 게임을 정복할 수 있다는 기대감만 높여줄 뿐이다. 행복하고 훌륭한 골퍼는 단순한 술책이 실력을 향상시켜 줄 수 없다는 것을 안다.

골프라는 경이로운 게임에 순수하게 뛰어드는 용기 있는 영혼은 심리적 장애에 직면하게 된다. 그의 자아는 성공이 주는 심리적 보상에 매력을 느끼면서도, 합리적 규범에 따라 플레이를 해도 실패할 수 있다는 파멸을 두려워할 것이다.

몇 라운드를 도는 동안 우쭐한 기분을 느끼게 하는 멋진 샷을 여러 차례 하면서 굿샷을 반복할 수 있는 방법을 스스로 터득할 수도 있다. 하지만 골프란 게임의 메커니즘을 감안할 때 지속적으로 좋은 샷을 할 수 있는 가능성은 거의 제로에 가깝다. 자연히 나쁜 습관을 고쳐 좋은 골퍼로 만들어 주겠다는 정신적, 기술적 예언자가 주변에 넘쳐나면서 '해야 할 것' 과 '하지 말아야 할 것' 의 긴 리스트로 인해 매번 샷을 분석하고 실수를 만회하는 작업을 시도하게 된다. 결국 보상을 위한 보상을 받게 되며, 실패할 때마다 리스트 내용을 떠올리면서 긴장과 의혹을 증폭시킨다. 성공할 때까지 분석하는 유혹을 이겨내지 못하게 되는 것이다.

이미 현대 생활의 고통을 겪고 있는 사람들에게 이 같은 고뇌까지 부과한다면 골프는 재미있지만 위험한 게임이 된다.

골프의 이너게임

스윙컨트롤은 마인드 컨트롤에 달려있다는 게 이 책의 주제다.

골프를 잘 치려면 스윙의 메커니즘을 이해하는 게 분명 도움은 되지만 코스에서의 실전보다 연습 샷이 더 좋거나 스코어가 들쭉날쭉한 이유를 설명해 주지는 못한다. 이너게임의 목표는 우리의 잠재능력과 실제 성과와의 불필요한 갭을 줄여주며 동시에 게임에 대한 흥미를 높여주는데 있다.

골프는 외적게임 못지않게 상대적으로 설명이 어려운 내적게임에 대한 도전이다.

골프는 외적게임 못지않게 상대적으로 설명이 어려운 내적게임에 대한 도전이다. 최근 출간되는 저서나 잡지가 골프의 심리적 측면을 강조하는 경향이 점차 강해지는 것도 이런 이유에서다. PGA가 주최한 한 모임에서 지역 교육담당자들은 티칭프로들이 골프메커니즘에 대한 분석을 줄이고 심리적 측면에 보다 관심을 쏟아야 한다는데 의견일치를 보았다. 이 자리에서 한 대학의 골프코치는 "우리는 골프스윙에 관해 많은 것을 알고 있지만 골퍼들이 어떻게 배울 수 있는지 도와주는 방법은 모르고 있다"고 실토해 큰 호응을 얻었다.

사실 자기의혹, 집중실패, 자기분노, 자기비하를 어떻게 극복하는 가는 현실적인 문제다. 이 같은 장애에 직면하는 것은 나쁜 친구를 만나는 것과 같다. 이너게임은 선택사항이 아니다. 골퍼들은 다양한 외적게임을 하는 도중에 자신도 모르게 끊임없이 이너게임을 하고 있다. 플레이 결과가 자신의 잠재능력을 그대로 반영하고, 라운드의 경험을 충분히 즐기며 배운다는 느낌이 들면 그 골퍼는 이너게임을 이겨내고 있다고 축하해도 좋다. 나를 포함한 대부분의 골퍼들은 다양한 환경에 걸맞는 외적게임과 동시에 내적인 적을 극복하기 위한 이너게임을 하고 있다.

골퍼가 극복해야 할 가장 근본적인 도전은 간섭의 존재다. 이너게임에서 승리하는 것은 골프코스를 정복하는 것 이상의 의미가 있다는 게 나의 생각이다. 때문에 이 책은 이너게임의 원칙과 기술을 당신의 골프게임에 심어 줄 수 있는 실용적인 방법을 제시하는데 초점을 맞추고 있다. 자각(awareness), 선택(choice), 믿음(trust) 등 3가지 내적 기술의 향상이 그것이다. 이와 관련된 훈련방식은 나 스스로 골프를 하면서 개발했기 때문에 나의 내 · 외적 투쟁과 실력의 발전을 그대로 반영하고 있다.

02 백-히트-스톱으로 90을 깨다

이번 장(章)에서는 '백(back)-히트(hit)-스톱(stop)' 이란 기법을 통해 스윙에 대한 일관성을 유지, 10타를 줄여 나가는 나의 노력이 소개된다.

나는 「이너 게임 오브 테니스」란 책에서 '편안한 집중' 이란 개념을 제시했다. 하지만 골프를 다시 시작하면서 편안한 집중을 유지하는데 있어서 테니스보다 골프가 훨씬 어렵다는 사실을 깨달았다. 골프에 대한 이너게임 탐구를 시작했을 때 대부분의 교습은 메커니즘에 집중되어 있었다. 그러던 중 우연히 전설적인 골퍼였던 바비 존스가 저술하고, 베너티 페어사가 1929년 출간한 「골프의 심리적 위험」을 접하고는 놀라움을 금치 못했다. 골프에도 이너게임의 접목이 오랜 전부터 시도되었다는 사실을 처음 알았던 것이다.

그 책의 소제목은 ‘걱정 긴장 흥분 그리고 집중력 결여로 사고(思考)가 길을 잃다’ 였다. 그 내용을 요약하면 다음과 같다.

“골프는 분명 종잡을 수 없는 게임이다. 최고의 골퍼라도 어떤 스윙을 할지 확신을 갖고 첫 번째 티박스로 들어서는 경우는 극히 드물다. 볼을 1000번에 걸쳐 정확히 날렸다면 다음번에도 정확한 샷이 쉽게 재연되어야 하지만 현실은 다르다. 골프스윙은 다양한 근육 움직임의 복잡한 조합이다. 그 조합은 너무 복잡해 심리적 노력으로 제어하기 어렵다. 결국 오랜 연습을 통해 얻어지는 본능적 반응에 의존하게 된다. 본능에 완벽하게 의존할 수 있다면 의식적으로 자신을 컨트롤하지 않고도 좋은 샷을 구사할 수 있다.

홀륭한 샷을 하는 비결은 스윙방법에 대한 온갖 생각을 완전히 버리는 것이다. 스윙 결과를 걱정하지 않는다면 적어도 샷 동작에 있어서는 큰 도움이 된다.

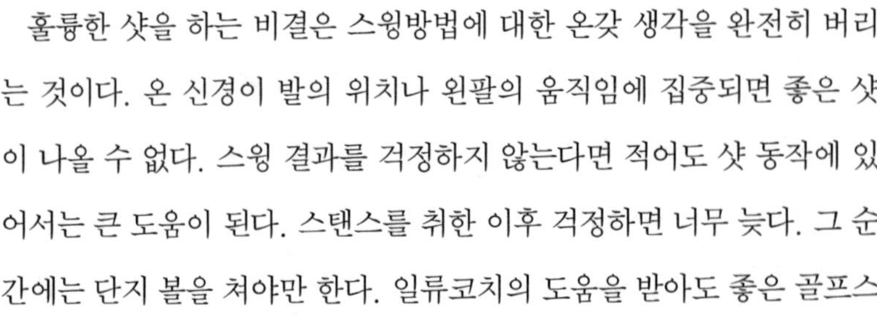

홀륭한 샷을 하는 비결은 스윙방법에 대한 온갖 생각을 완전히 버리는 것이다. 온 신경이 발의 위치나 왼팔의 움직임에 집중되면 좋은 샷이 나올 수 없다. 스윙 결과를 걱정하지 않는다면 적어도 샷 동작에 있어서는 큰 도움이 된다. 스탠스를 취한 이후 걱정하면 너무 늦다. 그 순간에는 단지 볼을 쳐야만 한다. 일류코치의 도움을 받아도 좋은 골프스타일을 개발하는 것은 쉽지 않다.”

내가 테니스코치로서 학생들에게 집중력을 가르칠 때의 경험을 되돌아보면 그의 지적은 분명 일리가 있다. 모든 문제는 단순히 컨트롤로 귀착되지만, 훌륭한 플레이는 컨트롤하기에 너무 복잡한 것을 요구한다. 바비 존스는 이를 ‘객관적으로 의식할 수 있는 심리적 노력’ 이라고 규정했다.

자아 1과 자아 2

나는 테니스게임 도중 내 자신이 머릿속으로 끊임없이 해설을 하고 있다는 사실을 발견하면서 몸과 마음의 컨트롤을 이해하기 시작했다. 나의 제자들도 훈련을 받으면서 다음과 같은 자기학습을 하고 있었다. "라켓을 뒤로 빨리 빼야해, 볼을 너무 늦게 받아쳤어, 발리를 할 때는 무릎을 굽혀야지, 백핸드 자세가 너무 높아, 이번에는 실수해선 안 돼, 제기랄 또 실수했잖아, 공을 봐야지 공을 봐, 이 게임에서 지면 파트너에 무어라고 말해야하나…."

테니스 시합 도중 마음을 파고드는 이 같은 상념들을 자세히 분석하면서 "나는 누구와 얘기하는 걸까, 누가 그렇게 하라고 말하는 걸까"라고 자문하는 자신을 발견했다. 그리고 내 자신 안에 적어도 두개의 존재가 상존하고 있다는 사실을 깨닫고는 놀랐다. 그 하나는 테니스를 치는 사람이고, 또 다른 하나는 훈수하는 사람이었다. 볼을 어떻게 치라고 말하는 사람, 즉 자아1은 테니스를 어떻게 치는지 잘 알고 있어서 실제로 볼을 치는 당사자인 자아2를 감시 감독하고 있었다. 자아1은 자아2의 실수를 비판할 뿐 아니라 미래의 실수를 경고하며 윽박지르는 식으로 훈계도 했다.

자아1과 자아2간에 형성된 첫 번째 감정은 불신이었다. 자아1은 볼을 치는 자아2를 믿지 못하고 자신의 지시를 따르도록 강요했다. 샷에 대한 자신감이 커지면 자아1의 지시가 줄어들었고, 자아1이 사라지면 샷이 놀랄 만큼 좋아진다는 사실을 알게 됐다. 그 때는 티박스에 올라가도 머릿속에서 아무런 대화도 일어나지 않았다. 자아1은 도움을 주기보다 방해꾼에 불과했던 것이다.

이 사실을 발견한 이후 나는 자아1의 간섭을 최소화하는 방법을 찾는 동시에 자아2의 잠재력에 주목했다. 자아1을 잠재운 뒤 자아2가 아무런 간섭도 받지 않고 골프를 배우고 플레이하면 배움의 속도와 실력이 놀랄 정도로 향상된다는 사실을 발견했다. 자아2는 자아1이 신뢰하는 이상의 잠재능력을 갖고 있었다. 실제로 자아1에 많은 기술적 정보를 전해주는 대신 자아2의 능력에 대한 믿음을 부여하는 방식으로 학생들에게 테니스를 가르치자 좌절감이 줄어들어 보통 사람들보다 실력이 3~4배 빠른 속도로 향상되었다.

요약하면 자아1은 근육시스템을 컨트롤하려는 능력은 없고 말만 많

아 잡념만 양산하는 쓸모없는 보스에 불과했다. 반면 신체 그 자체인 자아2는 컨트롤, 성과, 즐거움, 배움의 속도 그 모두를 향상시켜 주는 역할을 했다.

비록 시간이 다소 흐른 뒤 깨달았지만 자아1의 간섭을 줄이고 성과를 높이기 위해 의혹, 두려움, 집중력약화가 유발되는 이유를 반드시 분석할 필요는 없었다. 다시 말해 자아1의 개입을 인식하는 것으로 충분하며, 즉각 현 상황에 마음을 더욱 집중하는 게 중요했다. 이를 바탕으로 이너게임에 집중하는 많은 훈련방식이 테니스선수들을 위해 개발됐다.

「이너게임 오브 테니스」의 독자 중 일부는 자아1과 자아2 이론을 '좌뇌와 우뇌이론' 과 연관을 짓기도 했다. 자아1은 왼쪽 뇌로 합리적이며 분석적인 능력이 있고, 자아2는 직관력을 담당하는 오른쪽 뇌와 같다는 것이다. 하지만 나는 그 이론에 동의하지 않는다. 오른쪽 뇌와 왼쪽 뇌 모두 신체의 일부이며, 자아2는 인간의 모든 신체 조직이라는 게 나의 이론이다. 반면 자아1은 물리적 존재는 없지만 양쪽 뇌를 간섭할 수 있는 이른바 정신적 자기간섭 현상으로 생각하면 된다. 지금 하는 일에 집중하면 간섭은 최소화되고 두뇌는 최상의 능력에 근접하도록 작용될 수 있다.

자아2는 인간의 모든 신체 조직이고, 자아1은 정신적 자기간섭 현상으로 생각하면 된다. 이너게임의 목표는 자아1의 영향력을 최소화하는데 있다.

자아1과 자아2를 이같이 이분법으로 정의하면, 이너게임은「P=p-i」란 단순한 공식으로 표현될 수 있다. 게임의 성과인 P는 잠재능력(p)에서 자아1의 간섭(i)을 빼면 된다. 다시 말해 '게임성과(P)=자아2(잠재능력)-자아1(간섭)' 이란 얘기다.

이너게임의 목표는 자아2가 자신의 능력을 다하도록 설득하는 것이 아니라, 자아2가 표현하는 것을 방해하는 자아1의 영향력을 최소화하

는데 있다. 물론 자아1은 전제군주처럼 행동해 영향력이 줄어들면 강하게 저항할 것이다. 자아2를 위해 자아1의 컨트롤을 줄여나가는 과정은 자아1의 간섭능력을 무력화시켜 자아2가 의식적으로 볼을 칠 수 있도록 집중력을 개발하는 도전적 작업이다. 일단 집중훈련에 빠져들면 자아2에 대한 자아1의 간섭은 줄어들고 게임능력이 즉시 향상된다.

'바운스-히트'의 마법

'의도적으로 컨트롤 하려는 마음을 버려라'는 바비 존스의 지침을 따르는 것은 쉽지 않았다. '모든 생각을 완전히 제거하라'는 주문도 이행하기 어려웠다.

테니스의 경우 모든 주의력을 볼의 움직임에 맞춰야 하지만, 학생들에게 볼을 주시하라는 지시만으로 만족할만한 수준의 집중력을 이끌어 낼 수는 없다. 그러나 테니스볼의 이음매를 주시하라며 초점을 맞춰야 할 특정한 목표를 주문하면 집중력이 높아지는 것을 발견했다.

나는 '바운스-히트' 라는 단순한 집중력기법을 적용해 많은 성과를 거뒀다. 바운스-히트란 훈련기법은 좋은 성과를 얻는 것이 목표가 아니라 이너게임 기술의 핵심인 집중력을 높이기 위해서다. 바운스-히트란 볼이 코트에 닿는 순간 '바운스', 라켓으로 임팩트를 가하는 순간 '히트' 란 말을 소리 내도록 하는 훈련 방식이다. 바운스-히트 훈련에 일단 익숙해지면 라켓을 흔들면서 동시에 발과 몸이 움직이며, 그 과정에서 편안함과 유연성이 눈에 띄게 향상되는 것을 느낄 수 있다. 실제 학생들은 그들의 의식이 바운스-히트의 리듬에 빠져들자 의도적인 노력을 하지 않고도 어려운 샷을 손쉽게 구사했다.

그 같은 집중훈련을 성공시키려면 두 가지 전제조건이 필요하다. 첫째 간섭이나 지나친 컨트롤에서 벗어나 주의력 집중에 빠져드는 과정이 재미있어야 하며, 둘째는 움직임을 보다 조화롭게 만들기 위해 볼과 신체에 유용한 피드백(반향: 反響)을 주어야 하는 것이다.

골프에서 내가 추구한 것은 주의력의 단순한 집중으로, 의식과 사고를 자연스런 스윙과 일치시키는 것이었다. 테니스의 이너게임에 익숙한 골퍼들은 골프에도 바운스-히트 마법이 통할 수 있는 지를 물었고, 나도 그 점에 의문을 가졌었다.

골프에서의 바운스-히트를 찾아

나는 골프 볼에 대한 집중력을 키우는 방안으로 홈, 라벨, 흠 등 특정한 부위를 주시해 보았지만 그 어느 하나도 나의 마음을 오랫동안 붙잡아 두지 못했다. 볼이 그냥 그 자리에 가만히 있어 집중훈련에 이내 싫증이 났기 때문이었다. 바운스-히트 훈련을 적용해도 긴장과 함께 스윙만 뻣뻣해졌다. 바운스-히트의 마법은 테니스볼의 움직임과 리듬에 마음이 빠져드는 것과 관련이 있어, 이를 움직이지 않는 골프볼에 그대로 적용하기는 불가능했다. 골프볼은 내가 치기 전에는 움직이지 않고 그 자리에 머물러 있어 오히려 잡념과 긴장을 유발했던 것이다.

그러던 어느 날 나는 의미 있는 하나의 초점을 찾아냈다. 단지 볼만 집중해 쳐다보는 대신 볼 뒷면과 그와 맞닿은 잔디 결을 주시했다. 양측에 초점을 맞추면 스윙 도중 머리를 과도하게 움직였는지의 여부도 점검이 가능했다. 볼과 잔디 결이 맞닿은 위치가 바뀌면 머리를 많이 움직였다는 얘기가 된다. 하지만 이 방법도 내가 찾는 완벽한 해답은 아니었다.

골프에서 가장 중요한 초점은 볼이 아니라 클럽헤드란 결론에 이르렀다. 볼을 정확히 타격했는지 여부에 대한 관심을 줄일수록 클럽헤드의 존재를 더 많이 느끼게 된다는 사실을 발견했다.

결국 골프에서 가장 중요한 초점은 볼이 아니라 클럽헤드란 결론에 이르렀다. 클럽헤드에 따라 몸을 움직이기 때문에 리듬감도 볼이 아니라 클럽헤드에 있다는 사실을 깨달았다. 하지만 나의 시선은 클럽헤드의 움직임을 좇아가지 못하는 문제점을 노출했다. 클럽헤드에 집중하길 원하면 나의 오감(五感)을 이용해야 하는데 그것은 정말 어려운 과제였다.

스윙도중 클럽헤드의 움직임을 어느 정도 느끼고 있는 것일까? 나는 즉시 연습장에 나가 클럽헤드 인지능력을 시험했다. 처음에는 내 클럽이 어느 위치에 가 있는지를 거의 자각하지 못했으나, 볼을 정확히 타격했는지 여부에 대한 관심을 줄일수록 클럽헤드의 존재를 더 많이 느끼게 된다는 사실을 발견했다. 눈을 감고 스윙연습을 하자 클럽헤드에 대한 느낌은 더욱 강해졌고, 주의력을 붙잡을 정도로 재미도 있었다. 클럽헤드를 있는 그대로 단순히 느낄 뿐 컨트롤을 않기 때문에 클럽은 스스로 스윙을 했고, 결과도 좋았다. 이때 나의 집중력이 클럽헤드와 스윙 컨트롤에 분산되면 결과는 당연히 나빴다.

백-히트-스톱

나는 마음의 컨트롤을 시도하는 대신 클럽헤드에 집중하면서 다음과 같은 훈련을 했다. 클럽이 백스윙 동작 중 가장 멀리 떨어져 있다고 느끼는 순간 '백' 이라고 소리 냈다. 클럽이 바른 위치에 있는지 여부에는 신경을 쓰지 않고 단순히 클럽의 위치만을 느꼈다. 그리고 다운스윙과 함께 클럽 페이스가 볼에 닿는 순간 '히트' 라고 외쳤다. 클럽이 폴로스윙을 끝내고 멈추는 순간 '스톱' 이라고 소리 냈다.

이 훈련은 스윙동작 내내 나 자신을 클럽과 일치시켜 주었으며, 동시에 자아1의 지시로 부터 해방시켜 주는 장점도 있었다. 특히 '스톱' 이라고 말할 때까지 서 있으면 볼이 어느 방향으로 날아가는지 보기위해 머리를 드는 헤드업을 효율적으로 방지해 주었다.

이 훈련에서 가장 어려운 점은 스윙을 컨트롤 하려는 욕망을 제어해야 한다는 것이다. 의식적으로 컨트롤 하려는 의지를 완전히 포기하지 못하는 것은 어찌 보면 인지상정일지도 모른다. 그러나 주의력의 50% 정도만 '백-히트-스톱' 에 몰입해도 스윙동작 중 자아1의 간섭현상이 상당히 줄어드는 것을 느낄 수 있었다. 그리고 이에 대한 자신감이 커지자 이 훈련에 더욱 집중하게 되었다.

이 훈련방식에 흥미를 갖게 된 골퍼들은 자신들이 지금까지 클럽헤드의 중요성을 잘 몰랐다는 사실에 상당히 당황해했다. 대부분의 골퍼들은 백스윙을 어디까지 해야 하는지에 대한 관심과 함께 나름대로의 이론을 갖고 있었다. 하지만 실제 그들의 백스윙과 이론 간에는 큰 간격이 있었던 것이다.

테니스의 경우도 마찬가지다. 라켓이 어디에 있어야 한다는 이론적 당위성 보다는 라켓이 지금 어디에 있는 가를 자각하는 게 더 중요하다. 테니스볼은 예측대로 움직이는 것이 아니라 그냥 그 순간 그곳에 있을 뿐이다. 나는 테니스 제자들에게 "당위성(should)과 존재(is)간에는 항상 불일치가 나타난다" 고 가르쳤다.

컨트롤에 필요한 수많은 지침보다는 골프헤드의 위치에 따라 신체가 순간순간 정확한 반응을 보이는 것이 더 중요하다. 그런 점에서 '백-히트-스톱' 은 클럽헤드에 대한 느낌을 강화시켜 주는 동시에 자아1의 간섭을 줄여주는 효과적인 훈련방식임에 틀림없다.

골프도 컨트롤에 필요한 수많은 지침보다는 골프헤드의 위치에 따라 신체가 순간순간 정확한 반응을 보이는 것이 더 중요하다. 그런 점에서 '백-히트-스톱' 은 클럽헤드에 대한 느낌을 강화시켜 주는 동시에 자아1의 간섭을 줄여주는데 효과적인 훈련방식임에 틀림없다고 나는 믿고 있다. 연습과 신뢰를 요구하는 만큼 그 결과가 이를 분명히 보상해 줄 것이다.

하지만 이 훈련을 하는 과정에서 학생들은 은연중에 백과 히트를 명사에서 동사로 바꿔버리는 문제가 나타났다. 동사는 명령에 복종하라는 느낌을 담고 있어 '클럽을 백스윙 했으면 이제 볼을 쳐야한다' 는 식으로 스스로에게 명령하는 것과 똑 같다. 때문에 백이란 단어는 반드시 명사로 사용되어야 한다는 점을 학생들에게 누누이 상기시켜 주었다. 클럽이 백스윙의 톱에 있다고 느끼는 순간 백이란 단어를 소리 내고, 임팩트 순간 히트란 명사로 강조해야 한다는 설명도 곁들였다. 스톱도 스윙을 멈추라고 명령하는 것이 아니라 완성을 상징하는 단어임을 강조했다.

다-다-다-다

클럽을 백할 때, 백스윙 톱 동작에서, 임팩트 순간, 그리고 마무리 동작 등 스윙의 움직임을 네 단계로 나누면, 스윙의 리듬과 템포에 대한 느낌을 강화시킬 수 있다.

'백-히트-스톱' 이 때로는 명령을 유발하는 단점을 보완하기 위해 각 구절을 '다' 로 대신해 보았다. 클럽을 백할 때, 백스윙 톱 동작에서, 임팩트 순간, 그리고 마무리 동작 등 스윙의 움직임을 네 단계로 나눠 리듬을 보다 명확히 하기 위해서였다.

4박자의 운율은 여러 가지 이점을 주었다. 스윙의 리듬과 템포에 대한 느낌을 강화시켜 줄 뿐 아니라 네 동작의 순간순간 마다 클럽헤드의 위치를 인지토록 해 주기 때문이었다. 여기다 리듬에 대한 감각을 더해줘 집중에 대한 흥미도 높여주는 것으로 나타났다. 자연히 의식적

다- 다- 다- 다-

으로 컨트롤을 시도하려는 여지가 그만큼 줄었고, 스윙에 대한 피드백도 좋아져 보다 자연스런 스윙을 할 수 있게 되었다. 연습장에서 이 훈련을 하면 클럽헤드에 대한 자각력이 개선되고 자신의 리듬과 템포를 발견하는데 큰 도움이 된다. 실전에서도 집중력을 유지하는데 활용할 수 있다.

딘 님스 스토리

나는 나 자신보다 이너게임을 보다 잘 활용하는 사람을 만난 적이 있다. 테니스에서의 바운스-히트 기법을 골프에 적용하기 시작했을 때 아이오와주에 거주하는 딘 님스란 사람으로 부터 전화 한통을 받았다. 지역 신문사의 회장인 그는 자신을 핸디캡이 18~19정도인 열광적이면서도 한때 좌절에 빠졌던 골퍼라고 소개했다. 그는 골프의 기량을 향상시키는데 도움을 얻고자 이너 게임 오브 테니스를 읽었다고 했다.

그의 얘기는 이랬다. "골프클럽이 볼을 맞출 때 '히트', 볼이 떨어지면 '바운스' 라고 소리를 내곤했다. 이 훈련방법 덕분에 애리조나에 있는 맥코믹 랜치 골프코스에서 생애 처음으로 싱글 핸디캡인 76타를 쳤다. 믿을 수 없는 결과였다. 볼이 더 잘 보였고, 긴장감도 줄었으며, 과거와는 달리 볼을 친 이후에도 머리가 돌아가지 않았다. 이전까지의 베스트 스코어는 85타였다. 물론 그 훈련법은 위기에 처했을 때만 적용했으며, 이내 곤경에서 탈출할 수 있었다."

이후 딘은 이너게임 골프레슨을 받기위해 캘리포니아를 찾았고, 이너게임을 비즈니스에 적용하는 방법을 놓고 나와 열띤 토론도 벌였다.

그로부터 몇 개월이 흐른 뒤 딘은 나에게 전화를 걸어 이너게임 원칙을 자신의 거의 대부분 생활에 적용하고 있다고 전했다. 그는 "내가 골프를 이겨냈다고 말할 수는 없지만 스코어는 물론 전반적인 매너도 점차 향상되고 있다"고 자신했다. 그의 핸디캡은 일주일에 한번 정도만 라운딩하면서도 8오버파까지 향상되었으며, 이 훈련기법을 다른 사람들에게 전파하는데 즐거움을 느끼고 있다고 덧붙였다.

이어 딘은 무더운 여름날 아버지와 함께 연습장에 나온 8살 된 한 소녀의 얘기를 들려주었다. "그의 아버지는 스윙하는 법을 가르쳤지만 소녀는 아버지의 노력에도 불구하고 볼을 전혀 맞추지 못했다. 그들이 좌절에 빠져있을 때 나는 자신을 소개한 뒤 소녀에게 다-다-다-다 훈련방법을 가르쳐 주었다. 소녀는 흥미를 느껴 '대디 다'를 부르며 클럽을 흔들었고, 난생 처음 볼을 맞추는데 성공했다. 소녀는 계속 대디 다를 흥얼대며 연습을 계속했다. 그녀는 주니어 골프프로그램에도 참여했지만 지금까지 볼을 맞춘 적은 단 한 차례도 없었다며 그의 아버지는 대단히 고마워했다. 다음날 그녀의 아버지는 전화를 걸어 딸이 희열에 차있다고 전했다. 두 살 위인 경쟁자들을 물리쳤다는 것이다."

딘은 하지만 어른들은 그와 같은 훈련방식을 어렵게 받아들이는 것 같다고 말했다. 그 이유는 이랬다. "어른들은 새로운 훈련방식이 효과를 내는 것을 보고서도 지금과 다른 훈련을 달갑지 않게 받아들이는 것 같다. 많은 사람들은 자신이 좋은 골퍼가 될 수 없다고 생각하기 때문에 실력이 향상될 것으로 기대하지 않는 경향이 짙다. 다-다-다-다 훈련방식에 동의하는 사람 중에서도 클럽이 볼을 맞출 때까지 '다'란 단어를 내뱉는 것을 어려워했다. 하지만 정확한 임팩트 순간 다란 말을 꺼내지 못하는 것은 자신들의 고정관념 탓이며, 자아1의 통제를 벗어나지 못한 결과라는 사실을 깨닫게 되면 그들은 새로운 돌파구를 찾아냈다."

딘은 속삭이듯 자신의 잠재능력을 발휘하지 못했던 한 직원의 얘기를 계속해서 들려주었다. 그 직원은 테니스선수도 골퍼도 아니지만, 이너게임 관련 저서들을 모두 읽었으며, 나와 이너게임 전략을 판매에 적용하는 방안을 놓고 토론을 벌인 뒤 실적이 두 배로 올랐다는 것이다.

백-히트-스톱이나 다-다-다-다에 숨어있는 원칙은 똑 같다. 개인의 선호도에 다소 차이가 날뿐 집중 훈련을 수행하는 것은 마찬가지다. 이 훈련 과정에는 다양한 조언이나 다른 사람들의 스윙폼이 끼어들어서는 안 된다.

테니스든 골프든 집중력이 지속될 수는 없다. 시작은 아주 순수하며, 기대가 없기 때문에 컨트롤이 일단 무시된다. 하지만 좋든 나쁘든 샷의 결과를 알고 나면 컨트롤을 시도 하려는 생각이 들게 마련이다. 그 경우 긴장감이 확산되면서 백-히트-스톱의 단어가 동작과 더 이상 일치하지 않게 된다. 학생들에게 정확한 순간에 그 단어를 말했느냐고 질문하면 '모른다' 는 게 일반적인 대답이다.

당신의 목소리가 스윙과 일치하지 않으면 집중력을 상실했다고 봐도 된다. 다음 샷의 결과나 스윙 메커니즘 등을 생각하느라 집중력이 떨어진 결과다. 이때는 '백-히트-스톱' , 또는 '다-다-다-다' 에 주의력을 다시 모아야한다. 훈련을 통해 이 기법이 몸에 배면 자아1의 통제를 받지 않는 자연스런 스윙을 할 수 있게 된다. 어떤 훈련도 매번 결점 없는 스윙을 보장해 줄 수는 없다. 스윙의 기술적 측면을 배우는 것 또한 중요하다. 이 주제는 제5장에서 보다 자세히 살펴보자.

당신의 목소리가 스윙과 일치하지 않으면 집중력을 상실했다고 봐도 된다. 다음 샷의 결과나 스윙 메커니즘 등을 생각하느라 집중력이 떨어진 결과다. 이때는 '백-히트-스톱', 또는 '다-다-다-다' 에 주의력을 다시 모아야한다.

초점 훈련

다-다-다-다 기법은 실전에 응용하기 전 드라이빙 레인지와 퍼팅그린에서 짧게라도 연습을 해보는 게 바람직하다. 라운드 도중 의식적 컨트롤에서 벗어나기는 상당히 어렵기 때문이다. 일단 연습을 통해 다-다-

다-다가 마음을 안정시킬 수 있는 최상의 기법이란 확신을 갖게 되면 압박감을 느끼는 상황에서도 그 기법에 의존하게 될 것이다. 하지만 압박감을 크게 느낄수록 자아1을 잠재우는 것은 더욱 어려워지고, 연습을 통해 얻은 집중력을 발휘할 수 없게 된다.

다-다-다-다 훈련을 할 때는 단어를 큰 소리로 내뱉고, 정확한 시점에 말하는가를 확인해주는 감시자를 곁에 두는 게 좋다. 목소리가 클럽위치와 일치하지 않는다면 당신의 마음에 의혹이 스며든 것으로 간주하면 된다. 골퍼를 처음 배우는 사람들은 클럽헤드에 대한 구체적인 느낌을 갖기 앞서 이 훈련을 이용해 연습해볼 필요가 있다.

백-히트-스톱이나 다-다-다-다 훈련을 하고나면 집중력이 개선되고, 스윙도 보다 자연스러워져 좋은 성과를 얻게 될 것이다. 하지만 성공은 단어들 덕분이 아니라 집중력이 개선된 결과라는 점을 명심해야 한다.

백-히트-스톱이나 다-다-다-다 훈련을 하고나면 집중력이 개선되고, 스윙도 보다 자연스러워져 좋은 성과를 얻게 될 것이다. 하지만 성공의 신호가 나타나면 오히려 경계심을 가져야한다. 이 단어들이 마술적 힘을 갖고 있어 원하는 곳으로 볼을 보낼 수 있다고 생각해서는 안 된다. 성공은 단어들 덕분이 아니라 집중력이 개선된 결과라는 점을 명심해야 한다. 이 훈련기법을 마술공식으로 여겨서도 안 된다. 그럴 경우 이 훈련은 다른 마술과 마찬가지로 효능이 즉각 사라지고, 자아1은 또 다시 간섭에 나선다. 이 기법은 집중력을 높이는 보조수단이란 점을 유의해야한다. 볼을 칠때 자아1의 간섭을 막으면서 자아2를 따른다면 보다 좋은 결과를 얻을 수 있다. 순간적으로 집중력을 잃기가 쉽기 때문에 이 같은 노력은 지속 되어야한다.

90타 돌파

백-히트-스톱과 다-다-다-다 훈련기법은 나의 골프성적에 즉각적으로 긍정적인 효과를 주었다. 이 기법을 받아들인 이후 평균 스코어는 95에서 88로 뚝 떨어졌다.

이 책을 출판한 랜덤하우스의 편집인인 조 폭스가 이너게임 방식을 골프에 적용하는 저서를 출간하자고 요청했을 때 처음에는 망설였다. 연간 불과 4~5차례 정도의 라운드를 하며 스코어도 95~105사이에서 맴돌던 시점이었다. 폭스씨는 "당신이 일주일에 한번 정도 라운딩을 하면서 이 책을 끝냈을 때 80타를 깰 수 있는지 내기를 하자"고 제의했다. 그는 대다수 골퍼들이 일주일에 한차례 이상 플레이를 하는 경우는 드물다는 점을 강조했다. 저술을 끝내는 1년 남짓한 기간 중 80타를 깨야 한다는 얘기였다. 나는 그의 제안을 받아들이기로 결심했다.

당시 내 드라이브 샷은 거리가 꽤 나갔지만 정확도는 크게 떨어졌다. 10차례의 드라이브샷 중 페어웨이에 안착하는 경우는 3번을 밑돌았다. 4개는 슬라이스, 3개는 훅이 걸리는 식이었다. 드라이브 거리가 많이 나가는 것은 다소 위안이 됐지만 부정확성은 골프에 대한 흥미를 잃게 만들었다. 숏 아이언에는 자신이 있었지만 신중하지 못한 성격 탓에 그린에 올려 롱 퍼트를 성공시키는 경우는 극히 드물었다. 코스가 구부러진 도그렉홀에서 지름길을 향해 무모한 드라이브를 날리거나 나뭇가지를 뚫고 그린을 향해 어프로치 샷도 시도했다. 안전한 플레이를 싫어했지만, 실패가 이어지면 자신감을 잃고 포기하는 경우도 허다했다. 두

세 차례 멋진 샷을 날리면 18개 홀을 모두 그렇게 잘 칠 것으로 기대했으며, 테니스에서 터득한 이너게임을 골프에 그대로 적용해 곧 80타를 깰수 있을 것이란 꿈도 꾸었다.

편집장의 내기 제안을 받아들인 이후 라운딩 수를 주당 18홀로 제한했고, 연습도 매주 한시간씩만 했다. 80타를 깨야한다는 강박관념을 느끼면서도 상당한 기대감을 갖고 이 도전을 실행한 것이다. 내 마음 한 구석에는 효율적인 집중방법을 찾아내 수주일내 파게임을 해낼 것이란 망상도 자리했었다.

하지만 그것은 정말 망상이었다. 로스앤젤레스에 있는 랜초 파크 골프클럽에서 첫 라운드를 98타로 끝낸 뒤, 이너게임 테니스코치로서의 자신감과 능력이 골프에 자동 이전되지 않는다는 사실을 깨달았다. 몇 주후면 승리를 만끽할 것이란 꿈은 사라지고 긴장감이 엄습하자 스스로 집중 기법을 더욱 엄격하게 적용하기 시작했다. 그때까지 세차례 라운드를 돌았고, 연습장에서 3시간 훈련을 했다. 스코어는 평균 95타로 떨어졌다.

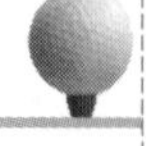

스코어보다 집중력을 강화하는데 초점을 맞추자 새로운 돌파구가 열렸다.

스코어보다 집중력을 강화하는데 초점을 맞추자 새로운 돌파구가 열렸다. 스윙에 맞춰 2개월간 다-다-다-다를 홍얼댄 덕분에 90타를 한차례 깼고, 3개월이 더 지나자 평균타수가 88로 떨어졌다. 이 기간 동안 스윙의 리듬에만 집중했다. 덕분에 클럽헤드는 컨트롤 없이 자연스럽게 돌아갔다. 샷의 일관성이 느껴지자 다-다-다-다 훈련에 대한 자신감도 생겨났다. 동시에 나의 잠재능력이 골프 스코어에 충분히 반영되지 못했다는 사실도 깨달았다.

점차 내가 훌륭한 코스에서 라운드를 한다면 어떤 플레이를 할지 궁금해졌다. 준비가 된 것일까?

스코틀랜드 세인트 앤드루스 골프클럽에서의 90타

사업차 런던을 갈 기회가 있으면 나는 역사적 골프코스인 세인트 앤드루스에서 플레이를 하겠다는 꿈을 가졌었다. 편집인은 나의 이 같은 욕구를 듣자 100타를 깨지 못할 것이라며 10달러 내기를 제안했다. 세인트 앤드루스는 러프의 풀이 길고 날씨도 좋지 않은 편이어서 세계에서 가장 어려운 골프장중 하나로 꼽히는 곳이다.

나는 드디어 세인트 앤드루스 골프클럽에서 라운드를 할 수 있는 기회를 잡게 됐다. 런던 이너게임센터에서 열린 회합이 끝나자 즉시 에딘버러로 날아가 렌트카로 그곳을 향했다. 티 오프시간인 오후 1시에 간신히 도착한 나는 피터와 대븐이란 영국인 커플과 함께 플레이를 하게 됐다. 첫 번째 티박스에 올라서자 주위를 에워싼 구경꾼들 때문에 긴장감을 느꼈다. 스코어카드에 그려진 골프코스 지도는 매 홀마다 해저드가 있다는 사실을 그림과 함께 위압적으로 묘사해 주고 있었다. 공포감이 밀려왔다.

첫 번째 홀은 그린 오른편에 스윌리컨 번이라고 불리는 큰 개울이 있었다. 집중력을 갖고 페어웨이 왼편으로 볼을 날렸다. 그리고 7번 아이언으로 핀의 20피트 지점을 공략했다. 해저드와 불과 10피트 떨어진 곳이었다. 그 순간 나는 나의 골프클럽을 가져왔어야 했다는 생각을 했다. 그곳에서 빌린 퍼터가 내 것보다 다소 가벼웠기 때문이었다. 하지만 이내 그 생각을 떨치고 퍼트에 집중해 큰 실수 없이 파를 잡아냈다.

내가 세인트 앤드루스를 찾은 날은 이곳에서 여간해서 경험할 수 없는 좋은 날씨였으며 뒤편으로 부터 따뜻한 바람도 불어왔다. 이곳 올드 코스의 당당함과 아름다움에 대해서는 익히 들어 잘 알고 있었지만 꼬불꼬불한 그린과 속기 쉽고 비정상적인 함정들은 넋을 빼앗기에 충분했다. 각 홀들은 코핀(관) 캣츠트랩(고양이 함정)과 같은 도발적인 이름을 갖고 있었다. 나는 편집장과의 약속보다는 이 게임의 내용을 책에 담길 원했기 때문에 멋진 플레이를 기대했다. 자아1이 명성을 떨칠 것을 열망한 것이었다.

두 번째 홀에서는 어정쩡한 칩샷 탓에 보기를 범했다. 세 번째 홀은 파, 그리고 네 번째 홀에서는 보기를 했다. 그리곤 더 이상 긴장하지 않는 나 자신을 발견하고 좋은 징조로 받아들였다. 하지만 5번째 홀에서 3번의 퍼트 끝에 더블보기를 했다. 나는 3퍼트에 대한 나쁜 기억을 완전히 지우지 못한 채 여섯 번째 티박스로 올라섰다.

붉은 빛이 감도는 갈색 머릿결을 가진 스코틀랜드 태생의 캐디는 5번째 홀까지는 해저드에 대한 설명을 거의 하지 않은 채 단순히 내가 어디로 향해 샷을 해야 하는지 손가락으로 표시만 했다. 하지만 히스리(히스란 작은 관목)라 명명된 여섯 번째 홀에 들어서자 함께 플레이하던 피터가 숨겨진 벙크에 대한 설명을 했으며, 나의 캐디인 프레드도 훅구질이 강하기 때문에 오른쪽을 겨냥하라고 처음으로 조언했다.

나는 다-다-다-다의 기법을 잊고 오른쪽을 향했으며, 볼은 결국 풀이 긴 러프로 들어가고 말았다. 볼을 러프에서 빼 내기 위해서는 두터운 클럽이 필요하다고 판단한 나는 캐디에게 드라이버를 사용해도 될 것인지에 대한 의견을 구했다. 그는 가능할 수도 있다고 답했다. 나는 드라이버로 강하게 스윙을 했지만, 볼은 오히려 러프 바닥으로 떨어졌다. 이어 샌드웨지를 들고 스윙을 했으나 볼을 러프에서 탈출시키는데 실패했다.

하지만 피터는 '진전이 있었다' 며 긍정적인 반응을 나타냈다. 나는 샌드웨지로 다시 샷을 해 25야드를 움직여 간신히 러프를 탈출하는 데 만족해야했다. 이어 3번 아이언을 잡고 170야드를 날려 그린의 왼쪽 귀퉁이 쪽으로 볼을 보냈다. 홀까지 33야드가 남았으며, 이 퍼트를 성공해야 더블보기로 막을 수 있는 상황이었다. 하지만 퍼트는 홀을 지나 15피트까지 굴러갔고 그 마저도 성공하지 못해 4오버파를 범했다.

세인트 앤드루스 골프클럽이 악명 높은 이유를 절감하는 순간이었다. 함께 플레이를 한 대븐도 '하이' 라고 불리는 다음 홀에서 비슷한 경험을 했다. 대븐은 그린 앞에 도사리고 있는 8피트(2m40cm) 깊이의 벙커에 볼을 빠트렸다. 피터는 고개를 들지 말고 완전히 폴로스루 할 것을 주문했지만 그녀는 긴장된 상태에서 3번이나 스윙을 한 뒤 가망이 없다며 볼을 끝내 집어 들었다.

나는 전반 9개 홀을 46타, 10오버파란 스코어로 끝냈다. 예상과는 달리 그렇게 긴장되지도, 압박감도 느끼지 않았다. 피터는 나보다 잘 쳤고 때론 나를 자극하기도 했으며, 그의 자극은 오히려 집중력을 높이는데 도움이 됐다. 후반 들어 6개 홀에서 파2개와 보기 4개를 잡았고, 16번째 홀에서는 오비를 내 트리플 보기를 범했다. 17번 홀을 보기로 끝낸 뒤 마지막 18번 홀로 들어서자 격자무늬 바지 차림의 미국 관광객들이 우리를 지켜보고 있었다. 나는 버디로 마지막 홀을 끝내고 싶었지만 파에 만족해야했다.

파로 시작해 파로 마무리 지은 셈이었다. 시의 한 귀절처럼 말이다. 스코어는 90타. 나는 내 · 외적 게임의 결과에 상당한 만족감을 느꼈다. 지나친 긴장과 긴장이완 사이의 균형점도 발견했다. 세인트 앤드루스는 내 · 외적 게임 모든 면에서 가장 힘든 코스였고, 나는 살아남는데 성공했던 것이다. 세인트 앤드루스에서 멋진 플레이를 하려는 욕구가 자아1의 간섭을 유발하기도 했고, 골프코스의 다양한 장애물에 압박감도 느꼈지만 나는 이를 기꺼이 받아들인 결과였다. 골프란 스코어 그 이상이라는 사실도 절감했다. 미국으로 돌아오면서 이너게임이 가르쳐 준 교훈에 감사함을 느꼈다.

세인트 앤드루스는 내 · 외적 게임 모든 면에서 가장 힘든 코스였다. 멋진 플레이를 하려는 욕구가 자아1의 간섭을 유발하기도 했고, 골프코스의 다양한 장애물에 압박감도 느꼈지만 나는 이를 기꺼이 받아들였다.

지나친 경직(overtightness) : 실수를 유발하는 첫 번째 요인

실수를 유발하는 신체적 요인들

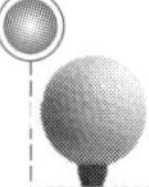

근육의 지나친 경직은 다른 스포츠와 마찬가지로 골프에서도 실수를 유발하는 근본 원인이 된다.

근육의 지나친 경직은 다른 스포츠와 마찬가지로 골프에서도 실수를 유발하는 근본 원인이 된다. 힘 있게 치기위해 근육을 경직시키면 오히려 나쁜 결과를 얻게 된다.

라운드 도중 "볼을 너무 강하게 치지 말라"라는 자아1의 비판에 누구나 익숙해 있을 것이다. 슬라이스 훅 또는 토핑이나 뒷땅이 나오는 이유도 그래서다. 어깨 근육에 힘이 들어가면 백스윙과 폴로스루를 방해하게 되고, 손에 힘을 지나치게 주면 볼을 맞추는 순간 클럽 페이스가 닫히거나 열려 볼이 코스를 벗어나게 된다. 칩샷이나 퍼트를 할 때도 마찬가지다. 아마추어들은 프로들의 플레이를 보면서 "참 쉽게 치는군,

전혀 힘을 주지 않고 스윙을 하네"라며 감탄을 연발한다.

근육의 섬유질은 이완되면 부드럽고 유연해진다. 수축되면 자신의 무게를 몇 배까지 지지할 수 있을 정도로 단단해진다. 힘(strength)이란 수축된 근육이 지지할 수 있는 무게로 측정된다. 하지만 이것은 파워(power)와는 전혀 다르다. 파워는 힘을 사용하는 능력을 의미하며, 수축된 근육과 이완된 근육의 복잡하면서도 상호 협조적인 노력을 요구한다. 움직임은 근육의 일부가 수축되는 대신 다른 근육들이 유연한 상태로 남아있어야 가능하다.

골프도중 근육이 지나치게 경직되어 있다고 느끼는 이유는 샷에 필요 이상으로 근육을 수축시킨 결과로 보면 된다. 예를 들어 임팩트를 가하기 직전 손목의 모든 근육이 수축되면 잔뜩 힘이 들어가 다른 근육의 자유로운 이동을 제한하게 된다. 파워가 생길 까닭이 없다.

굳어져 있는 근육이 이완되지 않아도 경직 현상이 나타날 수 있다. 예를 들어 백스윙시 클럽을 뒤로 움직이도록 하는 어깨근육의 경우 폴로스윙 때는 충분히 풀어줘야 한다. 긴장감 때문에 어깨 근육이 계속 수축되어 있다면 다운스윙을 유도하는 근육들과 마찰을 빚게 된다. 다시 말해 파워와 컨트롤간의 상호 간섭이 일어나는 셈이다.

부적절한때 근육수축이 일어나는 경우도 있다. 팔이 볼을 향할 때 손목을 적시에 움직이면 팔의 움직임에 영향을 줘 파워가 생겨난다. 그러나 손목의 근육이 볼을 맞출 때가 아니라 백스윙 단계에서부터 수축되면 힘을 형성하는 모멘텀을 상실하게 된다. 임팩트를 가할 때 클럽의 움직임이 팔보다 느리게 되는 이유다.

스윙 과정에서 발생하는 다양한 실수는 '적절치 못한 순간에 적절치 못한 신체의 일부가 지나치게 경직된 결과' 로 정의할 수 있다. 백스윙의 위축현상은 왼쪽 어깨가 경직되었거나, 히프근육의 경직으로 히프가 적절하게 돌지 않아 발생한다. 손목과 팔의 경직도 영향을 준다. 스윙동작에서 나타나는 대부분의 사소한 실수는 신체 특정분야의 경직에서 그 이유를 찾을 수 있다.

그러나 근육의 경직성을 유발하는 각각의 경우를 일일이 분석해 해결책을 찾는 것은 짜증스런 일이며 사실상 불가능하다. 골프스윙에는 수천 개의 근육이 관여하기 때문에 그들이 적절한 시점에 조화를 이루는 정교함은 우리의 지적능력으로 이해하기 불가능하다. 신체는 정확성을 요구하거나 파워를 만들라는 명령을 받으면 수천 개의 근육을 조화롭게 움직인다. 우리가 의식적으로 할 수 있는 것은 목표를 분명히 한 뒤 이행과정에서 근육간의 간섭을 제거하는 일 뿐이다. 스윙을 할 때 근육에 힘이 들어가는 것을 피하기는 어렵지만, 근육 간의 상호 마찰을 의도적으로 주시한다면 근육의 긴축을 상당히 완화시킬 수 있다.

근육에게 수축될 것을 지시하는 것은 소용없는 일인 것과 마찬가지로 긴장을 풀라고 당부하는 것 또한 해결 방안은 아니다. 긴장을 풀라는 명령은 오히려 더 많은 긴장과 근육경직을 유발한다.

근육에게 수축될 것을 지시하는 것은 소용없는 일인 것과 마찬가지로 긴장을 풀라고 당부하는 것 또한 해결 방안은 아니다. 긴장을 풀라는 명령은 오히려 더 많은 긴장과 근육경직을 유발한다. 근육을 지나치게 이완시켜도 스윙에 힘이 없는 문제가 나타난다.

스윙을 할 때 지나친 근육경직 현상을 해소하는 첫 번째 단계는 긴장이 실재 존재하는 지 여부를 확인하는 것이다. 근육의 경직사실을 인정하지 않고 자기 스윙의 결점을 고치려 시도한다면 더 큰 문제를 유발하

오로지 스윙만 하면서 근육의 경직성 및 유연성의 결여 또는 다른 강압적 힘 등을 느껴볼 필요가 있다. 움직임의 흐름을 제한하는 것을 주의 깊게 관찰하는 것만으로도 몸에 힘이 지나치게 들어가는 것을 줄일 수 있다.

게 된다. 따라서 신체의 움직임에 주목하면서 스윙을 해보는 것이 중요하다. 다른 생각을 하지 말고 오로지 스윙만 하면서 근육의 경직성 및 유연성의 결여 또는 다른 강압적 힘 등을 느껴볼 필요가 있다. 움직임의 흐름을 제한하는 것을 주의 깊게 관찰하는 것만으로도 몸에 힘이 지나치게 들어가는 것을 줄일 수 있다. 의도적으로 근육을 이완시키지 말고 자신의 신체를 주시하며 10~15번 스윙을 하는 것만으로도 상당한 변화를 느낄 수 있다는 얘기다.

그러나 당신이 골프를 잘 치는 편이라면 스윙에 이미 경직성이 베어들어있어 그것을 찾아내기가 쉽지 않을 것이다. 다음과 같은 훈련법은 자신의 스윙이 어느 정도 경직되어 있는가를 발견하는데 큰 도움이 될 것으로 믿는다.

스윙에 흐밍을 넣어라

나는 우연히 근육의 경직을 완화할 수 있는 효과적인 훈련방법을 발견했다. 어느 날 오후 함께 이너게임 교습을 맡고 있는 톰 노드랜드를 기다리며 드라이빙 레인지에서 7번 아이언으로 연습을 하고 있었다. 흥얼거리며 볼을 치고 있는 순간 갑자기 기막힌 생각이 떠올랐다. 스윙을 어떻게 하는가에 따라 흐밍소리가 달라지는 것을 발견한 것이다. 스윙에 힘이 들어가는 정도에 따라 흐밍소리는 순간순간 달라졌다. 스윙의 방향을 바꾸면 목소리에 긴장감이 묻어나왔고, 볼을 맞출 때는 흐밍소리가 커지면서 경직됐다. 나는 연습스윙의 소리를 녹음한 뒤 볼을 실제로 칠때와의 소리와 비교해 보았다.

흐밍소리를 이용해 스윙의 피드백을 강화시킬 수 있다는 것을 깨닫자 경직된 나의 스윙을 느낄 수 있었다. 스윙을 하는 동안 흐밍소리의 변화는 내 몸에 일어나는 많은 것을 알려주었다. 어떻게 해야 하나? 해답은 아주 간단했다. 단순히 스윙을 하며 흥얼거리면 충분했다. 흐밍을 컨트롤을 향상시켜 주는 생물학적 피드백 머신으로서 활용하는 것이었다. 생물학적 피드백 머신은 과거에는 불가능한 것으로 여겨온 신체적 기능의 컨트롤을 가능하게 해준다. 맥박이나 뇌파처럼 미묘한 생리학적 기능을 전자장치에 연결해 주파수나 스크린표시 등을 통해 변화를 알려주기 때문이다. 흐밍과 같은 음향 기법도 마찬가지다. 소리의 미묘한 변화에 집중하면 단순히 긴장을 풀고 볼을 부드럽게 쳐야한다는 생각보다도 근육을 보다 잘 컨트롤 할 수 있게 해 준다. 긴장을 해소해 힘을 빼려는 의도적 시도는 자칫 스윙을 엉성하게 만들고 클럽헤드의 속도를 떨어트린다.

흐밍소리를 이용해 스윙의 피드백을 강화시킬 수 있다. 스윙을 하는 동안 흐밍소리의 변화는 내 몸에 일어나는 많은 것을 알려주었다.

이 훈련을 효율적으로 이행하려면 연습할 때 흐밍소리에 집중해야 한다. 볼을 잘 맞춰 멀리 나가면 흐밍에 묻어나오는 경직음은 약해진다. 하지만 단지 그 결과를 있는 그대로 받아들여야지 분석을 시도하는 것은 바람직하지 않다. 의도적 분석은 힘을 어떻게 빼야하는가에 대한 지침을 스스로 내려, 경직성을 또 다시 유발하게 된다. 나는 이 훈련기법을 '스윙의 노래' 또는 '연습장에서의 흐밍' 이라 이름 지었다.

스윙의 노래를 시도할 때는 흐밍소리의 변화를 최대한 인지할 수 있

도록 큰소리를 내는 것이 중요하다. 훈련이 궤도에 오르면 점차 자신만 감지할 수 있을 정도로 흐밍 크기를 줄이면 된다. 흐밍소리가 작아도 스윙시 힘이 들어가면 목청의 근육이 몸의 경직과 함께 수축돼 목 메인 소리가 나기 때문에 그 변화를 쉽게 감지하게 된다. 이 훈련법은 자각 능력과 관련되며 다음 제5장에서 다시 논의할 것이다.

경직성의 극대화

톰과 린다란 두 친구와 함께 드라이빙 레인지에서 연습을 했을 때의 일이다. 두 사람 모두 뛰어난 골퍼로 이너게임을 스스로 실천해 나가는 대표적인 인물이었다. 우리는 스윙 흐름을 방해하는 장애를 파악하기 위해 흐밍기법을 적용해 보았다. 린다는 나의 스윙과 흐밍을 주시한 뒤 "백스윙을 할 때는 흐밍이 부드러웠지만 클럽이 볼을 향해 내려올 때는 긴장감이 높아졌다"고 지적했다. 그는 목소리에 긴장감을 유발하는 것이 신체의 어느 부위 때문인지 알 수 있느냐고 물었다. "복부에서 오는 것으로 생각 된다"고 답하자, 그는 복부의 경직성이 언제 나타나는지 발견하도록 노력해 보라고 주문했다. 나는 복부가 경직되는 정확한 시점을 인지할 수 있었고, 그에게 스윙마다 어느 정도 경직되고 있는지를 알려주었다.

하지만 복부경직의 정도를 줄이라는 그의 주문을 따르기는 쉽지 않았다. 그러자 그는 복부를 최대한 경직시켜 보라고 요청했다. 그의 말대로 복부를 최대한 경직 시킨 후 근육을 풀자 보다 완벽하게 근육이 이완됐으며, 복부근육에 더 이상 힘을 주지 않고서도 스윙이 가능하다는 것을 발견했다.

나는 이전에 요가를 배우면서 그 같은 사실을 느낀 적이 있었다. '신체를 최대한 이완시키려면 우선 최대한 경직시킨 뒤 그냥 둬라'는 게 그 요체다. 발에서부터 머리까지 5~10초간 관련 근육을 최대한 경직시킨 후 이완시켜야 힘을 완전히 뺄 수 있다는 것이다. 물론 라운딩을 할 때 이 모든 과정을 이행할 수 있는 시간은 없다. 하지만 복부에 힘을 준 후 풀어주면 큰 도움이 된다. 근육에 힘을 주면 그만큼 힘을 빼는데 도움이 되며, 스윙이 보다 유연해 지는 게 분명하다.

이 훈련법은 혈액순환을 도와줘 움직임을 보다 수월하게 해 주는 또

복부에 힘을 준 후 풀어주면 큰 도움이 된다. 그만큼 힘을 빼는데 도움이 되어 스윙이 보다 유연해 진다. 또 혈액순환을 도와줘 움직임을 보다 수월하게 해 주는 또 다른 장점이 있다.

다른 장점이 있다. 스윙 전에 복부에 힘을 주면 스윙하는 과정에서 힘이 빠지는 혜택을 누릴 수 있다. 신체의 경직성은 무의식적으로 형성되는 분노와 좌절에서 비롯된다. 이 같은 감정에서 벗어나려면 긴장이 스윙을 파괴하려는 시도를 최소화 시켜야한다.

테크닉은 나름대로의 효율성을 갖고 있으나 과도한 경직에서 유발되는 모든 문제를 해결할 수는 없다. 그것이 가능하다면 골프는 쉬운 게임으로 전락해 별다른 흥미를 끌지 못할 것이다. 골프는 정교함을 요구한다. 일부 근육에 지나치게 힘이 들어가면 필연적으로 슬라이스나 훅이 나게 마련이다.

의혹이 경직성을 유발한다

원인을 분석하는 것이 현상을 분석하는 것보다 효율적인 경우가 많다.

대부분의 골퍼들은 골프가 심리적 게임이라는데 동의하면서도 미스샷을 유발하는 심리적인 이유에 직면하면 고개를 돌린다. 그리고 물리적 징후에 매달려 실수들을 분석하고, 이를 통해 기술적 실수를 찾아내면 만족한 표정을 짓는다. 그러나 단 한차례의 심리적 과오로 발생하는 수많은 기술적 실수를 교정하는 것은 사실상 불가능하기 때문에 결국 좌절감에 빠져든다.

심리적으로 자기 간섭이 존재한다고 믿는 사람만이 이너게임의 플레이어가 될 수 있다.

심리적으로 자기 간섭이 존재한다고 믿는 사람만이 이너게임의 플레이어가 될 수 있다. 자기간섭은 존재하지 않고 잠재능력만 있을 뿐 이라고 믿으면 이너게임을 수행 할 수 없다. 의혹, 두려움, 자기능력비하, 집중실패, 분노와 같은 감정은 모두가 실제로 존재하기 때문에 골프를 즐기려는 사람은 이너게임에 집중할 필요가 있다.

심리적 장애물은 자기성찰이나 자아분석 없이도 효율적으로 제거할 수 있다. 다만 내적간섭의 존재를 인정하고, 그 간섭을 줄이는 실용적인 방법을 받아들이면 된다.

심리적 장애물은 자기성찰이나 자아분석 없이도 효율적으로 제거할 수 있다. 다만 내적간섭의 존재를 인정하고, 그 간섭을 줄이는 실용적인 방법을 받아들이면 된다. 이 점에 공감하면 단순한 테크닉만으로도 긴장감을 줄이고 많은 신체적 결함을 치유할 수 있다. 현상보다 원인을 다루는 게 중요한 이유다. 지난 수년간 스포츠 분야에서는 실수의 심리적 원인을 주제로 많은 탐구가 진행되어왔다. 테니스에 있어 심리적 문제는 실수에 대한 두려움에서 비롯되며, 스키의 경우에는 떨어지는데 대한 두려움에서 비롯된다. 골프에서 유발되는 분노와 긴장은 실패와 성공에 대한 두려움이 모두 연관되어있다.

나는 기업가이며 이너게임 테니스 제자인 아키 맥길과 골프연습을 하면서 모든 스포츠에 있어 심리적 인과관계가 중요하다는 나의 믿음을 보다 확고히 할 수 있었다. 그는 나의 드라이브샷을 지켜본 뒤 클럽 대신 자신의 손가락을 클럽인양 잡아보라고 했다. 이어 테니스라켓이라 생각하고 자신의 손목을 잡아보라고 했다. 그는 테니스라켓보다 골프클럽을 더 강하게 잡는 이유가 무엇인가를 물었다. 나는 "잘 모르겠지만, 테니스에 더 자심감이 있어 그런 것 같다"며 얼버무렸다. 아키는 나의 답변에 동의한 뒤 "잘 모르는 것을 접할 때는 힘이 더 들어간다"고 해석했다.

그의 지적은 인간경험의 다양한 측면에 적용된다. 인간은 잘 알지 못하거나 불확실한 상황에 부딪히면 의혹 상태에 빠져들어 본능적으로 자신을 보호하기 위해 긴장하게 된다. 심리적으로 의문을 갖게 되면 마음이 위축되거나 문을 닫게 된다. 감성적 단계에서 자신을 의심하면 기분이 나빠지고, 육체적 단계에서 우리가 원하는 결과를 얻을 수 있을지 의문을 가지면 근육은 초긴장 상태로 빠져든다. 실제로 테니스선수들이 날아오는 볼을 리턴할 수 있을지 의문을 가질 경우, 어깨와 팔뚝, 그리고 팔목이 경직된다.

믿음은 마음의 문을 연다. 어린이는 끊임없이 미지의 세계와 부딪히지만 의문을 갖기 이전에는 모든 경험을 스펀지처럼 있는 그대로 빨아들인다. 의혹은 스포츠에서 실수를 유발하는 근본 원인이다. 의심이 들면 퍼팅을 할 때 팔과 몸이 경직되어 3피트거리의 짧은 퍼트를 남겨놓고도 긴장하게 된다.

지금까지 이너게임을 위해 내가 해온 작업은 자기불신이란 문제를 해결하는 것이었다. 자기불신이 바로 지나친 경직과 컨트롤 시도를 유발하는 근본 이유며, 극복이 가능하다는 게 나의 생각이었다.

지금까지 이너게임을 위해 내가 해온 작업은 자기불신이란 문제를 해결하는 것이었다. 자기불신이 바로 지나친 경직과 컨트롤 시도를 유발하는 근본 이유며, 극복이 가능하다는 게 나의 생각이었다. 이 고민거리를 해결하는 방법을 찾아낸다면 골퍼들의 실력향상에 큰 기여를 하게 될 것이다.

나는 아키에게 이런 점들을 의식하면서 "자기불신이 실수를 유발하는 주요 이유라고 생각 하는가"라고 물었다. 그는 잠시 머뭇거리다 "절대적이다"고 답했다. 사실 나는 이 문제를 극복한 골퍼를 만나 적이 없다. 그동안 만난 골퍼와 코치들은 자기의혹이 골프 플레이의 가장 큰 적이며, 아무런 경고도 없이 게임에 나쁜 영향을 준다는데 동의했다.

자기불신의 극복

나는 버클리대학의 저명 심리학자를 만난 자리에서 자기불신에 대해 질문을 한 적이 있었다. 그는 잠시 머뭇거리다 자기불신에 관한 논문 2개를 읽은 것이 전부라고 답했다. 나는 "두려움, 분노, 스트레스에 대한 논문은 많은데, 의혹에 관한 자료가 거의 없는 이유는 무엇이냐" 고 물었다. 그는 "불편한 감정 때문이라고 생각한다" 고 짤막하게 답했다.

실제로 나 자신도 의혹이란 느낌은 대단히 불편한 감정이어서 친숙해 지길 원하기 않았다. 이 주제에 대한 학문적 접근도 나의 능력과 관심 밖이었다. 하지만 골프장 안팎에서 의혹이라는 범죄자와 싸우는 사람들을 돕기 위해서는 실용적인 방안을 마련해야 했다.

나는 의혹이란 주제가 깊이 연구되지 않는 이유 중 하나는 두려움과 혼돈되기 때문일 것으로 생각한다. 의혹과 두려움은 분명 유사한 감정이어서 상관관계가 있을지 모르지만 쌍둥이가 아닌 것 또한 분명하다. 우리는 현실 또는 가공의 위협으로부터 공포를 경험한다. 하지만 위험을 극복하는 능력에 의문을 갖는다 하더라도, 자기불신이 위해나 위험과 관계되는 것은 아니다. 퍼트를 할 때 상당한 압박을 느끼지만, 성공할 수 있다는 능력을 의심하지 않으면 분노를 느끼지 않을 것이다. 자신의 능력에 대한 믿음이 줄어들수록 두려움은 커진다. 따라서 자기불신을 줄일 수 있다면 두려움도 저절로 사라지게 된다. 의혹은 심적 불확실성, 또는 믿음에 대한 불신으로 정의될 수 있다. 복잡한 개념이 아니며 매일 매일 발생하는 것이다.

자신의 능력에 대한 믿음이 줄어들수록 두려움은 커진다. 따라서 자기불신을 줄일 수 있다면 두려움도 저절로 사라지게 된다. 의혹은 심적 불확실성, 또는 믿음에 대한 불신으로 정의될 수 있다.

언젠가 한 10대 소년에게 자기불신을 경험한 적이 있냐고 질문한 적이 있었다. 그는 "물론이다. 모든 사람이 겪는 것 아니냐" 고 반문했다. "자기의혹을 묘사할 수 있느냐" 고 다시 묻자 그는 "너는 바보여서 아무것도 할 수 없다는 소리가 머릿속에서 들린다" 고 답했다. "그 소리가 나면 누가 도와주느냐" 고 묻자 그는 "그것을 인식하고 받아들인다" 고 주장했다. 자기불신이 들면 바보라고 소리친다는 것이다. 멋있는 대답이었다. 불신의 목소리를 직시한다는 것은 불신이 그와 분리된 무엇이라는 의미를 담고 있다. 그와 불신은 분리된 존재이기 때문에 바보라고 부를 수 있었던 것이다. 그는 불신을 오히려 의심하고 있었다.

나도 어린 시절 테니스를 배우면서 자신감을 잃었을 때 의혹의 목소리가 들려온 적이 있었다. "오늘은 테니스를 어떻게 쳐야하나" 가 그것이었다. 테니스를 잘 쳐야 하지만 왜 그래야 하는지를 깨닫지 못했던 시절, 볼을 두세 개 치자 "오늘 백핸드는 형편없군, 최악의 날이야"라는 평가의 목소리가 마음속에서 들려왔다. 흥미로운 점은 그 목소리가 들려준 평가는 극히 짧았다는 점이다. 많은 골퍼들은 첫 번째 티박스에 들어서면 그와 같은 불확실성을 경험하게 된다. 그리고 샷을 몇 개 더 날리면 그날 게임에 대해 자신감 또는 의혹을 갖게 된다.

의혹의 목소리는 그곳에서 멈추는 게 아니다. 백핸드를 몇 차례 실패하거나, 미스샷을 내게 되면 "좋은 선수가 못돼"라는 자기혹평의 목소리로 바뀐다. 상황이 더욱 나빠지면 "운동에 소질이 없어"라는 결론을 스스로 내린다. 마침내 가슴에 두려움이 스며들면서 뭔가 잘못돼 가고 있다는 것을 확신한다.

의혹이 잠재능력을 파고들면 치명적인 결과가 나타난다. 그 이유가 무엇이든 인간으로서의 가치와 잠재능력에 대한 불필요한 의혹은 잠재능력과 성적간의 현격한 차이를 유발한다. 자기불신은 심적 갈등과 같은 불필요한 감정을 만드는 그림자와 같다. 사람들이 때때로 확실성을 입증하기 보다는 불확실성을 확인하기 위해 노력하는 것처럼 보이는 것도 자기불신이 그 이유일 것이다.

이 암울한 주제에 해결의 빛을 던져 줄 수는 없을까? 자기의혹이 자신감을 훼손하기에 앞서 그것을 떨쳐버리는 방안을 찾는 게 중요하다. 사람들은 자기불신을 갖고 태어나는 게 아니라는 사실을 깨닫는 게 그 첫 번째 단계다. 자신을 믿지 못하는 어린이는 없다. 어린이들은 걸음마를 배우다 걸려 넘어져도, 자신이 쌓던 모형 성이 무너져도 그것에 대해 의문을 표시하지 않는다. 실제 초등학교에 들어가기 이전의 어린

자기의혹을 떨쳐버리기 위해서는 사람들이 자기불신을 갖고 태어나는 게 아니라는 사실을 깨닫고, 의혹이 근본적 믿음을 완전히 파괴할 수 없음을 인지하고, 의혹의 목소리와 자신을 구별하는 노력이 필요하다.

이들을 관찰해보면 자신의 능력에 엄청난 믿음을 갖고 있다. 그것을 지켜보면 경이롭고, 동시에 그 믿음이 사라지지 않을까하는 두려움도 생긴다. 의혹은 인간의 본능이 아니라 살아가면서 얻어지는 것이다.

두 번째는 의혹이 근본적 믿음을 완전히 파괴할 수 없다는 것을 인지하는 단계다. 인간은 육체적 능력에 대한 믿음을 근거로 행동한다. 다음 단계에 대한 믿음을 갖지 못하면 걸음마 자체가 불가능하다. 비행기 스텝을 내려갈 때 두 다리가 교대로 앞으로 나아가면서 다른 쪽을 지지한다고 믿기 때문에 허공으로 떨어지지 않는 것이다. '할 것인가 말 것인가' 를 의식적으로 결정할 필요가 없다. 다리가 정확하게 계단을 내려갈 수 있도록 움직일 것이란 사실에 의심을 갖기 시작하면 주저함이 생겨 행동의 자연스런 흐름을 훼손시키게 되어 어떻게 계단을 내려갈지

생각하게 만든다. 만약 의혹이 생기는 것을 내버려두면 내적 믿음이 사라져 움직임의 자연스런 흐름이 파괴된다. 이 경우 계단을 내려가는 움직임이 골프연습장에서 보는 스윙처럼 기계적이며 자의적으로 느껴질 수 있다.

세 번째는 의혹의 목소리와 자신을 구별하는 단계다. 자기불신이 노크를 할 때 자진해서 문을 여는 사람은 없을 것이다. 하지만 자기불신의 환경에서 성장해 항상 자신을 입증하려 든다면, 오히려 불신이 쳐놓은 그물에 걸려들어 자신과 의혹을 구별하지 못하게 된다. 의혹이 스며들면 그의 소리를 들어야하지만 그렇다고 그의 모든 말을 믿을 필요는 없다.

대부분의 골퍼들은 라운드중이든 아니든 항상 머릿속으로 골프얘기를 한다. 어느 비즈니스 모임에 참석해 강연을 하면서 "라운딩 도중 자신이 자신에게 말하는 내용을 동반자들이 하면 어떤 기분이 들겠느냐"고 질문한 적이 있다. 즉각 불쾌한 감정이 담긴 웃음과 함께 "클럽으로 그들의 머리를 치겠다"에서 부터 "다시는 그와 플레이를 하지 않을 것"이라는 등 부정적인 반응이 쏟아져 나왔다.

자아1은 자신의 스윙을 비판한다. 동시에 내 능력 밖의 샷을 주문한 뒤 실패하면 바보라고 소리친다. 어떤 이유에서든 의혹의 소리가 내부에서 들려오면 그 목소리를 무시하긴 어렵지만 반드시 무시해야한다.

자아1은 자신의 스윙을 비판한다. 동시에 내 능력 밖의 샷을 주문한 뒤 실패하면 바보라고 소리친다. 자아1은 어드레스 동작에서부터 자기불신을 조장하며 컨트롤을 요구하지만 자아2는 그냥 볼을 치라고만 주문한다. 다른 사람이 자신의 마음에 불신의 씨를 뿌리는 것을 용인하는 골퍼는 없을 것이다. 어떤 이유에서든 의혹의 소리가 내부에서 들려오면 그 목소리를 무시하긴 어렵지만 반드시 무시해야한다.

나의 아버지가 젊었던 시절, 캘리포니아주 산타크루즈 인근에 있는 파사티엠포 골프클럽에서는 '부 토너먼트' 라고 불리는 골프대회가 있었다. 이 토너먼트에서는 상대방이 볼을 칠 때까지 침묵을 지켜야하는 지금의 관례와는 달리 상대편을 향해 말을 걸거나 소리도 칠 수 있었다. 상대방도 꼭 같은 권리를 갖고 있었다. 하지만 그 토너먼트의 평균 스코어가 다른 토너먼트보다 결코 높지 않았다. 골퍼들은 무슨 일이 일어날 것인지 알기 때문에 자신의 자아2가 샷에 더욱 집중했던 결과였다.

자기 불신의 역학

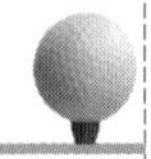

자기불신의 특징 중 하나는 저항이 커질수록, 그리고 위험이 커질수록 더욱 강해지는 경향이 있다는 점이다.

자기불신이 미치는 나쁜 영향력은 실체 파악을 통해 충분히 약화시킬 수 있다. 자기불신의 특징 중 하나는 저항이 커질수록, 그리고 위험이 커질수록 더욱 강해지는 경향이 있다는 점이다. 다음과 같이 도전이 점차 강해지면 의혹도 그만큼 확대된다.

1. 뒤뜰에서 칩핑을 할 때
2. 드라이빙 레인지에서 드라이버로 샷을 할 때
3. 라이벌과 5달러를 걸고 내기 골프를 할 때, 넓은 페어웨이를 향한 첫 번째 드라이브샷
4. 페어웨이가 좁고 왼쪽에는 나무 오른쪽에는 오비가 있는 마지막 18번 홀, 파를 해야 클럽챔피언이 되는 상황에서 경쟁자가 페어웨이 정 중앙으로 250야드 거리의 멋진 드라이브샷을 날렸을 때

5. 유에스 오픈에서 다크호스로 나서 브레이크가 있는 5피트 거리의 퍼트를 남겨 놓았을 때, 카메라가 집중되고 수천 명의 갤러리들이 숨을 죽이고 그 결과를 지켜볼 때

의혹의 심리적 현상은 유약함으로 나타난다. 결정적인 퍼트를 시도할 때 무릎과 팔목에 힘이 빠지면서 미미한 두통과 근육의 기억상실을 경험한 적이 있을 것이다. 이런 상황에서는 두 가지 반응이 나타난다. 하나는 굴복이고, 또 다른 하나는 저항이다. 도전을 하든 피하려 들든 집중력이 떨어져 주의부족, 동기결핍, 부주의로 특징되는 무의식 상태에 빠져든다. 의혹에 대한 이 같은 반응이 라운드 안팎에서 습관적으로 나타나면 잠재력을 충분히 발휘할 수 없어 좋은 성적을 올리기 힘들다.

의혹의 심리적 현상은 유약함으로 나타난다. 하나는 굴복이고, 또 다른 하나는 저항이다. 어떤 경우든 집중력이 떨어져 주의부족, 동기결핍, 부주의로 특징되는 무의식 상태에 빠져든다.

자기불신이 생기면 더 열심히 하라는 것이 안팎의 일반적 주문이다.

우리 문화는 성취를 높이 평가하고 게으름을 책망하기 때문에 결점을 극복해야 부모나 직장상사로부터 좋은 얘기를 들을 수 있다. 의문이 생기면 더욱 강하게 시도하라는 주문을 받게 된다. 다시 말해 자아1의 통제를 강화해 의혹을 벗어나도록 가르친다. 시도는 장애를 극복할 수 있는 강한 의지와 조심성을 조성하기 때문에 '시도 양식' 이 '무의식적 양식' 보다 나은 해법으로 간주되지만 잠재력 표출을 간섭하는 한계도 안고 있다. 시도는 항상 심리적 긴장과 갈등을 유발하며, 신체를 경직 시킨다. 그리고 근육간의 유동적인 상호조화를 위축시켜서 이행능력을 제한하는 부작용을 조장한다.

골프는 여러 측면에서 시도 양식의 영향을 받게 된다. 도전적인 스포츠이면서 동시에 성공과 실패의 구분이 확실해 컨트롤이란 유혹에 빠지기 쉽다. 테니스에서는 더블 폴트(서버 두개를 모두 실패)가 큰 잘못으로 간주되지 않지만 골프에서 토핑이나 생크를 내면 문제가 된다. 최상의 샷과 최악의 샷의 결과가 당혹스러울 정도로 큰 것이 바로 골프다.

칩샷 상황에서 멋진 어프로치를 해낼 수 있을지 의혹을 갖게 되면 컨트롤에 더욱 신경을 쓰게 되고 자연히 힘이 들어가 자아2를 당황스럽게 만든다. 그러나 퍼팅을 할 때 의혹을 느끼지 않으면 멋진 시도 대신 그냥 자연스럽게 퍼트를 하게 된다. 자아2의 자연스런 행위는 비행기 트랩을 내려가거나 음식을 입에 넣는 것과 마찬가지로 힘이 들어가지 않는다.

퍼팅을 할 때 의혹을 느끼지 않으면 멋진 시도 대신 그냥 자연스럽게 퍼트를 하게 된다. 자아2의 자연스런 행위는 힘이 들어가지 않는다.

요약하면 시도는 자신에 대한 불신을 보상하려는 행위로 나쁜 결과를 초래하는 게 일반적이다. 게스탈트(행태주의) 심리치료의 아버지인 프리츠 펄스는 생물체중 스스로 성장을 방해하는 것은 인간뿐이라고 지적했다. 자신과 다른 것을 시도하는 것이 인간이란 뜻이다. "실패하려면 시도하라"는 게 그가 즐겨 사용하는 말이었다.

골프에 있어 지나친 시도의 5가지 유형

골프를 할 때 힘이 들어가는 이유는 다음과 같은 5가지 경우다. 이 5가지 유형은 오랜 기간 형성되어온 의혹으로 말미암아 근육을 지나치게 긴축시켜 스윙을 스스로 방해한다는 공통점을 갖고 있다. 하지만 일단 의혹을 자각하면 그 영향력을 제거하는 실용적인 조치들을 마련할 수 있다.

1. 볼을 치려 시도 한다

골프를 처음 배울 때 나도 다른 초보자들과 마찬가지로 볼을 맞출 수 있을 지에 대한 의혹을 가졌었다. 대부분의 골퍼들은 처음 미스샷을 한 경험을 기억하고 있다. 하얀 볼과 거리를 두고 서서 익숙치않은 골프클럽으로 볼을 타격해 멀리 보내야 한다고 가정했던 것이다.

사실 볼과 클럽페이스는 대단히 작아 양측이 접촉할 가능성은 극히 낮을 것으로 느껴진다. 백스윙을 점차 크게 해 힘 있게 볼을 치지만 맞추지 못해 당혹감과 좌절감을 맛보게 된다. 첫 번째 실수는 상당히 오랜 기간 기억에 남게 되고, 골프 볼은 맞추기 어렵다는 인식이 가슴깊이 새겨진다. 이런 의혹 때문에 다운스윙에 힘이 들어가면서 타격을 시

골프 볼은 맞추기 어렵다는 의혹 때문에 다운스윙에 힘이 들어가면서 타격을 시도한다. 자아2가 클럽을 자연스럽게 스윙하는 상황을 만들어내지 못하는 것이다.

도한다. 자아2가 클럽을 자연스럽게 스윙하는 상황을 만들어내지 못하는 것이다.

나는 볼이 있을 때와 없을 때의 스윙이 다른 것을 지금도 주의 깊게 관찰하고 있다. 한 아마추어가 프로암대회에 나가 함께 플레이를 했던 프로골퍼에게 조언을 부탁하자 그는 "당신 스윙의 유일한 결점은 연습스윙과 다른 폼으로 볼을 맞춘다는 점이다. 대부분의 아마추어가 당신과 같은 잘못을 하고 있다"고 지적했다. 볼의 존재가 의혹을 유발한 결과임에 틀림없다.

2. 볼을 띄우려 시도한다.

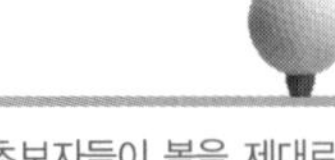

초보자들이 볼을 제대로 타격할 수 있는 수준으로 도약하면 하늘로 볼을 띄우려 시도한다. 다운스윙을 하면 볼이 저절로 솟아오르게 된다는 사실을 믿지 못한 결과다.

초보자들이 볼을 제대로 타격할 수 있는 수준으로 도약하면 하늘로 볼을 띄우려 시도한다. 다운스윙을 하면 볼이 저절로 솟아오르게 된다는 사실을 믿지 못한 결과다. 따라서 클럽으로 볼 밑동을 걷어 올리는 스윙을 하게 되는데, 프로들은 이런 시도가 아마추어들이 범하는 실수의 가장 흔한 경우라고 지적한다. 나도 어느 날 티칭 프로와 라운드를 하면서 그린을 향해 면도날을 대듯 어프로치를 하다 미스샷을 범한 적이 있었다. 그 코치는 "볼을 띄우려 시도하지만 실제로는 당신의 몸만 일어났다. 볼을 띄우려 시도하지 말고 클럽이 그렇게 하도록 내버려둬라"고 조언했다.

3. 볼을 멀리 보내려 시도한다

장타를 날리기 위해 볼을 강하게 치려는 유혹에 빠진 경험은 누구나 갖고 있을 것이다. 이 책의 집필과 함께 드라이빙 레인지에서 연습을 다시 시작하면서 첫 한 달은 주로 드라이버를 잡았다. 그리고 볼이 지난번 연습 때보다 더 날아갔는지 초조한 마음으로 쳐다보곤 했다. 하지만 거리가 늘기는커녕 근육에 잔뜩 힘을 넣어 볼을 치는, 초보자들의 전형적인 패턴에서 벗어나지 못했다. 나는 파워와 육체적 힘, 그리고 육체적 힘과 근육의 경직성이 일치한다고 생각했기 때문에 지난 30년간 테니스를 하면서 발달된 오른쪽 팔의 근육을 특히 많이 사용했다. 가끔 잘 맞으면 엄청난 기리를 냈고, 그 밋에 빠져들어 과잉 시도를 하기도 했다.

하지만 '편하게 스윙하라' 라는 상투적 말에 공감을 하기 전에는 거리내기 게임을 안 하는 게 좋다. 나 역시 TV에 비춰진 프로선수들이 나보다 힘을 들이지 않고 샷을 하는 것을 인정한다. 힘을 주고 볼을 쳐야 한다는 간섭이 실제로는 파워를 방해하는 것이다. 시도하지 않고 파워를 얻는 방법은 제 8장에서 다시 살펴보자.

'편하게 스윙하라' 라는 상투적 말에 공감을 하기 전에는 거리내기 게임을 안 하는 게 좋다. 힘을 주고 볼을 쳐야한다는 간섭이 실제로는 파워를 방해하는 것이다.

4. 볼을 곧바로 보내려는 시도

그린에 가까이 갈수록 볼을 곧 바로 보낼 수 있을지에 대한 의문이 커진다. 이 의혹은 '조종(streering)' 을 유발한다. 일종의 과잉 컨트롤로써 골프의 경우, 테니스, 풋볼, 농구 등 다른 스포츠보다 효과가 미미하다. 나는 때때로 퍼트를 한 뒤 조종으로부터 오는 경직성을 느낄 수 있었으며, 경직성의 정도는 퍼트를 하기 직전에 가졌던 의혹의 정도와 비례한다는 사실을 깨달았다.

제2장에서 인용했던 '심리적 위험' 이란 논문에서 바비 존스는 그가 가장 못 쳤던 샷 중 하나를 다음과 같이 기술했다.

"브래번이란 골프클럽의 17번 홀은 255야드 거리로, 정확한 아이언샷을 요구했다. 더욱 어려운 것은 깃대가 숲이 있는 오른쪽 편에 꽂혀 있다는 사실이었다. 나는 숲으로 볼이 들어가는 것을 피하기로 했다. 자연히 어드레스를 하면서 그린으로 볼을 날려야한다는 생각보다는 오른쪽 위험으로 부터 벗어나야 한다는 생각을 더욱 깊이 했다. 하지만 볼은 내가 피해야할 그 숲으로 날아갔다. 네 번 만에 숲을 빠져 나온 것도 그나마 다행이었다."

샷을 조종하려는 욕구는 골프에서 반드시 극복해야할 가장 어려운 실수다.

샷을 조종하려는 욕구는 골프에서 반드시 극복해야할 가장 어려운 실수다.

5. 볼을 정확히 치려는 시도

앞의 4가지는 근육의 경직성 때문에 나타나는 실수로, 다섯 번째에 비하면 자신이 유발하는 상대적으로 단순한 오류에 불과하다. 볼을 멀리 보내기위해 힘 있게 치려는 시도가 실패하면 볼을 정확히 보내는 쪽으로 전략을 수정하지만, 이때는 이미 빠져나오기 불가능한 복잡한 그물망 속으로 들어가게 된다. 일단 골퍼가 자신의 스윙동작을 분리해 각 부분의 기계적인 요인을 분석하기 시작하면, 끊임없는 자기비판과 의혹, 그리고 강하게 치려는 시도에 빠져드는 것은 물론이고, 분해된 분석들을 다시 조립해야하는 또 다른 어려움에 처하게 된다. '하지 말아야 할 것(should not)' 은 오히려 실수를 유발하고, '해야 할 것(should)'

은 신체를 자연스럽게 움직여주는 잠재능력과 기억에 도전장을 던진다. 제5장에서 이와 관련된 전통적 골프교습의 함정들을 구체적으로 설명할 것이다.

대부분의 코치들은 스윙에 있어 해야 할 것과 해서는 안 되는 것을 제자들에게 지시하는 것이 얼마나 어려운지를 잘 알고 있다. 내가 잘 아는 한 프로골퍼는 골프를 치는 게 얼마나 어려운지를 다음과 같은 반어법을 동원해 풍자했다.

"골프는 쉬운 게임이다 : 골프는 모든 사람이 배울 수 있다. 초보자가 그립을 쥐는 방법과 스탠스를 익히고 나면, 스윙하기 전 2초간 반드시 명심해야 할 것은 왼쪽 팔꿈치가 왼쪽 히프를 향하도록하고, 오른쪽 팔의 힘을 빼 몸에 가깝게 붙인 뒤 왼쪽으로 보내고, 클럽헤드를 오른쪽 무릎을 지나도록한 다음, 왼쪽 팔을 뒤로 곧장 빼되 오른쪽 팔은 몸에 붙인 채 가만히 둬야한다. 스윙 초기에는 무게중심의 40%는 왼쪽, 60%는 오른쪽에 두며, 양손은 오른발 위에 있어야하며, 백스윙시 손은 위에 있고 샤프트는 땅과 평행을 유지해야 한다. 백스윙 정점에서 하나를 센 뒤 왼쪽 팔을 곧장 끌어내리되 손목을 빨리 풀지는 말아야한다. 이때 어깨가 히프를 따라 돌아서는 안 된다. 이후 몸의 무게 중심을 왼쪽 발 60%, 오른쪽 발 40%로 전환하고 왼쪽 발을 돌려 목표지점으로 향하게 해야 한다. 그리고 머리를 아래로 고정시키고, 그리고 볼을 쳐라. 그것이 전부다."

기술적으로 잘 치는 방법을 제시하는 것은 쉽지만 이를 이행하기는 정말 어렵다. 자아1은 복잡한 지침들을 행동으로 옮길 수 있는 능력이

기술적으로 잘 치는 방법을 제시하는 것은 쉽지만 이를 이행하기는 정말 어렵다. 자아1은 복잡한 지침들을 행동으로 옮길 수 있는 능력이 없어 의혹만 조장한다. 하지만 자아2는 지침들이 아무리 복잡해도 이행할 수 있다며 단순하게 받아들이는 장점을 갖고 있다.

없어 의혹만 조장한다.

하지만 자아2는 지침들이 아무리 복잡해도 이행할 수 있다며 단순하게 받아들이는 장점을 갖고 있다.

무엇을 하든 시도를 하지 말라

이너골프 수업 중 연습장에 있는 학생들에게 무엇을 시도하고 있느냐고 물었다. '슬라이스 를 개선하고 있다' '폴로스루를 향상시키고 있다' '인사이드아웃 스윙을 연습중이다' '왼쪽 팔을 펴는 연습을 하고 있다' '편하게 스윙하는 것을 시도 중이다' 등 그 답은 다양했다. 한 초보자는 볼을 띄우길 원한다고 말했다.

나는 "어떤 목적을 갖고 연습을 하든지 시도를 하지 말라. 시도하지 말고 어떤 현상이 나타나는지를 주시하라"는 단순한 지침을 모든 학생들에게 똑 같이 던졌다. 학생들은 내말을 들은 후 시도를 포기했으며, 그 결과는 즉각 실력 향상으로 나타났다. 슬라이스가 줄고 왼쪽 팔은 저절로 펴졌다. 초보자는 볼을 하늘로 날린 후 깡충깡충 뛰며 '골프는 쉬운 운동' 이라고 소리쳤다.

인위적인 시도를 줄이면 스윙의 흐름이 개선되어 자아2가 신체와 보다 쉽게 조화를 이룬다.

인위적인 시도를 줄이면 스윙의 흐름이 개선되어 자아2가 신체와 보다 쉽게 조화를 이룬다. 여러 번 강조했듯이 자아1의 본능은 자아2를 의심하는 것이며, 자연발생적이며 진실하고 학구적인 자아2는 개념적 사고를 하는 자아1을 항상 뛰어 넘는다. 자아1이 만드는 이미지는 살아

있는 당신의 값싼 모조품에 불과하다. 당신이 갖고 있는 잠재능력은 자아1이 인지할 수 있는 수준을 웃돈다.

시도 양식의 한계

시도는 수상한 미덕이란 나의 주장에 처음에는 많은 사람들이 불신감을 표시했다. "첫 번째 시도해서 실패하면 시도와 시도를 거듭하라"란 애기를 수없이 들어왔기 때문이다. 따라서 시도는 성공을 의미하며, 시도하지 않으면 실패를 인정하는 것으로 받아 들여졌다.

의식적 시도 없이 노력해야 더 빨리 성공할 수 있다. 노력은 행위를 성공적으로 마무리하기 위해 자아2가 소모하는 에너지로, 신뢰 또는 자기믿음을 기초로 한다.

이번 장에서는 의식적 시도 없이 노력해야 더 빨리 성공할 수 있다는데 초점을 맞추고 있다. 이 개념이 안고 있는 어려움은 어의론에서 비롯된다. 자기불신에 반응하는 자아1의 노력을 시도(try)란 단어로 표현했다. 노력(effort)은 행위를 성공적으로 마무리하기 위해 자아2가 소모하는 반드시 필요한 에너지로, 신뢰 또는 자기믿음을 기초로 한다. 신뢰는 모든 성공적 행위의 자연스런 뿌리여서 배울 필요가 없다. 갓난 아기들은 걷고 말하는 것을 배우기 위해 시도하지 않는다. 단지 노력할 뿐이다. 다른 사람의 손가락을 잡을 때 아기들은 힘을 주지 않고 필요한 근육만 사용한다. 당신이 골프클럽을 쥘 때 이 이미지를 떠 올리면 효과가 있을 것이다. 아기가 당신 손가락을 쥐듯 그립을 잡으라는 얘기다.

의혹을 유발하는 자아1이 우리의 움직임을 컨트롤하는 것을 알게 되면 심장이 뛴다. 자아1은 자아2가 갖고 있는 믿음을 약화시켜 컨트롤의 고삐를 최대한 죄려는 속성을 갖고 있다. 자아1의 첫 번째 시도는 플레이의 좋고 나쁨을 판단하고, 궁극적으로는 당신을 심판하려 드는 것이다. 샷이 나쁘면 자아1은 당신이 잘못했다며 야단을 친후 다음번에는 똑같은 실수를 피하기 위해 어떻게 하라고 지시한다. 좋은 샷을 했을 때는 당신이 어떻게 쳤기 때문에 그런 결과가 나왔으며, 다음에도 그렇게 하라고 주문한다. 하지만 그 같은 멋진 샷은 좀처럼 재연되지 않는 게 현실이다. 자아1의 컨트롤 요구는 협박적이어서 칭찬과 함께 징벌도 가한다. 그는 자아2가 바보라고 생각하며, 결과에 대한 걱정을 무기로 삼아 자신에게 더욱 의존하게 만든다. 자기 판단을 통한 컨트롤, 즉 보상과 징벌을 이용한 시도는 효율적이거나 만족스런 결과를 낳을 수 없다.

골프는 침묵 속에서 플레이하는 게임이다. 어드레스를 하는 순간 다

른 사람이 말을 거는 것은 용납되지 않는다. 그런데 자아1이 머릿속에서 떠드는 목소리를 왜 용인해야 하는가? 라운드 도중 한 동료가 "그린 앞에 있는 샌드를 주의하라"고 말하면 당신은 즉각 "방해하지 말라"며 화를 낼 것이다. 하지만 자아1이 머릿속에서 그같이 속삭이면 마치 믿을 수 있는 친한 친구를 만난 듯 "상기시켜 줘서 고마워. 샌드를 피하는 시도를 할께"라고 공손히 답한다.

외부는 물론 내 머릿속까지 조용할 때 좋은 플레이가 가능하다. 진정한 프로는 자신의 잠재력을 굳게 믿는다. 그의 가치관은 외적 결과로부터 독립적이어서 불신의 목소리에 귀를 기울이지 않는다. 자아2의 본능에 맞춰 춤을 출 뿐이다. 이런 상태에 돌입해야 집중력이 강해진다. 모든 상황을 자신의 기대와 관계없이 현실 그대로 직시하며, 모든 상황을 기회로 인식해야 목표를 향한 강한 추진력을 발휘할 수 있다. 그의 행위는 상대적으로 노력을 덜 하는 것처럼 보일 수 있지만 시도 양식으로는 달성하기 어려운 결과도 쉽게 성취할 수 있다. 그 같은 마음의 상태를 나는 '자각 양식'이라 부르며 다음 2개 장에서 보다 구체적으로 설명할 예정이다.

외부는 물론 내 머릿속까지 조용할 때 좋은 플레이가 가능하다. 진정한 프로는 자신의 잠재력을 굳게 믿는다. 자아2의 본능에 맞춰 춤을 출때, 집중력이 강해진다.

선언 : 골프는 쉽다

골퍼들은 게임이 어려움에 봉착하면 자기불신과 함께 볼을 강하게 치려고 시도한다. '어려움'이란 감정은 본능적으로 정확도와 파워를 요구한다. 어떤 전문가는 골프스윙을 자연스런 움직임이라고 주장하고, 또 다른 쪽은 직관과 반대되기 때문에 자연스럽지 않은 어려운 운동이라고 반론을 편다. 이 논쟁은 분명 검토해볼 가치가있다. 골프는 심리적 긴장감과 절망에 책임을 져야하는 감각적 어려움을 느끼도록 하는 게임이기 때문이다.

벤 호건은 「파워 골프」란 저서의 도입부에서 골프란 배우기 어려운 게임이라며 다음과 같이 서술했다.

“골프스윙을 향상시키려면 일단 사고가 바른 방향으로 움직여야한다. 그렇지 않으면 실력향상은 불가능하다. 나는 스윙을 하기위해 그립을 일단 잡게 되면 자연스런 본능으로 볼을 치라고 주문한다. 객관적으로 이행하는 것은 잘못된 움직임이기 때문이다. 자연스런 본능에 반해 스윙을 하면 완벽에 가까운 스윙 폼을 시현할 수 있다. 운이 좋은 경우 더 빨리 배울 수도 있지만 나는 부정적인 것 보다는 긍정적 사고를 가질 것을 권한다. 이 책에서는 스윙을 개선하는 과정에서 얻을 수 있는 잘못을 강조해 당신을 당혹케 하는 내용을 찾기는 어려울 것이다.”

다른 극단적인 시각은 「클럽헤드를 스윙하라」란 책을 쓴 어니스트 존스다. 이 책의 첫 장은 ‘좋은 골프는 쉬운 것이다’ 란 주제로 다섯 살짜리 다이언 윌슨의 거의 완벽한 우드샷 사진을 연속적으로 보여주고 있다. 사진 캡션은 “다섯 살의 다이언은 클럽헤드의 느낌을 방해하는 어떠한 이미지도 갖고 있지 않아 아름다운 스윙을 할 수 있다. 그녀는 9개 홀에서 71타를 쳤다. 프로선수인 그의 아버지는 그녀를 주니어 토너먼트에 뛰도록 주선했다. 다이언은 골프가 쉽다는 점을 보여주고 있으

골프는 실제로 쉬운 운동이다. 5세 소녀가 스윙을 배울 수 있다면 당신도 못할 이유는 없다.

며, 골프는 실제로 쉬운 운동이다. 5세 소녀가 스윙을 배울 수 있다면 당신도 못할 이유는 없다. 당신이 할일은 그 어린이가 하는 일을 반복하면 된다. 그녀는 스윙을 하면서 괴로움을 느끼지 않는다. 사람들이 골프를 얘기할 때 마다 허공을 가득 메우는 '해서는 안 되는 것' 으로부터 자유롭다. 단지 두 손으로 골프클럽을 잡고 자연스럽게 스윙을 하는 것이다."

누구의 말이 옳은 것인가? 골프는 쉬운 게임인가, 어려운 게임인가? 자연스런 운동인가, 부자연스런 것인가? 프로 테니스선수며 나의 사랑스런 비판자인 빅 브레든은 이너게임 방식을 테니스 교습에 적용할 때의 문제점은 테니스가 걷거나 말하는 것처럼 자연스런 스포츠라고 전제하는데서 발생한다고 지적했다. 실제 테니스는 자연스런 스포츠가 아니라는 게 그의 생각이다. 그는 테니스는 부자연스런 움직임을 주문하기 때문에 물리학의 법칙에 근거한 패턴의 분석을 통해 배워야한다고 주장한다.

호건, 존스, 브레든, 세 사람의 지적은 모두 옳다. 골프와 테니스 모두 쉽고도 어려운 게임임에 틀림없다. 우리의 유전자는 볼을 가장 잘 칠 수 있는 효율적인 방법에 대한 본능적 정보를 갖고 있지도 않은데 처음 생각한 것과 반대 방식으로 볼을 쳐야 하기 때문이다. 학생들은 볼의 밑동을 쳐 솟아오르게 하고, 근육에 힘을 빼야 파워를 낼 수 있다는 것을 배운다. 하지만 골프스윙이 자연스럽든 아니든 배울 때 엄청난 주의력을 요구하는 것은 사실이다.

논쟁의 본질은 골프가 자연스런 스포츠냐 아니냐가 아니라 배움의 과정이 자연스러워야 한다는데 있다는 게 나의 생각이다. 골프를 자연스럽지 않은 게임이라고 생각해도 자연스럽게 배워야한다.

논쟁의 본질은 골프가 자연스런 스포츠냐 아니냐가 아니라 배움의 과정이 자연스러워야 한다는데 있다는 게 나의 생각이다. 골프를 자연스럽지 않은 게임이라고 생각해도 자연스럽게 배워야한다. 예를 들어 혀의 위치 연구를 통해 발음을 배우는 것은 불가능하다. 골프도 매우 어려운 운동일지 모르지만 어떻게 배우느냐에 따라 보다 어렵게 접근 할 수도, 보다 쉽게 접근 할 수도 있다.

때로는 골프게임을 스스로 더욱 어렵게(harder) 만드는 경우도 있다. 그렇다면 '더욱 어렵게' 란 어떤 뜻인가? 자기 능력을 거의 최대한 활용해 배운다는 뜻을 담고 있다. 배움 또는 실행에 대한 자신의 잠재능력을 과소평가하면 특별한 임무를 수행하는 것이 더욱 어려워진다. 실수의 책임을 자아2에 돌리는 것과 마찬가지로 나쁜 결과는 잠재능력의 결핍에서 비롯된다고 가정하는 것은 옳지 않다.

실수가 발생하는 원인은 자아2의 능력결핍보다는 자아1의 간섭에서 비롯된다.

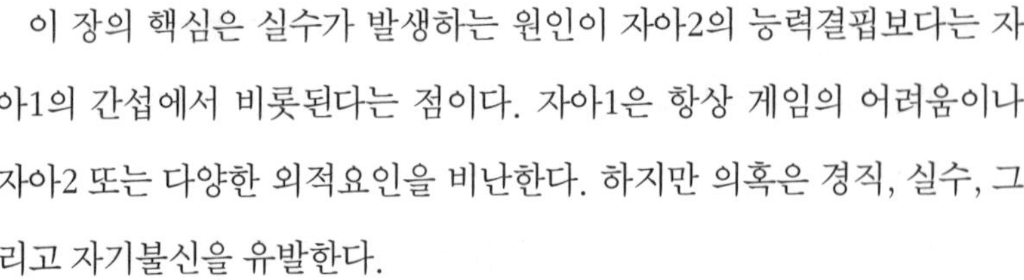

이 장의 핵심은 실수가 발생하는 원인이 자아2의 능력결핍보다는 자아1의 간섭에서 비롯된다는 점이다. 자아1은 항상 게임의 어려움이나 자아2 또는 다양한 외적요인을 비난한다. 하지만 의혹은 경직, 실수, 그리고 자기불신을 유발한다.

'편안함의 선언' 은 편안하고 쉽게 한 행위가 좋은 결과를 만들며, 어려운 행위의 결과는 나쁜 결과를 초래한다는 점을 강조한다. 의혹이 조장하는 간섭을 안고 게임에 임하면 항상 어렵게 느껴진다. 골프를 어렵다고 생각하는 것은 플레이 도중 대부분의 골퍼들이 실수를 범하기 때문이다. 모든 종류의 샷을 하면서 성공보다는 실패가 더 빈번히 일어나기 때문에 샷을 잘할 수 있을 것인지에 대해 의문을 자연스레 갖게 된다. 과거의 실수를 의식적으로 기억하지 않더라도 어느 정도의 심리적 긴장은 존재하기 마련이다.

이 같은 긴장감을 완화하거나 완전히 제거할 수 있는 테크닉, 나는 그 기법을 '편안한 연결(easy link)'이라고 부른다. 과거의 실패가 긴장감을 유발하는 것과 마찬가지로 편안한 연결은 긴장을 완화시키는 역할을 한다. 그 기법은 샷과 같은 어려운 일을 단순한 행위와 연관 짓는 것으로, 연상하는 행위는 단순하고 실패한 경험이 없을수록 좋다. 예를

편안한 행위를 연상하면 퍼트가 실패할 것이란 불안감이 자리할 여지가 사라진다. 긴장감이 줄어들면서 인위적 시도도 나타나지 않게 된다.

들어 10피트 거리의 퍼트를 위해 어드레스 할 때 홀에서 볼을 끄집어내는 단순한 행위를 기억한다. 이 같은 편안한 행위를 연상하면 퍼트가 실패할 것이란 불안감이 자리할 여지가 사라진다. 긴장감이 줄어들면서 인위적 시도도 나타나지 않게 된다.

나는 이 기법을 본격적으로 적용하기 전 이너게임 조교인 몰리와 함께 그 효용성을 시험해 보았다. 처음엔 몰리에게 15피트 거리에 있는 다른 볼을 겨냥해 10번의 퍼트를 하라고 주문했다. 그리고 퍼트한 볼이 모두 목표지점에 도달해 볼을 집는다는 연상을 하며 퍼트할 것을 요청했다. 퍼트를 어려운 작업이 아니라 단순한 행위로 받아들이길 바랐다. 그는 내 아이디어를 이해한 덕분에 10개의 퍼트 모두를 목표지점 가까이에 붙였다. 목표지점과의 거리는 평균 4인치에 불과했다. 그는 "단순행위로 연상한 결과 목표한 공이 보다 가깝게 느껴졌으며, 아무런 의혹 없이 그것에 접근해 만질 수 있었다"고 설명했다. 실제 그의 퍼트는 평소와 달랐다. 의식적으로 컨트롤된 것이 아니라 의심 없이 폴로스루가 된 결과였다.

"단순행위로 연상한 결과 목표한 공이 보다 가깝게 느껴졌으며, 아무런 의혹 없이, 그것에 접근해 만질 수 있었다"

이 테크닉은 자아1의 책략을 거꾸로 이용한 것이다. 만약 의혹이 과거의 실수로 인해 유발된다면 절대로 실수하지 않을 것이란 자신감을 자신의 행동과 연결 짓지 못할 이유가 없다는 데서 출발한다. '할 수 있다' 는 것을 의심하지 않는 것이 보다 생산적이다. 내 자신도 이런 개념에 몰입되면 퍼트를 성공시킬 수 있을까란 의문이 사라졌고, 자아1은 완전 바보가 됐다. 물론 기대 이상의 결과에 흥분하지도 않았다. 누구나 목적에 도달할 수 있어 자축할 이유가 없었다. 퍼트가 보다 쉽게 생각되면 스트로크 역시 쉬워지고 과도한 컨트롤이 줄어들게 된다.

이 테크닉은 어떤 게임에도 쉽게 적용될 수 있다. 몰리와 함께 드라이빙 레인지를 찾았을 때 나는 150야드 표지판을 보고 6번 아이언을 잡았다. 하지만 그 표지판은 만지는 것을 연상하기에는 너무 멀리 꽂혀 있었다. 몰리 역시 같은 생각을 하면서 "150야드 표지판을 향해 테니스볼을 던진다고 생각하면 어떠냐"는 의견을 제시했다. 이 연상은 나에게 마법으로 작용했다. 나는 테니스볼을 던지는 기억을 상기함으로써 내적 편안함을 느꼈고, 볼은 모두 표지판을 향해 곧바로 날아갔다.

나는 몰리에게 꼭 같은 연상을 해보라고 주문했다. 하지만 그녀의 경우 별 효과가 없었다. 나는 그녀가 테니스볼을 던져본 적이 별로 없다는 사실을 깨달았고, 볼을 앞뒤로 던지는 놀이를 하며 그것이 얼마나 쉬운지를 느껴보라고 했다. 그러자 그녀의 샷도 곧바로 날아가기 시작했고, 거리도 더 나갔다. 골프는 어렵지만 볼을 하늘로 던지는 것은 쉽다는 게 그가 얻은 답이었다.

나는 드라이버 페어웨이우드 롱아이언 등을 시험할 때도 야구공을 던지는 기분을 연상하는 게 자연스럽다는 것을 발견했다. 나무사이에 있는 30야드 떨어진 지점을 겨냥했을 때 그 사이로 볼을 보낼 가능성은 50% 정도에 불과해 지속적인 성공 가능성에 의문을 가졌었다. 그러나 30야드 떨어진 목표지점에 야구볼을 던질 수 있다는 사실에는 의문을 갖지 않았다. 이 연상기법은 컨트롤을 상실할지 모른다는 두려움을 제거하고 스윙에 파워를 실어주는 효과를 냈다. 특히 드라이브 샷을 할 때 심각한 슬라이스나 훅을 유발하지 않았으며, 페이드나 드로를 걸어 페어웨이로 보낼 수도 있었다.

보다 흥분되는 일은 그 멋진 결과에도 불구하고 나 자신이 별로 흥분된 기분을 느끼지 않았다는 점이다. 말이 안 되는 터무니없는 논리일지 모르지만 나에게는 대단히 중요한 사실이었다. 내가 샷을 멋지게 해냈다는 사실이 상승기류를 형성하면 곧 붕괴될 수도 있기 때문이었다.

연상기법은 퍼팅그린에서도 효과를 냈다. 볼이 홀로 들어간 뒤 그것을 끄집어내는 것을 연상함으로써 최상의 결과를 얻을 수 있었다.

내가 좋아하는 또 다른 연상은 실을 바늘에 꿰는 것이다. 그 행위를 생각하면 긴장이 풀리는 것은 물론 집중력이 강화돼 정확한 동작을 하는데 도움이 됐다. 그린 가까이에서 홀을 향해 칩핑을 할 때 깃대를 홀에서 끄집어내는 단순한 동작을 생각하면 좋은 결과를 얻는데 도움이

되었다. 자기불신을 벗어나는 방법은 다양하겠지만 이 테크닉은 초보자든 프로골프든 쉽게 습득할 수 있는 게 장점이다.

성공적인 연상을 위해 나는 3가지 전제조건을 찾아냈다. 첫째 연상된 동작은 목표를 가져야 한다. 즉 손을 홀에 집어넣는 연상이 필드에 너부러져 있는 데이지 꽃을 꺾는 것보다 효율적이라는 것이다. 둘째 연상동작은 단순하면서도 과거에 수없이 경험해 익숙해야한다. 거리와 같은 세밀함은 다음 문제다. 테니스볼을 150야드까지 던지지 못하는 것은 문제될 것이 없다. 셋째 연상하는 행위가 자신의 평소 행위와 유사하면 좋겠지만 반드시 물리적으로 완벽히 대체되도록 노력할 필요는 없다. 연상기법은 긴장을 완화시켜 주는 신호일 뿐 스윙을 어떻게 하라고 알려주는 것은 아니다. 최상의 동작을 할 수 있는 마음의 상태를 만들어줄 뿐이다. 볼을 던지는 식으로 골프클럽을 스윙하라는 뜻은 아니다.

이 기법은 단순하며 효과도 있지만 만병통치약이 아닌 점도 분명히 해두고자 한다. 볼을 항상 보내고 싶은 곳으로 보내주는 마술이라고 기대해서는 안 된다는 얘기다. 이 테크닉에 집중하면 동작을 간섭하는 자기불신과 긴장감이 확연히 줄어든다. 특히 과거의 실패를 특정한 골프샷과 연상시킬 때 발생하는 자기불신을 제거해주는 방패로써의 효과가 있다.

이 테크닉에 집중하면 동작을 간섭하는 자기불신과 긴장감이 확연히 줄어든다. 부정적 연상이 더 이상 떠오르지 않으면 이 방패를 버리면 된다.

부정적 연상이 더 이상 떠오르지 않으면 이 방패를 버리면 된다. 골프가 어렵지 않다는 것을 자아1에 심어주는데 성공하면 게임은 실체보다 더욱 쉽게 느껴진다.

하지만 긴장감 완화와 함께 반드시 유념해야할 한 가지가 있다. 쉽게 게임에 임하되 집중력을 가지라는 것이다. 예를 들어 홀에서 골프 볼을 꺼내는 것은 쉽지만, 집중력 유지가 요구된다. 이 경우 정밀 검사를 원하는 값 비싼 다이아몬드를 연상하며 볼을 끄집어내는 것도 좋은 방법 중 하나일수 있다.

지침의 자각

제4장은 자기불신, 실패에 대한 두려움, 그리고 자기 판단이 학습이나 게임에 심각한 방해가 된다는 사실을 예를 통해 살펴보았다. 특히 기술적 지침을 강요 받으면 3가지 내적 방해요소가 모두 유발된다.

기술을 배우는 것은 어색하며 동시에 좌절감이 조성되지만 골프를 배우는 유일한 방법으로 간주되어 온 것 역시 사실이다. 지금은 스윙을 하는 동안 다양한 기술적 지침으로부터 자유로워 져야한다는 한다는 점을 이해하는 코치나 학생들이 많아졌다. 하지만 대부분의 골퍼들은 한 번에 한 가지 이상의 지침을 생각하면 골프의 생산성을 떨어트린다는 사실에 동의하면서도 어떻게 골프를 치는지를 배우고 있다. 심리학자들은 골퍼에 입문한지 첫 5년간이 나머지 긴 세월보다 훨씬 많은 것을 배우게 된다고 확신한다.

하지만 어린이들은 자기평가나 분석 등과 같은 고통스런 과정을 겪지 않고도 효율적으로 배운다. 배움을 시도하지 않고 단지 그렇게 할뿐이다. 어른들이 인위적으로 가르치기 전까지 어린이들은 자연스럽게 배우면서도 배운다는 과정이 있는지 조차 모르며 그것을 즐긴다. 배우는 재주는 어찌 보면 어른들만 갖고 있는 셈이다.

이번 장은 배움에 대한 보다 자연스런 접근법을 탐색해 보는데 초점을 맞추고 있다. 당신이 무엇을 해야 하는지를 가르치는 대신, 당신이 무엇을 하고 있는지에 관심을 집중하는 '지침의 자각' 을 소개한다. 지침의 자각기법을 도입하면 골프를 치는 방법을 배우지 않고도 경험을 통해 습득할 수 있다는 게 나의 믿음이다.

학습방식에 잘못은 없는가

나는 인생의 대부분을 교육과 관련된 분야에 종사해왔다. 하버드대학 4년과 캘리포니아 클레몽대학원 1년간을 포함해 상당기간 동안 교육시스템의 문화를 배웠다. 이후 뉴햄프셔에 있는 고등학교에서 영어를 가르쳤고, 미 해군의 교육담당 장교도 지냈다. 학습과정에 대한 관심 때문에 노던 미시간대학에서 리버럴 아트학과를 개설하기도 했다. 그리고 5년 후 나의 진로를 다시 생각하기 위해 교육 관련 직장을 일단 떠났다.

나는 휴식 기간 중 새롭고도 독특한 교습방법을 고안해냈다. 내가 이 얘기를 하는 것은 배우고 가르치는 과정의 불균형을 조금이라도 더 이해한다면 골프를 배우는 방법을 보다 쉽게 터득할 수 있다고 생각하기 때문이다. 나는 교육제도가 불균형을 조장하는 근본 이유라고 보고 있다. 지나치게 개념적 학습을 강조하다보니 경험을 통해 자연스럽게 배우는 과정을 심각하게 훼손한 것이다.

마음은 빈 그릇이며, 안을 채우는 내용에 따라 발전한다. 자연히 개념적 학습은 개념 또는 이론적 정보의 축적에 관심을 갖도록 만든다. 반면 경험적 학습은 내적 잠재능력 및 기술 개발과 관련이 있다. 교육(education)이란 단어는 '이끈다' 라는 뜻의 라틴어인 에듀케어(educare)에서 유래됐다. 잠재적 지능은 이미 내부에 존재해 있어 밖으로 끌어낼 필요가 있다는 뜻이다. 스승이나 시스템 또는 환경의 도움을 받아 잠재능력을 발휘하도록 하는 것이 교육의 첫 번째 기능인 것이다. 예를 들

균형 잡힌 교육은 자각력과 경험의 적절한 조화에서 비롯된다. 기술을 가르칠 때도 직접적인 경험을 통한 학습이 개념을 통한 학습보다 우선되어야한다.

어 말을 하는 것은 어린이에게 관련 기술을 강요해서가 아니라 부모의 격려와 도움을 받아 어린이 스스로 내적 능력을 개발한 결과이다.

균형 잡힌 교육은 자각력과 경험의 적절한 조화에서 비롯된다. 기술을 가르칠 때도 직접적인 경험을 통한 학습이 개념을 통한 학습보다 우선되어야한다. 교육이 공식화 되면서 졸업하면 배움이 끝난다고 생각하는 경향이 팽배해져있다. 배움은 훈련장에서야 가능하다고 생각한다. 그러나 인생은 매일 매일의 경험을 통해 더 많은 것을 배울 수 있다.

경험을 통한 배움

걸음마를 하기에 앞서 언어를 먼저 터득했다면 인간의 운명은 어떻게 바뀌었을 것인가. 언어를 통한 부모들의 가르침을 받아 왼쪽 발에서 오른쪽 발로 무게 중심을 옮기는 방법을 배우고, 다시 넘어지는 이유를 분석했을 것이다.

배움은 어린이들이 자전거와 스케이트보드의 균형을 스스로 익히는 것처럼 경험을 통해 자연스럽게 이행되어야 한다. 이너게임 재단이 경험을 배움에 대한 첫 번째 접근방식으로 제시한 것도 이런 이유에서다. 배움은 반드시 자신의 경험을 통해야 하며, 다른 사람의 경험을 활용한 교습과 지침은 자신이 경험하지 못한 것에 한해 도움이 될 뿐이라는 게 이너재단의 지침이다.

배움은 반드시 자신의 경험을 통해야 하며, 다른 사람의 경험을 활용한 교습과 지침은 자신이 경험하지 못한 것에 한해 도움이 될 뿐이다.

자각능력은 경험을 통해 배울 수 있는 선천적 재능을 의미할 뿐, 그에 관한 만족스런 개념을 찾기가 어려운 단어중 하나다. 20세기 웹스터사전을 들여다보면 자각이란 단어는 명사형조차 없다. 웹스터사전은 '자각하다(aware)' 를 '알고 있는, 인지하는, 알려진' 의 뜻을 지닌 형용사로 규정하고 있다. 동의어는 '의식할 수 있는(conscious)' 정도다. 자각능력이란 인간이 어떤 사물을 알거나 배울 수 있다는 점을 인식할 수 있는 근본 재능이란 뜻을 담고 있다. 인생이 단세포 수준을 뛰어넘어 육체라고 불리는 복잡한 세포군으로 발전할 수 있었던 것도 외부에서 오는 자극을 인지하고, 그것에 선택적으로 반응하는 조직의 힘에 근거한다. 그러나 현재의 교육과정은 자각능력의 파워나 기본적인 역할을 가르치지 않기 때문에 여러 가지 문제가 생기고 있다.

명령식 교습(the do-instruction)

명령식 교습은 무엇을 하라거나 하지 말라는 지침이다. 이것을 해야 한다, 또는 그것을 해서는 안 된다는 식이다. 정당함과 권위의 인상을 풍기며, 명령을 하는 사람의 판단에 따라 학생들의 행위가 형성된다. 하지만 그 명령이 쉽게 이해되거나 이행되지 않으면 자연스런 배움의 환경을 위협하는 공포를 유발하게 된다. 교습은 이해하고 따르기 쉬워야 간섭을 조장하지 않는다. 예를 들어 믿을 수 있는 코치가 양발을 어깨 넓이만큼 벌리라고 가르치는 것은 두려움이나 저항을 불러일으키지 않는다. 그러나 "모든 긴장은 오른쪽 다리와 히프로부터 풀어줘야 한다. 오른쪽 무릎은 왼쪽 무릎을 향해 밀고 들어가야 한다. 손목을 풀고 오른손을 편 다음 왼쪽 어깨로 돌려라. 이 모든 동작이 순서대로 진행되면 완벽한 피니시 동작이 만들어질 것이다"와 같은 다운스윙에 대한 벤 호건의 어려운 가르침은 상당한 저항에 부딪힐 수밖에 없다. 이 같은 교습방법은 배우는데 도움을 주기보다는 자신의 능력에 의문을 갖게 만든다. 의혹은 잘못 칠 것이란 두려움을 낳고, 의식적이든 무의식적이든 코치에 저항감을 느끼게 된다.

명령식 교습이 의혹을 유발하는 것은 넥타이를 어떻게 매어야하고, 비행기 트랩을 어떻게 내려가야 할 것인지에 대한 지침을 받는 것과 같다. 실제 다양한 지침을 어떻게 수용할 것인지 생각한 다음 행동해 보라. 그 행위들을 정확하게 묘사하는 것조차 쉽지 않을 것이다.

가장 근본적인 어려움은 언어적 명령이 육체적 행위로 연결되지 못하는 데서 비롯된다. 많은 것을 명령하면 두뇌가 언어를 통해 육체를 컨트롤 할 수 없어 스스로 자기불신을 유발한다.

왜 그럴까? 가장 근본적인 어려움은 언어적 명령이 육체적 행위로 연결되지 못하는데서 비롯된다. 많은 것을 명령하면 두뇌가 언어를 통해 육체를 컨트롤 할 수 없어 스스로 자기불신을 유발한다. 즉 두뇌는 근육을 움직이게 하는 능력이 없다. 단지 육체적 행위를 컨트롤하는 두뇌의 일부와 상호 교감하는 제한적 능력을 갖고 있을 뿐이다.

명령에 저항하는 자아의 독특한 성격 외에도 명령식교습이 의혹을 야기하는 데는 5가지 이유가 있다.

첫째, 코치와 학생 간에 의사소통에 문제가 있다는 점이다. 학생은 코치가 지시하는 것을 정확히 이해했는지 여부에 대한 의혹을 갖게 된다. 코치들은 자기 특유의 상투어를 개발하는 습성이 있으며, 다른 사람들도 이 같은 언어를 수용할 것으로 생각한다. 코치가 지시하는 의미를 정확히 이해하지 못하면 그 명령을 이행할 수 있을지 의문을 갖게 되는 것은 당연하다.

둘째, 자신의 내부에서 발생하는 의사소통의 단절이다. 정신적으로는 이해할 수 있지만 신체는 그렇지 못할 경우가 허다하다. 가장 일반적 단절이며 의혹을 유발하는 보편적인 경우다. 정신적으로 이해했기 때문에 신체가 그 지침에 따라 움직일 것으로 가정하지만 신체가 그 지침을 과거의 익숙한 행동과 연관 짓지 못한다면 이행 자체가 불가능하다. 근육이 지침에 대한 지식이 없으면 학생은 코치의 요구를 만족시키지 못할 것이란 사실을 알게 되고, 자연히 내적 의혹은 확대된다.

셋째, 학생의 신체가 코치의 교습을 이해해도 주문받는 행위가 그의 능력을 넘어서는 경우다. 예를 들어 다운스윙을 시작할 때 다리를 미묘하게 움직일 준비가 되어있지 않은 때가 더러 있다. 코치들은 무엇을 교정해야 하는지 보다는 무엇이 잘못되었는지를 찾는데 더 익숙하다. 학생이 자연스런 배움의 길을 벗어나면 의혹은 커지게 된다. '나는 할 수 없다' 는 자기 불신의 이미지가 강해지는 것이다.

코치들은 무엇을 교정해야 하는지 보다는 무엇이 잘못되었는지를 찾는데 더 익숙하다. 학생이 자연스런 배움의 길을 벗어나면 의혹은 커지게 된다. '나는 할 수 없다' 는 자기 불신의 이미지가 강해지는 것이다.

넷째, 코치가 학생들에게 또는 학생 스스로 전달하는 명령식 교습이 틀린 경우도 있다. 골프 메커니즘이나 생리현상과 일치시키지 말라는 명령을 억지로 따르면 의혹이 확대될 수밖에 없다.

다섯째, 명령식교습은 지적으로 또는 신체적 언어로 정확히 이해되어야 이행이 가능하다. 그와 같은 교습은 의혹을 초래하지 않으며, 배움에도 도움이 된다. 그러나 한꺼번에 많은 지침을 따르도록 명령하면 의혹은 커진다. '반드시 그렇게 해야 한다' 는 이른바 'should' 지침을 접할 때 마다 '해서는 안 된다' 는 'shouldn' t' 가 나타나게 된다는 얘기다.

기술적 지침의 대부분은 명령식교습에 과도하게 의존한다. 실제 이 같은 현실에 너무 익숙해져 명령식교습을 통해 얻는 지식이 우리의 잠재능력인양 생각한다.

기술적 지침의 대부분은 명령식교습에 과도하게 의존한다. 실제 학생들은 코치가 무엇이 틀렸고 무엇을 해야 하는지를 지적하지 않으면 수준 낮은 코치로 폄하하는 경향이 있다. 이 같은 현실에 너무 익숙해져 명령식교습을 통한 지식이 우리의 잠재능력인양 생각한다. 그로인해 불신이 스며들면 실제 행위와 잠재능력 간에 차이가 생기는 것이다. 우리는 불행하게도 코치로부터 자신을 어떻게 가르쳐야 하는지를 배우고 있다. 그리고 프로든 아니든, 코치로부터 명령을 받을 때마다 우리 내부에서 불신의 씨를 뿌리는 자아1을 키운다. 이 문제를 개선하는 것이 가장 중요한 도전이다.

이미 명령식교습의 한계를 인지하고 신체가 이해할 수 있는 언어를

개발한, 탁월한 코치들도 있다. 그들은 움직임에 대한 추상적인 묘사보다는 익숙한 행동과 연관된 감각적 이미지를 느끼게 하는 언어들을 항상 사용해왔다. 밥 토스키는 「더 나은 골프를 위한 접촉 시스템(Touch System for Better Golf)」이란 저서를 통해 느낌의 중요성과 스윙에 있어 근육의 기억에 대한 이론을 확립했다. 그는 스윙을 카누의 조정에 비유하며 왼쪽 팔목에 임팩트를 주는 이미지를 만들었다. 게리 와이런이 쓴 「뉴 골프 마인드」는 스윙을 할 때 기름기 있는 단어를 스스로 유추함으로써 개념을 생각하는 왼쪽 두뇌가 파 놓은 함정을 피하려고 노력했던 한 골퍼의 예를 소개했다.

자각 훈련

이너게임 접근방식을 활용해 골프를 가르치는 것은 명령식교습의 좋은 대안이 될 수 있다. 경험을 통해 배우며 자신에 대한 믿음을 강화시킬 수 있기 때문이다. 나는 이것을 자각훈련이라고 부른다. 단순히 정의하면 학생들의 신체보다 주의력에 명령하는 것이다. "당신이 이것 또는 저것을 할 수 있는지 시도하라"는 말 대신 "지금 무엇이 일어나고 있는지를 보고, 느끼고, 들어라"고 주문한다. 제2장에서 소개한 '백-히트-스톱' 식 연습은 학생들이 스윙의 백과 마무리 상태에서 클럽헤드에 주의력을 집중시키는 자각훈련의 일종이다. '백-히트-스톱'은 이미 지적했던 바와 같이 행동의 변화를 요구하는 것이 아니라 단지 무엇이 일

이너게임 접근방식을 활용해 골프를 가르치는 것은 명령식교습의 좋은 대안이 될 수 있다. 경험을 통해 배우며 자신에 대한 믿음을 강화시킬 수 있기 때문이다. 나는 이것을 자각훈련이라고 부른다.

어나는지에 대한 인지력을 높이는데 그 목표가 있다.

자각훈련의 첫 단계는 "임팩트를 줄때 클럽이 열려있는지 닫혀있는지 혹은 직각 상태인지를 느끼라"는 것이다. 올바르게 스윙하는지 여부에 대한 자기불신을 없애주기 위해서다. 이때 이너게임 코치들은 눈을 감고 클럽면의 차이를 느껴보도록 요청한다.

자각훈련의 다음 단계는 클럽이 정상적인 속도로 움직일 때 클럽 면의 각도에 따라 임팩트의 차이를 느껴보라는 주문이다. 클럽 면을 직각으로 놓고 볼을 치라는 얘기가 아니다. 클럽 면이 어떤 상태에 놓여있던 그것을 느끼도록 노력하면 옳고 그름에 대한 의문이 사라진다는 것이다. 이 과정에서 클럽면의 다양한 각도에 대한 느낌의 차이를 터득하게 된다.

자각지침은 명령식 교습과 달리 학생들을 완전히 다른 마음의 틀로 유도해 의혹, 절망, 그리고 좌절감에서 벗어나도록 돕는다. 자각훈련의 가장 큰 장점은 자신의 능력에 대한 믿음의 강화 된다.

자각지침은 명령식 교습과 달리 학생들을 완전히 다른 마음의 틀로 유도해 의혹, 절망, 그리고 좌절감에서 벗어나도록 돕는다. 자연스런 배움의 상태를 유도하며, 일단 그것에 익숙해지면 발전 속도는 상당히 빨라지게 된다. 자각훈련의 가장 큰 장점은 자신의 능력에 대한 믿음의 강화다. 학생들이 경험으로부터 배우는 능력을 갖게 되면 이너게임 코치들은 명령식 교습을 시도한다. "다운스윙을 할 때는 인사이드 아웃으로 하라"는 식과 같은 두-인스트럭션은 자각지침 보다 포장이 잘 되어 있지만 그 지침을 완전히 이해했을 때조차도 정말 그렇게 할 수 있을지 의문을 갖게 된다.

나의 경우도 인사이드아웃 스윙이 잘되지 않았을 때 연습장에서 보다 많은 훈련을 했지만 몸에 힘만 들어갔다. 나의 친구인 탐 노드랜드는 "연습을 하다보면 자연스럽게 인사이드아웃 행태의 스윙을 할 때가 온다"고 위로했지만, 나는 그 스윙과 다른 스윙간의 차이를 느끼지 못했었다.

이너게임 코치들은 처음 골프를 배우는 학생들의 팔을 아웃사이드에서 인사이드로, 또는 인사이드에서 아웃사이드로 움직여 주며 그 차이를 느끼도록 한다. 그가 실제 스윙을 하면서 양측의 움직임을 구별하게 되면 더욱 미세한 변화의 차이를 느끼도록 주문한다. 스윙이 지난번 보다 인사이드아웃에 가까운지 아닌지 등이다. 이 경우 자각능력은 미세한 정도의 차이를 느끼는 계측기가 된다. 만약 다운스윙이 목표선과 직각이 되면 0, 어느 정도 인사이드아웃이면 +1점, 인사이드아웃에 더욱 가까우면 +2~3점, 아웃사이드 인이면 -1, -2점을 준다. 고급반으로 갈수록 그 차이는 더욱 세밀해진다. 학생들의 주의력을 점차 미세 조정하는 것은 느낌강화 훈련의 일환이다.

때로는 아무리 다운스윙에 집중해도 한계에 부딪힐 때가 있다. 만약 자신의 스윙이 -2라고 느꼈을 때 코치는 "-3의 느낌은 어떠한가. +3, +2, +1을 차례대로 시도해보라"고 주문한다. 학생이 다른 스윙의 경험을 통해 그 한계를 벗어난다면 별다른 시도 없이 새로운 스윙을 할 수 있기 때문이다. 바르게 스윙하겠다는 시도보다 자각훈련에 의존하면, 신체는 자동적으로 최상의 샷을 찾아낸다. 그와 같은 자연스런 배움의 과정을 통해 완벽한 느낌을 갖게 되면 새로운 스윙을 즐길 수 있게 되는 것이다.

바르게 스윙하겠다는 시도보다 자각훈련에 의존하면, 신체는 자동적으로 최상의 샷을 찾아낸다. 그와 같은 자연스런 배움의 과정을 통해 완벽한 느낌을 갖게 되면 새로운 스윙을 즐길 수 있게 되는 것이다.

명령식교습을 자각교습으로 변경하는 몇 가지 예를 들어보자. 다음의 상반된 지침을 읽은후 각각의 지시에 자신이 어떻게 반응하는지, 그 미세한 차이를 상상해 보라.

1. 스윙동작시 머리를 고정시켜라. 머리를 잡아두고 스윙을 하라. / 스윙 도중 머리의 움직임을 느끼는가. 스윙시 다소간 움직임이 있는지 주시하라.

2. 다운스윙 초기에 오른쪽 팔꿈치가 반드시 오른쪽으로 돌아와야 한다(샘 스니드). / 몇 차례 연습스윙을 하면서 오른쪽 팔꿈치를 주시하라. 억지로 방향을 바꾸려 하지 말라. 다운스윙을 시작한 이후 팔꿈치가 어떻게 움직이는지, 그 위치에 어떤 변화가 있는지 주시하라.

3. 왼쪽 팔을 편 상태를 유지하라. / 왼쪽 팔이 펴있는지, 스윙 때마다 굽는 것은 아닌지 주시하라. 그리고 1~5까지 측정하라.

4. 다운스윙시 미숙한 플레이어들의 공통점은 백스윙이 끝나기 전 서둘러 클럽을 떨어트리는 실수를 범하는 것이다. 클럽헤드가 목표점에 이르기 전 오른쪽 어깨를 급하게 돌리고 상체도 지나치게 빨리 움직이는 것이다(벤 호건). / 스윙을 20차례 하면서 몸의 움직임을 주시하고, 스윙도중 서두르지는 않는지 살펴봐라. 그러면 서두를 때 어떤 근육을 언제 사용하는지를 발견할 수 있다. 서두르는 것을 피하지 말고 스윙동작과 변화의 정도에 집중하라.

5. 볼을 칠때 왼쪽 손등이 목표선을 향해 내려가도록 하라(아놀드 파머). / 왼 손등을 주시하며 샷을 하면서 목표선상에 대해 열려있는지 닫혔는지 주시하라.

6. 톱 위치에서 클럽 샤프트의 이상적인 방향은 볼을 보내려는 방향

과 평행을 유지해야한다. / 클럽 샤프트가 목표선의 안쪽 또는 바깥쪽과 평행한지를 보지 말고 그냥 느껴라. 느낌을 강화시키기 위해 눈을 감고 스윙하는 것도 도움이 된다.

양측의 지침은 모든 면에서 차이가 확연하다. 왼쪽 편에 소개된 명령식지침은 능력에 관계없이 확실한 결과를 성취하도록 강요한다. 성공은 물론 실패 할 수도 있어 결과에 대한 걱정으로 의혹과 긴장감에 휩싸이게 된다. 비록 그가 성공하더라도 똑 같은 결과를 얻기 위해서는 이미 머릿속에 잠재되어 있는 다른 지침과 함께 그 지침을 항상 기억해야 한다.

반면, 자각지침은 무엇이 일어나는지 주목하라는 요구 한 가지뿐이다. 맞거나 틀릴 수 있는 방향이 없어 의혹이 생길 수 없다. 외적으로 명시된 성공의 기준도 없기 때문에 실패에 대한 두려움이 일어나지 않는다. 이 지침의 중요한 특징은 판단하지 않는다는데 있다. 자각은 단지 있는 현상을 보고 수용하는 것이다. 결과에 대해 긍정적 또는 부정적 가치를 제시하지 않는다. 이 같은 교습방식을 선호하는 코치들은 "백스윙을 잘못했다는 사실을 인지했느냐", 또는 "어깨를 돌리지 않았다는 사실을 느껴야한다"는 식의 준자각지침을 사용한다. 하지만 자각은 오로지 무엇이 일어났는지에 초점을 맞추기 때문에 무엇을 하지 않았다는 사실을 알지 못한다.

자각지침의 중요한 특징은 판단하지 않는다는데 있다. 자각은 단지 있는 현상을 보고 수용하는 것이다. 결과에 대해 긍정적 또는 부정적 가치를 제시하지 않는다.

자각지침을 습득하는데 있어 가장 큰 난관은 일생을 통해 명령식교습만 신봉해온 사람들에게 그 효용성을 깨닫도록 하는 것이다. 자각지

자각 지침의 가치를 부여하는 것은 이론이 아니라 경험이다.

침이 좋은 결과를 보장해 줄 것으로 믿는 것은 쉽지 않다. 자각 지침의 가치를 부여하는 것은 이론이 아니라 경험이다. 물론 결과를 무시하라거나 스코어가 중요하지 않다고 주장하는 것은 아니다. 자각지침을 오랫동안 실험해 그 효과를 스스로 깨달아야 한다는 얘기다.

알 게이버거에게 이너게임 소개

멤피스 소재 콜러니얼 컨트리클럽에서 알 게이버거가 59타를 쳤다는 얘기를 듣자 나는 그를 만나 어떤 이너게임을 하고 있는지를 듣고 싶었다. 그리고 산타 바바라의 한 프라이빗 클럽에서 그와 만나기로 약속을 했다. 나는 클럽에 먼저 도착해 드라이빙 레인지를 예약해둔 프로를 찾았다. 내 자신을 소개했을 때 그 프로는 무슨 목적으로 알 게이버거를 만나려하는지 의아해했다. 그는 내가 보통 코치와 다른 방식으로 지도를 하는데 반감을 표시한 뒤 알 게이버거에게 어떻게 스윙하는가를 보여주는 것을 원치 않는다고 덧붙였다. 하지만 나는 알에게 스윙방법을 가르칠 생각이 없었으며, 그가 나를 가르칠 수 있는 능력이 있다고 하더라도 그의 방식으로 배우고 싶지도 않았다.

알이 도착했을 때 그의 수염과 태도가 PGA프로인 지미 스튜어트를 연상케 했다. 그는 상당기간 골프 심리학에 관심을 가져왔다고 말했다. 그는 과거 스키를 배우면서 수평방향 전환을 놓고 현기증이 날 정도로 코치를 받은 사실을 상기한 뒤 "스키를 타고 언덕을 내려가면 되는 것 아닌가 라고 코치에 반문했다"는 일화를 들려주었다.

나는 알에게 샷을 할 때 이너게임을 한 경험이 있느냐고 물었다. 그는 언젠가 한 토너먼트에 앞서 퍼팅연습을 한 경험을 떠올렸다. 그때 누군가 다가와 말을 시켰으며, 평소처럼 얘기를 하며 퍼팅연습을 했으나 실력이 향상되었다는 것이다. 말을 거는 사람이 떠난 뒤 다시 신중하게 퍼트를 했지만 그 결과는 오히려 나빴다고 덧붙였다. 알은 "베스트샷은 잠재의식으로 칠 때 가능하다는 사실을 그때 깨달았다. 그것이 당신이 말하는 이너게임이 아닌가"라고 반문했다.

잠재의식으로 게임을 하는 것은 이너게임의 한 부분이다.

나는 "잠재의식으로 게임을 하는 것은 이너게임의 한부분이다"고 전제한 뒤 "이너게임에서 말하는 자아2의 한 부분인 잠재의식이 스윙을 컨트롤 하지만, 동시에 자의식도 생산적인 방법으로 이용이 가능하다.

골프에서 자의식을 인위적으로 분리시킬 필요는 없다. 자의식도 자아2를 돕는데 이용될 수 있다"고 답했다.

나는 퍼트에 있어 이너게임이 어떻게 활용되는지의 예를 든 후 테니스선수들이 안고 있는 가장 큰 장애는 좋은 결과를 얻기 위해 지나치게 힘을 주는 것이라고 지적했다. "퍼팅도 마찬가지다. 결과에 대한 지나친 걱정이 긴장과 근육의 경직을 유발해 목적 달성을 더욱 어렵게 만든다. 따라서 퍼팅감각을 키우는 핵심은 게임에 대한 인식을 바꾸는 것, 즉 홀에 볼을 넣기 위한 시도에서 볼이 어디로 가는지 느끼는 자각의 게임으로 전환되어야한다"고 부연했다. 사실 홀은 목표물일 뿐이며, 골프의 목적은 홀에 볼을 떨어트리는 것이 아니라 볼이 홀의 어느 지점에서 멈추는지 보지 않고도 말하는 것이라고 할 수 있다. 스윙에 대한 느낌에 초점을 맞춰야 정확한 상상을 할 수 있다.

결과에 대한 지나친 걱정이 긴장과 근육의 경직을 유발해 목적 달성을 더욱 어렵게 만든다. 퍼팅감각을 키우는 핵심은 게임에 대한 인식을 바꾸는 것, 즉 홀에 볼을 넣기 위한 시도에서 볼이 어디로 가는지 느끼는 자각의 게임으로 전환하는 것이다.

알은 처음엔 볼을 홀에 떨어트리려는 시도로 인해 상당한 어려움을 겪었다. 그는 퍼팅 후 볼의 위치를 짐작한 뒤 볼이 실제로 어디로 갔는지를 쳐다보았다. 생각했던 것 보다 거리 차가 크면 실망한 표정을 지으며 머리를 흔들었다. 나는 "볼을 홀에 넣으려 시도해서는 안 된다. 이것은 게임이 아니다. 10달러를 걸고 목표물의 6인치 이내에 볼을 보내는 가벼운 내기라고 생각하라"고 주문했다. 그는 "볼을 홀에 넣지 말라는 주문이 이해되지 않는다. 내가 실수할 것으로 생각되어선가"라고 물었고, 나는 "홀에 넣으려 시도하지 않는다면 홀에 넣을 수 있다. 단지 퍼트를 한 뒤 볼이 어디로 갔는지 만을 느껴보라"고 거듭 요청했다.

그러자 그의 얼굴에는 긴장감이 다소 줄기 시작했다. 그리고 퍼트에 앞서 2~3차례 홀을 쳐다보던 이전과는 달리 홀을 한번 쳐다본 후 눈을 감고 홀컵을 향해 퍼트를 했다. 나는 그가 친 볼이 홀로 들어가기 직전에 멈추게 한 뒤 볼이 어디쯤 있다고 생각하는지 물었다. 알은 훌륭한 퍼트라고 답했다. 그는 여전히 눈을 감고 있었지만 목소리에는 확신감이 넘쳐 있었다. 홀컵 오른편을 스치면서 3인치 정도 지나갔을 것이라는 게 그의 추측이었다.

나는 "당신이 퍼트한 볼은 홀로 빨려 들어갔으며, 홀컵을 놓쳤다고 해도 불과 수인치 정도 지나쳤을 뿐이다. 다음번에는 틀림없이 더 정확한 퍼트를 할수있을 것이다" 며 자신감을 불어 넣어 주었다. 알은 이 훈련을 이해하기 시작했고, 목표를 향한 시도보다 인지게임을 통하면 퍼팅이 더 좋아진다는 사실에 놀라워했다. 알은 자각게임에 빠져들었다. 퍼트 준비단계나 퍼트 직후에도 긴장감이 확연히 줄어 든 것을 그의 표정에서 느낄 수 있었다. 그는 자신의 예측이 더욱 정확해지도록 감각을 강화시키는데 주의력을 집중했고, 그 결과 퍼팅과 스트로크도 부드러워졌다. 볼 뒤에서 서너 번씩 쳐다보는 대신 한번보고 눈을 감은 뒤 퍼트를 해도 볼이 멈추기도 전에 그 볼이 어디 있는지를 추측해냈다.

알은 목표를 향한 시도보다 인지게임을 통하면 퍼팅이 더 좋아진다는 사실에 놀라워했다. 그는 자신의 예측이 더욱 정확해지도록 감각을 강화시키는데 집중했고, 그 결과 퍼팅과 스트로크도 부드러워졌다.

나는 "볼이 홀의 오른쪽으로 갔는지, 왼쪽으로 갔는지 어떻게 예측하는가" 라고 묻자 그는 "정확히 알 수는 없지만 느낄 수는 있다" 고 답했다. 나는 몸의 어느 부위가 볼의 방향을 느끼게 하는지를 발견해 보라고 제안했다. 알은 3개의 볼을 퍼트한 뒤 퍼터손잡이의 가죽부분을 쥐고 있는 오른손 엄지와 집게손가락의 위치에 집중하면 방향을 느낄 수 있다고 답했다. 나는 그 분분에 대한 집중을 더욱 강화하라고 요청했고, 그는 볼의 방향을 놀라울 정도로 정확하게 느끼게 됐다며 기뻐했다. 느낌이 강해질수록 그의 퍼트는 더욱 정확해졌다.

알도 대부분의 다른 학생들과 마찬가지로 자각훈련을 통한 결과 개선을 경험했지만 의식적으로 퍼트를 컨트롤 하려는 일탈행위도 포기하지 않았다. 하지만 그가 컨트롤을 시도하면 그 결과는 항상 좋지 않았다. 그는 실수한 퍼트가 시도의 결과란 점을 시인하고, 즉각 자각기법을 통한 퍼트로 되돌아갔다. 느낌을 통한 퍼트보다 더 좋은 결과를 얻기 위해 인위적으로 시도하는 것이 더 나쁜 결과를 준다는 것을 경험으로 터득한 것이다.

그는 몸으로 그 차이를 느낄 수 있다는 사실에 크게 고무되었지만 자각지침을 게임에 완전히 적용하는 데는 다소간의 두려움을 표시했다. 토너먼트중 이에 완전히 의존하기는 쉽지 않을 것이라는 게 그의 얘기였다.

오랜 습관을 버리는 것은 어렵다. 충분한 연습을 하기 전에는 시합도중 자각기법을 사용하지 말라. 퍼팅연습 중 10~15분 정도를 이 훈련에 할애하면 거리와 방향감각이 크게 개선될 것이다

나는 "오랜 습관을 버리는 것은 어렵다. 충분한 연습을 하기 전에는 시합도중 자각기법을 사용하지 말라. 퍼팅연습 중 10~15분 정도를 이 훈련에 할애하면 거리와 방향감각이 크게 개선될 것이다"고 조언했다. 알은 거리와 방향을 느끼는 것이 퍼트의 요체라는 점에 동의했으며, 나는 그가 새로운 경험과 싸우는 것을 지켜보았다.

퍼트연습이 끝나자 알은 나에게 드라이빙 레인지로 갈 것을 제의했다. 그곳에서 우리는 자각퍼트와 유사한 훈련을 시작했다. 나는 알에게 볼이 날아가는 것을 보지 말고 비행 궤도를 묘사해보라고 주문했다. 처음에는 너무 어려운 훈련이라며 놀라워했다. 볼이 날아가는 결과를 보며 자신의 스윙에 어떤 잘못이 있는지 판단하는 습관을 갖고 있다는 것이다. 나는 그것은 전통적 학습 방식이며, 더 나은 방식이 있을 수도 있다고 강조했다. "볼이 날아가기 직전 자기 스윙의 상태를 실제로 느껴본다면 어떠할까. 볼을 치기 전 잘못의 수정이 가능할 수도 있다. 골프 스윙에 대한 메커니즘을 잘 알지 못해도 훅이나 슬라이스, 드로 또는 페이드 간의 차이를 느낄 수 있다면 어떤 샷을 구사할지 컨트롤이 가능할 것으로 자신한다. 이전의 실수를 완전히 분석해도 다음 스윙 때 똑같은 실수를 반복하지 않을 것으로 확신할 수는 없다."

볼이 날아가기 직전에 자기 스윙의 상태를 실제로 느껴본다면 어떨까. 볼을 치기 전에 잘못을 수정할 수도 있다.

사실 프로선수들의 경우 시합도중 미스샷을 해도 어드레스 동작은 수정하지만 샷의 메커니즘은 교정하지 않는 게 일반적이다. 스윙 메커니즘은 연습장에서나 교정이 가능해서다.

자각지침에 대한 믿음을 더욱 확실히 한 뒤 우리는 8번 아이언으로 시작해 점차 긴 아이언을 사용하며 라운드를 돌았다. 볼이 어디로 날아가는지에 대한 느낌이 점점 강해지자 나는 페이드샷을 구사했는지, 드로를 구사했는지, 신체의 어느 부분이 가장 잘 인지하는지, 또 볼 궤도의 정점을 어떻게 묘사할 수 있는지를 보다 구체적으로 자각해 보라고 알에게 주문했다. 하지만 이 주문은 알의 주의력을 흩어 놓았다. 그는 눈과 분석적인 마음으로 스윙 메커니즘을 자각해왔기 때문에 몸의 어느 부분이 스윙 메커니즘을 느끼게 해주는지를 시도해본 적이 없었다. 알은 그러나 시간이 흐를수록 정확하면서도 자신감을 갖고 볼의 탄도를 묘사했고, 자신의 스윙에 대해 더 많은 것을 알게 된 것 같았다. 그는 "기초는 왜 필요한가. 당신이 바로 필요한 기초를 가르치고 있다"고 평

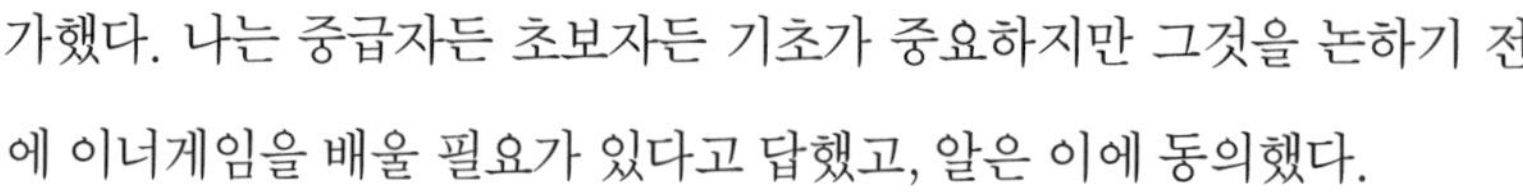

가했다. 나는 중급자든 초보자든 기초가 중요하지만 그것을 논하기 전에 이너게임을 배울 필요가 있다고 답했고, 알은 이에 동의했다.

나는 이너게임이 실수를 교정하고 힘을 강화시키는데 유용한 기법이라며 그 교습방법을 소개했다.

우선 스윙을 할 때는 그 결과를 잊고 근육의 감각에 집중하라.

"우선 스윙을 할 때는 그 결과를 잊고 근육의 감각에 집중하라고 주문한다. 학생들이 주의력을 신체에 대한 느낌에 맞추기 시작하면 특별한 부위를 더 잘 인지할 수 있는지를 물어 본다. 스윙에 중대한 하자가 발생하면 그 결점을 유발하는 신체 부위에 더욱 관심이 쏠리기 때문이다. 주목하는 신체부위를 인지하면 정확하게 무엇을 느꼈는지 질문한다. 예를 들어 자각부위가 오른쪽 어깨면 스윙도중 근육이 경직되었다거나 경련을 느낀다고 답할 것이 분명하다. 그 경우 스윙을 몇 차례 더

시도하며 경직감을 느끼는 바로 그 순간 어깨에 집중하라고 주문한다. 이 때 근육에 긴장감을 느끼면 잘못된 스윙이라는 식의 평가를 내리지 말고 학생 스스로 그것을 인지하도록 하는 게 중요하다. 학생들은 근육 긴축이 다운스윙 초기에 나타난다고 생각할 것이다. 그 순간 그의 자각력은 단순한 신체 전반을 뛰어넘어 '어느 시점에' '어느 부위가' '언제' 식으로 보다 구체화될 것이다.

훈련과정의 마지막 단계는 행위가 일어나는 정도를 구별하는 것이다. 때때로 다운스윙을 시작하는 순간 오른쪽 어깨에 어떤 현상이 나타나는지를 묻고, 자신이 느끼는 근육긴장의 정도를 더욱 주시하며 몇 개의 스윙을 더해보라고 주문하기도 한다. 근육의 긴장 정도가 이전 몇 개의 스윙과 같다고 느껴지면 5점, 긴장정도가 더 크게 느껴지면 6~10점, 작게 느껴지면 4~0점을 부여하는 식으로 학생들이 근육긴장의 차이를 느끼도록 도와준다."

이 말을 들은 알은 "당신은 학생들의 잘못된 스윙을 결코 교정해주지 않는 것 같다"고 지적했다. 나는 그렇지 않다고 답했다. "내가 제시하는 모든 훈련방법은 인간은 스스로 교정하는 능력을 갖고 태어났다는 사실을 인식시켜 주는데 있다. 초보자가 기술적 지침으로 부터 아무런 도움을 받지 못한다는 얘기는 결코 아니다. 그 지침을 통해 골프를 배울 수 있다. 하지만 우리들 대부분은 자기 스윙을 교정할 때 외부의 엄격한 지침에 의존해 왔기 때문에 자기교정에 대한 신뢰감을 상실해온 문제를 안고 있다. 자신감을 강화시켜 주면 외부지침을 보다 잘 흡수할 수 있게 된다."

인간은 스스로 교정하는 능력을 갖고 태어났다. 우리들 대부분은 자기 스윙을 교정할 때 외부의 엄격한 지침에 의존해 왔기 때문에 자기교정에 대한 신뢰감을 상실해 왔다. 그러므로 자신감을 강화시켜 주면 외부지침을 보다 잘 흡수할 수 있게 된다.

그는 나의 설명이 끝나자 드디어 이너게임 레슨을 시작했다. 내가 7번 아이언으로 5차례 스윙을 하자 알은 스윙을 하는 동안 특별한 신체 부위를 인지했느냐고 물었고, 나는 오른손에 초점을 맞추고 있다고 답했다. 나는 샷의 일관성이 부족해 볼이 곧 바로 날아갈지 드로나 페이드가 걸릴지 확신하지 못하고 있다고 덧붙였다. 알은 그런 점은 걱정하지 말고 오른손의 무엇을 주시했는지를 물었다. 그립이 다소 느슨한 것처럼 느껴진다고 답하자 그는 "어느 부위가 그런 느낌을 주느냐"고 다시 물었다. 나는 몇 개의 스윙을 더 한 후 네 번째와 다섯 번째 손가락이 클럽 손잡이를 벗어나는 듯한 느낌을 받았다고 답했다. 알은 언제 그런 현상이 나타났었냐고 물었고, 나는 백스윙 상태에서 다운스윙을 하기 직전이라고 답했다.

알은 클럽을 더 이상 꽉 잡지 말고 스윙을 하라고 조언한 뒤 백스윙시 손가락들이 클럽을 어느 정도 느슨하게 잡고 있는지 숫자로 표현해 보라고 주문했다. 0은 손가락이 클럽에서 떨어지지 않는 상태며, 플러스는 그립의 단단한 정도를 의미한다는 것이다.

나는 열 번의 샷을 하며 '3, 2, 3, 0, 1, 0, -1, -1, -1, -1' 이라고 숫자를 외쳤다. 알은 마지막 네 개의 샷이 가장 훌륭했다고 말했다. 마지막 4개의 샷이 안정감은 주었지만 파워가 떨어지는 것 같았다는 반응을 보이자 알은 "그렇게 느꼈을지 모르지만 다른 샷보다 볼이 오히려 5~8야드 더 날아갔다"고 전했다.

알은 손을 클럽에 밀착시키는 게 더 좋은 결과를 얻을 수도 있다는 나의 생각에 놀라지 않았다. 실제 그와 같은 공통된 실수를 극복하기 위해 코치들은 "오른손의 네 번째와 다섯 번째 손가락을 그립에 단단히 붙이라는 지침을 준다"고 덧붙였다. 나는 "전통적 교습방식으로 나의 그립을 교정한다면 어느 정도 강하게 그립을 쥐어야 하는지를 설명하는 게 가능할까"라고 물었고, 그는 "그 숫자를 더욱 세밀하게 나눠보라"고 주문했다. 하지만 나는 "올바른 방식으로 스윙하는 것을 기억할 필요는 없을 것 같다. 따라서 그립을 더욱 강하게 쥐는 시도를 하지 않을 것이며, 손가락 때문에 좌절하지도 않을 것이다. 그 대신 무엇이 일어나고 있는지를 느끼고, 그 결과로부터 피드백을 얻도록 노력할 것이다. 비록 기술적 교정방식은 같을지 모르지만 마음의 상태는 완전히 다르며, 자기 컨트롤을 유지하는데 오히려 도움을 줄 수도 있다"고 말했다.

올바른 방식으로 스윙하는 것을 기억할 필요는 없을 것 같다. 그 대신 무엇이 일어나고 있는지를 느끼고, 그 결과로부터 피드백을 얻도록 노력하는게 바람직하다.

알은 최근 그의 아들이 특정한 스윙 메커니즘을 익히지 못해 큰 좌절을 느꼈던 일화를 들려주었다. "나는 그가 하나의 스윙을 올바르게 하도록 돕기 위해 그의 모든 스윙폼을 버리도록 요구했다. 하지만 끝내 모든 것을 잊고 그냥 스윙을 하라고했다. 그 결과 그는 스윙의 리듬을 되찾았다. 이너게임이란 상대방을 나의 방식으로 묶어놓지 않는 것인지도 모른다." 그가 나름대로 내린 멋진 결론이었다.

레슨 속의 레슨

로스앤젤레스에 있는 로스 로블레스 그린스에서 라운드를 끝낸 뒤 드라이빙 레인지에 들러 함께 게임을 했던 피트와 연습을 했다. 핸디캡 10인 그는 최근들어 드라이브가 자주 슬라이스를 내 어려움을 겪고 있다고 말했다. 나는 피트에게 자신의 스윙에 영향을 주지 않고 집중력을 강화시켜주는 이너게임 훈련을 권했다. 그가 동의하자 나는 '백-히트-스톱' 훈련방식을 설명해 주었다. 그는 처음에는 어려움을 겪었지만 점차 슬라이스를 교정하려는 노력 대신 클럽헤드에 집중하면서 볼의 탄도에 변화가 나타났다. 그는 오늘 처음으로 드로를 구사했다며 즐거워했다.

문제가 있다고 생각하는 게 문제다. 우리가 안고 있는 대부분의 문제는 해결을 시도하려는 데서 발생한다. 시도를 포기하고 단지 클럽헤드의 움직임에만 집중하면 몸이 스스로 교정을 해줄 것이다.

나는 그의 환희에도 불구하고 드로를 인위적으로 구사하려 시도하는 대신 클럽헤드가 원하는 곳으로 가도록 내버려 두라고 주문했고, 그는 또 다시 드로를 구사하는데 성공했다.

나는 "문제가 있다고 생각하는 게 문제다. 우리가 안고 있는 대부분의 문제는 해결을 시도하려는 데서 발생한다. 시도를 포기하고 단지 클럽헤드의 움직임에만 집중하면 몸이 스스로 교정을 해줄 것이다"라고 조언했다.

짧은 휴식을 가진 뒤 5번 아이언을 들고 연습장에 되돌아왔을 때 또 다른 동반자였던 잭이 피트에게 기술적 교습을 하고 있었다. 그러자 피트는 또 다시 슬라이스를 냈다. 그는 잭에게 "이것 좀 봐, 어떻게 효과가 나타났는지는 잘 모르겠지만 당신도 백-히트-스톱을 시도해볼 필요가 있어"라고 조언하는 말이 내 귀에 들려왔다.

잠시 후 피트는 내게 다가와 한 가지 레슨을 해주겠다고 말했다. 그는 아이언으로 볼을 찍어 치는, 즉 인사이드아웃 스윙으로 디봇 자국을 낸 뒤 볼이 튀어 오르게 하는 방법을 가르쳐 주겠다는 것이었다. 그는 네 가지의 명령적 교습 지침을 소개했고, 나는 다소 낯설었지만 열심히 따라했다. 실제 그의 레슨은 나에게 큰 도움이 되었다. 그가 "지금 디봇 자국을 내도록 쳐야지"라고 명령하면 나는 "내 클럽이 얼마나 많은 흙을 퍼내는지 보자"라고 생각하며 그 명령을 받아 들였다. 그러면 실제 한줌의 잔디가 떨어져 나갔고, 피트는 "잘했어, 볼이 클럽에서 튀어 올라 상당히 멀리 날아갔군"하며 흐뭇해했다. 그러자 그는 볼에서 더 멀리 떨어져 서서 떨어져 나간 잔디더미를 이 방향으로 보내 보라며 타깃라인에 담배개피를 늘어놓았다. 불가능한 것처럼 보였다. 하지만 나는 스스로 해보자고 다짐한 뒤 스윙을 하자 디봇 더미는 담배를 향해 날아갔다. 나는 그것이 어떻게 가능한지 알 수 없었지만 몇 번을 더 스윙하자 나의 자아2가 그것을 터득했다. 피트는 그것이 바로 인사이드아웃 스윙이라며 환호했다.

그의 기술적 교습은 나에게 큰 도움이 되었다. 그러나 그의 말을 일일이 따라하는 것은 피곤한 일이라는 것 역시 깨달았다. 스윙이 망가질 것이란 우려도 들었다. 나는 그의 지침을 자아1 몰래 자아2에 심어줘야 했다. 그러나 그것은 쉽지 않았다. 내가 그의 요청을 따르지 않는다는 것을 알리기 싫었고, 자아2가 그것을 받아들일지도 불확실해서였다. 아무튼 피트는 '백-히트-스톱' 기법 덕분에 그의 슬라이스를 교정했고, 동시에 기술적 조언이 내 아이언의 거리를 늘려 주었다며 흐뭇해했다.

다른 사람의 경험을 통해 배운 기술도 자아2에 도움이 되며, 명령식교습의 의혹과 근육긴장을 피할 수 있다.

나는 훈련을 끝내면서 다른 사람의 경험을 통해 배운 기술도 자아2에 도움이 되며, 명령식교습의 의혹과 근육긴장을 피할 수 있다는 것을 깨달았다.

테크닉의 발견

제5장은 자각을 통한 가르침과 명령적 지침이라 불리는 전통적 교습간의 근본적인 차이를 설명하는데 주력했다. 자각, 선택, 그리고 믿음은 기술의 숙련도를 높여주는 게 분명하다. 배우는 과정에서 자기신뢰가 무너지면 그 가능성도 사라지고, 교과서대로 하라는 압박을 받으면 자아1은 배움의 환경에 대한 두려움과 의혹, 그리고 혼란을 불어 넣는다.

자각훈련만으로 자신만의 골프스윙을 발전시켜 나갈 수 있다는 게 나의 지론이다. 그러나 다음과 같은 의문이 들 것이다. 수년간 습득해 온 기술적 지식을 모두 버려야하는가? 내가 배우고 읽었던 모든 것을 무시해야 하나? 기술적 지식의 역할은 무엇인가?

이번 장에서는 외적게임과 내적게임, 즉 기술적 지침과 경험을 통한 배움을 결합시키는 방법을 찾아 그 같은 의문에 해답을 제시하는데 초점을 맞추고 있다. 훌륭한 교육의 목표는 개인이 잘 배우도록 돕는 것이다. 자각과 테크닉간의 결합은 이너게임 테니스 수정판에서 처음 제시했으며, 모든 스포츠에도 적용이 가능하다고 믿고 있다. 다음 2개 장에서는 퍼팅, 칩핑, 그리고 스윙의 특별한 기술들을 논하면서, 자각과 테크닉 간의 결합의 예를 보여줄 것이다. 경험을 통한 배움과 관련된 기술적 교습에 대한 언급이 주를 이룰 것이다. 자연스럽게 배울 수 있는 과정을 가장 잘 이해하는 교육시스템을 만드는 것은 의미 있는 일이다. 이를 위해서는 교습과정에서 두려움과 의혹을 적게 유발해야 한다.

경험이냐 테크닉이냐

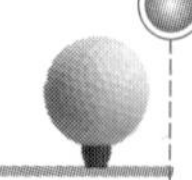

기술적 지식이나 이론을 잘 활용하려면 경험이 기술적 지식에 앞선다는 사실을 인지하는 게 중요하다.

기술적 지식이나 이론을 잘 활용하려면 경험이 기술적 지식에 앞선다는 사실을 인지하는 게 중요하다. 사람들은 일반적으로 골프를 배우기에 앞서 기술적 지침이 담긴 저서나 자료를 읽는다.

그러나 이 같은 지침서들은 어디서 온 것일까. 경험에서 비롯되지 않은 지침서도 있을까. 우연히든 의도적이든 어떤 방향으로 볼을 날려 보내 느낌이 좋으면 그 결과도 좋다. 연습을 통해 기분 좋은 스윙이 더욱 정교해지면 지속성을 갖게 된다.

그와 같은 방식으로 볼을 치거나, 그 방법을 다른 사람에게 전해줄때 골퍼들은 말로 묘사를 시도한다. 하지만 언어는 행동이 아니며, 기껏해야 복잡한 행위에 담겨있는 미묘한 힌트를 줄 뿐이다. 비록 그 지침들이 마음의 일부로 축적돼 언어로 기억될 수 있다손 치더라도 지침을 기억하는 것은 스윙 그 자체를 기억하는 것과 분명히 다르다. 물론 인사이드아웃 방식으로 스윙하라는 식의 정확한 지침에 자기 최면이 걸리면 계속해서 훌륭한 드로샷을 구사할 수도 있다.

우리는 자아2의 자연스런 배움보다 기술적 습득을 위한 자아1의 개념적 배움에 더 많은 믿음을 갖고 있다. 실수는 자아2에 대한 믿음이 부족했던 결과일수도 있다.

우리는 자아2의 자연스런 배움보다 기술적 습득을 위한 자아1의 개념적 배움에 더 많은 믿음을 갖고 있다. 자아1은 훌륭한 샷에 대한 신뢰를 원하는 한편, 자아2의 역할은 무시한다. 그러나 똑같은 명령을 계속해도 훌륭한 샷이 만들어지지 않으면 실망감이 커지고, 우리들은 지침을 따르지 않아 미스 샷이 났다는 결론을 내린다. 그리고 자신에게 화를 내며 바보라는 등 다양한 방법을 동원해 자책한다.

하지만 그 실수는 자아2에 대한 믿음이 부족했던 결과일수도 있다. 우리 자신을 인간이라기보다는 순응하는 컴퓨터처럼 생각했기 때문일수도 있다. 진실을 표현하는 방법을 언어에 의존해온 사회에서는 느끼는 능력과 샷이 느꼈던 방법을 기억하는 능력 간에 괴리감이 있을 수 있다.

구술적 지침이 경험을 하지 못한 사람에게 전해지면 실제 경험과는 별개의 것이 된다. 학생들이 계속 그와 같은 방식으로 골프를 배우면 이론적 기억과 행위에 대한 기억간의 괴리감은 더욱 커질 수밖에 없다. '하라' 또는 '하지 말라' 는 식의 골프교육은 자아2의 직관적 지식과 실제 행위 간에 두려움의 그림자를 드리워준다. 나는 골퍼들이 훌륭한 샷을 하고도 샷에 문제가 있다는 불평을 자주 들어왔다. 하지만 그들의 스윙은 지침이 제시한 올바른 스윙이란 개념과 일치할 때까지 파워와 일관성, 그리고 자연스러움을 얻지 못할 것이다.

골프지침에 지나치게 의존하면 자연스럽게 배우는 과정과 잠재능력이 훼손된다. 반면 자아2의 본능에 의존해 스윙을 하면 최상의 샷으로 향하는 가장 단순하면서도 중립적인 길을 찾을 수 있다.

요약하면 골프지침에 지나치게 의존하면 자연스럽게 배우는 과정과 잠재능력이 훼손된다. 반면 자아2의 본능에 의존해 스윙을 하면 최상의 샷으로 향하는 가장 단순하면서도 중립적인 길을 찾을 수 있다. 특히 자각훈련을 통하면 자연스럽게 몸과 클럽과 볼에 집중할 수 있어 좋은 테크닉을 습득할 수 있다. 샷을 할 때 자각력을 많이 동원할수록 경험으로부터 오는 피드백과 기술을 더 많이 익히게 된다. 우리는 느끼고 배우는 방법을 배울 필요가 있다. "자신의 경험보다 훌륭한 스승은 없다"는 격언이 타당성을 갖는 이유다.

기술적 지침의 활용방법

그렇다면 한 사람의 훌륭한 경험이 다른 사람들에게 어떻게 도움이 될 수 있을까 하는 의문이 생길수 있다. 경험에서 나온 유용한 교습방식은 다른 사람의 경험적 발견을 유도하는 방식으로 도움을 준다는 게 나의 결론이다. 학생들의 경우 자아1이 유발하는 판단 의혹, 그리고 두려움의 덫을 피해가며 기술적 지침을 받아들이는 것이 중요하다. 코치가 이런 노력에 성공한다면 그는 골프 이상의 것을 가르쳐주는 것이며, 학생들도 다른 기술을 배우는데 적용할수 있는 기법을 터득하게 되는 것이다.

그립을 바르게 쥐는 방법

골퍼들은 그립 쥐는 방법과 관련해 많은 지침서를 읽지만, 실제 그립을 잡는 과정에서는 많은 의혹이 유발되지 않는다. 그립이 다소 서툴게 느껴질 수도 있고 기술된 지침을 잘 이해하지 못할 수도 있지만, 시간이 지나면 당신의 손에 적합한 그립을 찾게 된다. 사실 그립과 관련된 지침들은 범위를 어림잡아 제시한 뒤 최상의 방법을 계속 찾아보라는 내용으로 일관된다.

그렇다면 그립을 어느 정도로 강하게 쥐는 게 바람직한 것일까? '클럽을 꽉 잡되 움직이지 못하면 안 된다' 또는 '악수하는 정도의 강도로 쥐어라' 는 지침보다 더 구체적으로 기술한 묘사를 찾기는 힘들 것이다. 책은 당신에게 힌트를 줄 뿐이며, 그 힌트를 활용해 경험을 통해 스스로 배워야한다. 그 책을 쓴 저자도 그와 같은 방식으로 그립 쥐는 법을 터득했을 게 분명하다.

어떤 것이 꽉 쥐는 것이고 어떤 것이 헐거운 그립인지 경험을 통해 발견한 사람들과 마찬가지로, 각자는 실험을 통해 그 길을 찾아내야한다. 스윙 도중 손, 손목, 그리고 팔의 느낌에 집중하면 가능하다. 당신이 발견한 것을 반드시 말로 표현할 필요는 없다. 느낌 그 자체는 묘사의 대상이 아니며, 단지 기억하면 된다.

어떤 것이 꽉 쥐는 것이고 어떤 것이 헐거운 그립인지를 각자는 실험을 통해 찾아내야한다. 스윙 도중 손, 손목, 그리고 팔의 느낌에 집중하면 가능하다.

마음의 틀은 독선적 틀과 완전히 다르다. '단단한 그립' 에 대한 정의를 내린 뒤 그것을 지키려하면 손목에 힘이 지나치게 들어간다. 과도한 경직성은 손목이 볼을 자연스럽게 지나가도록 하는 것을 방해해 파워와 정확도를 떨어뜨린다. 파워를 더 많이 내기위해 컨트롤을 강화하면 독선적인 자아1은 근육의 긴장을 팔을 거쳐 어깨와 목까지 확산시켜 스윙을 위축시킨다.

혹자는 긴장을 풀고 다소 약하게 스윙하는 게 좋다고 주장한다. 그렇다면 어느 정도 힘을 빼야하는 것일까? 힘을 빼는 방법은 알고 있는 것인가? 근육의 지나친 긴장감을 느끼지 못한다면 근육이완의 적정 수준을 찾을 수 없다. 말로 표현할 수 있는 문제가 아니기 때문이다. 나는 기술적 지식을 가장 잘 이용하는 방법은 목표에 대한 힌트를 효율적으로 흡수하는 것이라 믿고 있다. 그 힌트는 말은 물론 행동으로도 나타나며 비디오나 사진으로 관찰될 수 있지만, 역시 경험을 통해 가장 잘 느낄 수 있다. 골프코치들에게 스윙에 필요한 가장 중요한 요소들을 적

어내라고 하면 적어도 50가지는 손쉽게 제시할 것이다. 골프가 얼마나 어려운 것인지 상상할 수 있는 대목이다. 때문에 자기불신이 그만큼 더 쉽게 찾아올 수도 있다.

스윙을 이해하고 그 느낌을 기억하는 것은 한 장의 그림을 떠올리는 것과 같다. 그리고 한 장의 그림에 담겨있는 요소들이 서로 다르다는 것을 자각하는 것이다. 테크닉 개발을 위해 자각을 이용하는 또 다른 이점은 자아1이 갖고 있는 지나친 컨트롤과 판단하려는 성향으로부터 벗어날 수 있다는 것이다.

테크닉 개발을 위해 자각을 이용하는 또 다른 이점은 자아1이 갖고 있는 지나친 컨트롤과 판단하려는 성향으로부터 벗어날 수 있다는 것이다

프로게임 감상법

어린 시절 나는 풋볼을 하며 놀곤 했다. 아버지가 샌프란시스코 포티나이너스의 게임을 보여주면 나 자신도 지금보다 훨씬 더 잘 할 수 있을 것이란 생각이 들었다. 프랭키 앨버트의 패스기법을 공부하지는 않았지만 포티나이너스의 게임이 나에게 무엇인가를 전해 주었고, 실제 풋볼게임을 할 때 스스로 달라지고 있다는 것을 느꼈다. 모든 사람들도 나와 비슷한 경험을 했을 것이다. 골프도 프로선수들의 플레이를 보면 많은 것을 배우게 된다. 하지만 그들의 플레이를 어떻게 보는지도 배워야한다.

나는 PGA 등을 관전할 때 프로들의 스윙을 따라 하기보다는 단순히 그들의 게임을 보라고 권한다. 초보자에게 프로골퍼와 같은 스윙을 요구하는 것은 갓 태어난 애기에게 걷는 것을 주문하는 것과 똑 같다. 프로들의 게임을 보면서 그들의 스윙을 모방하는 기술적 정형화는 자연스런 배움 과정을 무너뜨릴 수 있다.

그 대신 프로선수들의 움직임 중 가장 흥미로운 점에 초점을 맞추면 자아2는 자동적으로 스윙에 필요한 요인을 선택하고 불필요한 것은 버리게 된다. 자연스럽게 배우는 과정을 믿으면 훌륭한 스윙으로 인도해 줄 것이다. 따라서 자신을 강제적으로 변화시키려 노력하지 말고 자아2가 새로운 가능성을 찾도록 그대로 두는 것이 중요하다. 그렇게 하면 자아2는 프로의 행위를 관찰하는 동안 중요한 힌트를 얻게 될 것이다.

자아2는 정확한 시각에 스윙의 특정 요인을 작동시킬 수 있는 훌륭한 직관력을 갖고 있다. 당신은 특정한 스윙 테크닉에 접근할 수 있다는 자신감을 가질 때까지 외적 관찰과 연습을 반복해야 한다

자아2는 정확한 시각에 스윙의 특정 요인을 작동시킬 수 있는 훌륭한 직관력을 갖고 있다. 프로들의 게임을 보면서 어떻게 학습할 것인가를 배우게 되며, 당신은 특정한 스윙 테크닉에 접근할 수 있다는 자신감을 가질 때까지 외적 관찰과 연습을 반복해야 한다.

프로들의 스윙을 관찰하는 것과 자신의 스윙에 집중하는 훈련을 번갈아 이행하되 어떤 스윙을 선택할 것인지는 전적으로 자신에게 달려 있다. 그 과정에서 반드시 판단부터 해야 할 필요는 없으며, 프로들의 움직임을 주시하며 계속 관찰하고 자신의 움직임을 느끼고 그 결과를 점검하면 된다. 이 같은 배움의 자세를 통하면 당신은 자신에게 맞는 느낌을 찾게 될 것이다.

결론적으로 베스트 스윙을 하는 프로를 보면서 자신에게 맞는 최상의 스윙폼을 찾으면 된다. 다른 사람이 터득한 테크닉과 지식은 자신에게 맞는 최상의 테크닉을 찾는데 큰 도움을 준다. 그러나 당신의 기준

으로 다른 사람의 스윙을 평가하는 것은 위험하다. 자아1은 골프 과정을 쉽게 공식화해 어떤 자세를 언제 취해야할지 말하는 습성이 있다. 반면 자아2는 모든 스윙을 감지하는 느낌의 흐름을 선호한다. 자아2는 자연스런 배움의 과정으로 당신의 움직임이 외부의 모델을 그대로 모방하는 것을 싫어한다. 배우는 과정에서 외부의 모델을 활용하되, 외부 모델이 당신을 그렇게 하도록 강요하는 상황에 빠져들어서는 안 된다. 자연스런 배움은 항상 인사이드 아웃에서 나오는 것으로 역은 성립될 수 없다.

자아1은 골프 과정을 쉽게 공식화해 어떤 자세를 언제 취해야할지 말하는 습성이 있다. 반면 자아2는 모든 스윙을 감지하는 느낌의 흐름을 선호한다.

나는 자신은 물론 학생들이 규격화 되거나 외부 모델에 빠져드는 것을 방지하기 위해 노력해왔다. 한 프로골퍼는 "내 스윙의 테크닉은 매일매일 바뀐다. 나의 스윙 모델은 붕괴 되었다가 새롭게 만들어지곤 한다. 내 기술은 진화하고 있는 것이다"라고 자평했다. 자아2는 기회가 있을 때마다 진화하는 본능을 갖고 있다. 테크닉이 좋아지면 배우는 기술이 더욱 향상돼 짧은 시간 내에 큰 변화를 성취할 수 있게 된다. 자아2의 배움 능력을 발견하면 당신의 골프스윙이 향상되는 것은 물론, 무엇을 배우든 그 능력은 개선된다.

골프를 효과적으로 배우는 단계 : 비효율에서 효율로

전략1, 자기 스윙의 분석 시도

자신은 뛰어난 육상선수며 운동신경은 자연스럽게 형성되었다고 생각하는 사람은 다른 스포츠를 배울 때도 자신의 지식에 전적으로 의존해 나름대로의 방식을 찾는 성향이 강하다. 그와 같은 사람이 골프를 시작하면 어떤 일이 발생할 것인가? 그는 열정적으로 골프에 매달린다. 독립적이며 매사 스스로 터득하는 사람에게는 자연스런 현상이다. 그렇지만 골프를 어떻게 배우는 게 좋은지를 알지 못한다. 좋은 샷을 날리다가 나쁜 샷도 경험하지만 그때그때마다 그 이유를 찾게 된다. 그는 '굿-배드' 란 배움의 양식에 빠져있으며, 그 기준은 일천한 경험에서 나오기 때문에 미신적 성향이 강하다. 즉 지난번에는 왜글 덕분에 좋은 샷을 날렸다거나, 스윙 직전 이런 생각을 했기 때문에 미스샷을 범했다는 식이다. 그는 자신만의 비법을 발견했다고 생각할 것이다. 자연히 다음 스윙 때는 희망과 기대감이 상당히 높아진다. 이런 마음 상태에서는 자신만의 비법인 왜글 덕분이 아니라 자신감 때문에 좋은 샷을 재연할 가능성이 높다.

독립적이며 매사 스스로 터득하는 사람에게는 나름의 분석과 걱정에 빠져든다. 그동안 성공적 마법이라고 생각한 것을 모두 버리고 새로운 비밀을 찾아 나선다. 스스로 또 다른 불확실성을 유발하는 것이다.

하지만 두 세 차례에 걸쳐 좋은 샷을 날린 뒤에는 실수도 하기 마련이다. 그는 즉각 "무엇이 잘못된 것일까, 왜글을 충분히 하지 않아서일까. 잘못된 생각을 했기 때문일 수도 있다" 며 나름의 분석과 걱정에 빠져든다. 이후 노력을 배가 시키지만 이미 의혹이 소리 없이 그의 마음을 파고들어 또 다시 미스샷을 하게 되고, "다른 잘못이 있었나보다" 고 생각한다. 그는 결국 그동안 성공적 마법이라고 생각한 것을 모두 버리고 새로운 비밀을 찾아 나선다. 스스로 또 다른 불확실성을 유발하는 것이다. 좋은샷들은 현실에 근거한 인과관계로 설명이 가능하지만, 설명하기 어려운 나쁜 샷들은 불확실성에 불을 지펴 좌절감을 유발한다. 놀랍게도 인생 내내 이런 상황에 빠져있는 골퍼들은 의외로 많다. 그들의 대부분은 코치 없이 스스로 골프를 터득하고 있다고 호언장담하는 유형이다.

전략2, 메커니즘만 이해하는 프로골프로 부터의 레슨

무엇을 해야 할지 모르면 자연히 코치를 찾게 된다. 법을 모르면 변호사를, 수학을 모르면 수학 선생님을 찾는 것과 같은 이치다. 코치는 자신의 지식을 적당한 가격에 기꺼이 전수해 줄 것이기 때문에 겸손한 마음으로 배우면 전략1보다는 훨씬 효율적인 결과를 얻을 수 있다. 코치들은 골프잡지나 책을 통해서도 습득할 수 있는 스윙 메커니즘의 이해에 필요한 지침들을 주로 가르친다. 물론 전문가에 따라 메커니즘에 관련된 이론은 차이가 있으며, 스윙에 필요한 요인에 대해서도 시각이 다를 수 있다.

이 접근방식에 깔려있는 오류는 골프스윙의 메커니즘을 아는 코치는 골프를 배우는 사람에게 어떤 도움을 줄 수 있는지 잘 알고 있다는 점이다. 골프를 묘사하고 입증하고 분석할 수 있다고 해서 다른 사람을 가르칠 수 있는 것은 아니다. 골프스윙의 개념적 지식은 책이나 논문 또는 골프코치를 통해 전달되지만, 개념적으로 안다는 것과 할 수 있다는 것 간에는 상당한 차이가 있다.

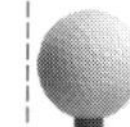

프로선수들로 부터 배우는데서 오는 가장 큰 단점은 학생들이 그들이 갖고 있는 지식과 교습방식에 지나치게 의존한다는 사실이다. 학생들은 샷에 문제가 발생하면 즉각 프로코치를 다시 찾게 된다. 그리고

프로선수들로 부터 배우는데서 오는 가장 큰 단점은 그들이 갖고 있는 지식과 교습방식에 지나치게 의존한다는 사실이다.

전략1의 경우와 마찬가지로 자연스런 배움의 과정을 잊고 나쁜 샷을 분석하는 작업에 매달린다. 골프는 스윙 요소들에 관한 지침을 통해서만 배울수 있는 것은 아니다.

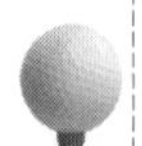

전략3, 프로의 도움 없는 자연스런 배움

자연스런 배움이 가능한 사람들은 레슨을 받지 않아도 훌륭한 골프능력을 개발할 수 있다. 판단 없는 자각이 그 무기다.

자연스런 배움이 가능한 사람들은 레슨을 받지 않아도 훌륭한 골프 능력을 개발할 수 있다. 판단 없는 자각이 그 무기다. 좋다거나 나쁘다는 식의 판단을 하지 않고 주시하는, 다시 말해 의식적으로 교정을 시도하는 대신 자신의 스윙을 집중하는 방식이다. 이 훈련은 기술적 공식보다 경험을 통한 학습이 보다 중요하다는데 대한 믿음을 기초로 한다. 골프는 자전거 보다 배우는 것이 어렵지만 경험을 통해 배운다는 점에서는 상당히 비슷하다. 해야 할 것과 하지 말아야 할 것을 지시하는 외부의 명령에 굴복하지 않으면 스윙을 보다 잘 느낄 수 있다.

주의력은 필요한 곳으로 쏠리기 마련이다. 주의력을 믿으면 자발적으로 다음 포인트로 이동할 때까지 배움이 지속되어 점진적이면서도 자연스런 개선을 감지할 수 있다. 게임도중 나타나는 좌절도 쉽게 벗어날 수 있으며, 다른 기술의 개발도 가능해진다.

전략4, 자연스런 배움+이너게임 코치의 도움

나는 자신의 주의력을 중시하지만 다른 사람이 제시한 초점의 효용성도 인정한다. 다른 사람들과 마찬가지로 간과하거나 무시하는 행동반경인 맹점을 갖고 있기 때문이다. 특히 자연스런 배움의 과정을 잘 이해하는 사람의 지도는 큰 도움이 된다. 이너게임을 가르치는 동안 수강생들로 부터 많은 것을 배울 수 있는 것도 이런 이유에서다.

실제로 나는 학생들을 가르치면서 나의 스윙을 관찰해 줄 것을 종종 주문한다. 그때마다 그들의 주의력은 내 스윙의 특정한 외형에 맞춰진다. 셋업상태일수도 있고, 백스윙 또는 폴로스윙 일수도 있다. 어느 날 한 학생이 나의 백스윙과 관련해 "오른손으로 클럽을 테이크 어웨이 할 때 약간의 움직임이 나타나면서 클럽페이스가 열린다"고 지적했다. 나는 그 움직임이 나의 스윙에 도움이 되는지에 대한 판단을 일단 유보한 채 움직임이 커지는지 작아지는지에 정신을 집중한 결과 자연스런 교정에 성공했다.

이너게임 코치는 예상한 변화를 끌어내기 위해 힌트를 주기 보다는 초점을 이곳 또는 저곳으로 옮겨 보라고 주문한다. 느낌을 강화해 자연스런 배움의 과정으로 나아가도록 돕는 것이다.

이 같은 교습방식은 학생들에게 거울을 비춰준다는 점에서 전통적 코칭방식과는 사뭇 다르다. 이너게임 코치는 예상한 변화를 끌어내기 위해 힌트를 주기 보다는 초점을 이곳 또는 저곳으로 옮겨 보라고 주문한다. 이것은 비교정적 교습방식으로, 학생들은 자신의 스윙에 섣부른 판단을 내리기에 앞서 느낌을 강화해 자연스런 배움의 과정으로 나아가도록 돕는 것이다.

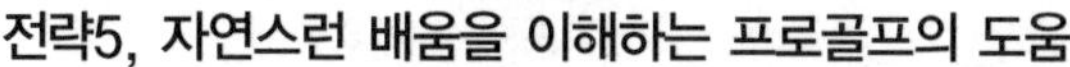

전략5, 자연스런 배움을 이해하는 프로골프의 도움

골프스윙의 메커니즘보다 자연스런 배움을 중시하는 코치는 학생들의 학습 능력을 극대화 시켜준다. 하지만 스윙 메커니즘과 이너게임을 모두 이해하는 코치는 보다 효과적인 교습이 가능하다. 학생들이 배움에 대해 믿음을 가질 뿐 아니라 코치의 경험으로부터도 배울 수 있어서다. 이너게임 코치는 "왼쪽 어깨를 돌리는 정도를 주시하라" 고 조언하지만 양측을 겸비한 코치는 발생할 수 있는 변화의 방향에 대한 힌트까지 줄 수 있다.

예를 들어 최대한의 파워를 내기 위해서는 백스윙을 완전히 해야 하며, 이 때 왼쪽 어깨가 볼을 지나가야 된다고 믿는 사람이 많다. 그렇다면 이 움직임을 어떻게 가르칠 수 있는 것일까? 그냥 바르게 백스윙하라고 명령해서는 아무런 효과를 얻지 못한다. 탐색에 초점을 두도록 가르쳐야한다.

자연스런 배움을 중시하는 코치는 "백스윙할 때 어깨가 어느 정도 돌아가는지를 주시하라. 왼쪽어깨가 볼을 지나치든 못 미치든 목표물을 정확히 향하면 된다" 고 조언할 것이다. 그리고 왼쪽 어깨가 볼에 못 미

칠 때는 -3, -2, -1점을, 볼을 지나치면 +1, +2, +3점을 부여하라고 주문한다. 그리고 학생들이 왼쪽 어깨의 위치를 정확히 느끼기 시작하면, "어깨가 돌아가는 것을 계속 주시하면 어깨 위치가 볼 바로 뒤쪽에 있다는 것을 발견할 것이다"고 말해준다.

이 경우 학생들은 자신의 자연스런 배움 과정에 대한 믿음을 유지하면서도 프로코치의 지식도 습득할 수 있게 된다. 자아2가 선호하는 배움의 품위와 즐거움을 그대로 유지하면서 프로골퍼의 경험과 지식을 자연스레 흡수하는 것이다.

쇼트게임 : 이너 퍼팅과 이너 칩핑

쇼트게임의 중요성을 강조하는 글은 수없이 많다. 쇼트게임은 한 라운드를 도는 동안 스트로크의 거의 절반을 차지하지만, 드라이브 샷에 비해 별로 관심을 끌지 못하며 자연히 연습도 소홀히 하는 게 현실이다.

쇼트게임은 플레이의 대부분을 심리에 초점을 두기 때문에 감각과 느낌은 필수 요소다. 칩핑에서의 작은 실수는 한타가 부과되는 부담과 함께 자신감에 큰 타격을 준다.

쇼트게임은 플레이의 대부분을 심리에 초점을 두기 때문에 감각과 느낌은 필수 요소다. 칩핑에서의 작은 실수는 한타가 부과되는 부담과 함께 자신감에 큰 타격을 준다. 특히 퍼트의 영향력은 머리카락 두께 정도의 오차가 200야드 이상의 스트로크와 맞먹는다. 모든 샷의 궁극적인 목표는 볼을 홀로 보내는 것이지만 실제의 성공은 매 홀의 마지막 행위인 퍼트의 정확도에 달려있다고 해도 과언이 아니다.

쇼트게임은 골프에 있어서 가장 훌륭한 평형장치다. 모든 골퍼는 칩

샷이나 퍼팅을 성공시킬 수 있는 신체적 능력을 갖고 있어 때때로 아마추어가 프로들조차 부러워하는 쇼트게임을 해내기도 한다. 드라이브샷을 300야드 날릴 수는 있지만 30피트 거리의 퍼트를 성공시키기는 쉽지 않다.

이번 장에서는 자각능력을 개발해 퍼팅과 칩핑의 기술에 믿음을 갖는 방법을 제시하는 게 목표다. 동시에 자존심을 훼손하지 않고 기술적 지식을 흡수하는 방법도 찾아본다.

퍼팅 표면에 대한 자각력 확대

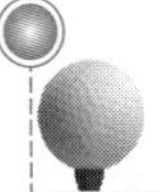

대부분의 골퍼들은 골프 볼의 표면을 유심히 관찰하는 방법으로 퍼팅실력을 향상시킨다. 하지만 그들이 갖고 있는 공통된 단점은 퍼팅라인을 지나치게 주시하며 너무 오래 생각한다는 것이다. 마지막 목표지점인 홀의 주변에서는 긴장감이 높아지기 마련이다. 작은 실수가 한 타를 늘린다는 우려감에 휩싸여 홀의 앞과 뒤에서 라이를 살펴보면서 마음속으로 볼에 표시를 해 둔다. 그러나 그것이 퍼팅을 향상시키는 길은 아니다. 눈은 편안할 때 가장 잘 보게 된다. 다른 시도와 마찬가지로 보려고 노력하면 실패한다. 마음속에 긴장감이 조금만 형성되어도 수정체의 렌즈를 조절하는 근육을 수축시킨다. 눈이 긴장되면 홀은 실제보다 멀리 또는 가깝게 느껴지며 그린 흐름에 대한 착시현상도 일어난다. 눈은 외적인 도움을 받지 않아도 볼 수 있다. 홀을 주시할 때 자세한 부분까지 보기위해 인위적으로 힘을 줄 필요가 없다는 얘기다. 퍼팅시 긴장을 풀어야 당신의 눈은 자연스럽게 주변을 살펴볼 수 있다. 긴장이 이완된 상태여야 모든 물체에서 반사되는 빛이 눈의 가장 민감한 부분에 잘 전달된다.

대부분의 골퍼들은 골프 볼의 표면을 유심히 관찰하는 방법으로 퍼팅실력을 향상시킨다. 그러나 그것이 퍼팅을 향상시키는 길은 아니다. 눈은 편안할 때 가장 잘 보게 된다. 다른 시도와 마찬가지로 보려고 노력하면 실패한다.

많은 사고는 오히려 퍼팅을 방해한다. 대부분의 골퍼들은 퍼트선상에 섰을 때 라이의 브레이크를 마음속으로 계산해본다. "보자, 내리막 라이네, 부드럽게 퍼트해야지 자칫 길수도 있어, 오른쪽 브레이크군, 홀보다 6인치 정도 위쪽을 향해 퍼트를 해야겠군. 지난번 퍼트는 짧았지, 부드럽게 치면 안 되겠는걸…."

하지만 이 같은 많은 생각들은 오히려 통찰 능력을 떨어뜨린다. 퍼트를 분석하는데 필요한 것은 당신의 지적능력이 아니다. 당신은 그린의 흐름을 읽을 수 있으며, '8피트 거리의 내리막 경사, 오른쪽 브레이크'라고 스스로 말하지 않아도 홀까지의 거리를 가늠할 수 있다. 상황을 말로 표현하는 것은 자아1의 간섭을 유발할 뿐이다.

나도 때때로 퍼팅 선상에서 어느 정도의 브레이크를 감안해야 하는지 살펴보지만 결정은 자아2의 몫으로 남겨둔다. 자아2는 그린의 라이 읽는 방법을 배운 적은 없지만 다양한 굴곡과 잔디 결을 유심히 관찰하며 경험을 통해 볼이 흘러가는 거리와 방향을 스스로 터득해 내는 능력을 갖고 있다.

다른 골퍼의 퍼트를 통한 학습

동반자들이 퍼트를 할 때마다 거리와 그린 경사를 스스로 예측한 다음 볼이 홀의 절반 거리에 이르렀을 때 홀을 지날 것인지 못 미칠 것인지를 가늠해 본다. 이 훈련은 그린을 읽는 능력은 물론 긴장감을 줄여 주는 효과도 있다.

경쟁자의 볼이 홀로 부터 비슷한 선상에 있을 경우 그가 퍼트를 먼저 한다면 그의 퍼팅을 통해 많은 것을 알게 된다. 하지만 당신에 앞선 퍼트뿐 아니라 이후의 퍼트도 큰 도움이 된다.

동반자들이 퍼트를 할 때마다 거리와 그린 경사를 스스로 예측한 다음 볼이 홀의 절반 거리에 이르렀을 때 홀을 지날 것인지 못 미칠 것인지를 가늠해 보는 방식이다.

이 훈련은 그린을 읽는 능력은 물론, 볼의 스피드와 거리와의 상관관계에 대한 정확한 정보를 자아2에게 제공해 준다. 나의 순서를 초조하게 기다리면서 퍼팅을 잘 해낼 수 있을까 하는 긴장감을 줄여주는 효과도 있다.

거리에 대한 자각능력의 강화

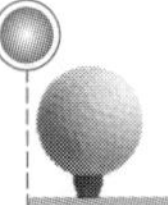

나는 홀까지의 거리를 계산하는 노력은 필요 없다고 믿고 있다. 그보다는 거리에 대한 자각능력을 향상시키는 게 중요하다고 생각한다. 나는 퍼팅을 할 때 볼 뒤에 서서 홀과의 거리를 양분한 다음 각 부분을 또 다시 세분하는 습관이 있다. 그린의 윤곽이 그려지면 내 눈은 홀까지의 직선을 따라가는 대신 브레이크를 그리는 선을 주시한다. 이 같은 방법을 통해 거리에 대한 집중력이 형성되면 컨트롤하지 않고 퍼터를 그냥 한두 번 흔들어 본다.

나는 홀까지의 거리를 계산하는 노력은 필요 없다고 믿고 있다. 그보다는 거리에 대한 자각능력을 향상시키는 게 중요하기 때문이다.

하지만 볼을 어느 정도 강하게 쳐야할지 모르기 때문에 자아2에게 그것을 보여 달라고 요청한다. 나에게는 자아2가 그 강도를 찾아내는 것이 더욱 편하게 느껴진다. 이 과정에는 믿음이 필요하다. 마술이 아니라 자아2가 다양한 그린을 경험하면서 퍼트강도와 거리감을 개선시켜 온 결과다.

거리를 느낄 수 있는 다른 방법은 눈을 감고 홀까지 걸은 후 퍼트 손잡이를 홀에 넣어보는 것이다. 거리감을 몸이 느끼도록 유도하는 방식으로 자아2가 거리계산을 할 수 있도록 도와주는 것이다. 짧은 거리에서 이 훈련에 익숙해지면 점차 거리를 멀리하며 자각능력을 시험하는 것이 좋다.

복잡한 문제의 단순한 해법

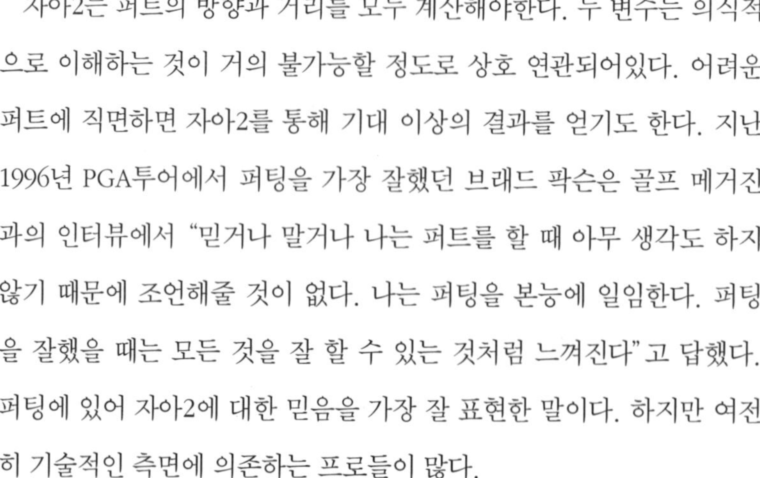

자아2는 퍼트의 방향과 거리를 모두 계산해야한다. 두 변수는 의식적으로 이해하는 것이 거의 불가능할 정도로 상호 연관되어있다. 어려운 퍼트에 직면하면 자아2를 통해 기대 이상의 결과를 얻기도 한다. 지난 1996년 PGA투어에서 퍼팅을 가장 잘했던 브래드 팍슨은 골프 메거진과의 인터뷰에서 "믿거나 말거나 나는 퍼트를 할 때 아무 생각도 하지 않기 때문에 조언해줄 것이 없다. 나는 퍼팅을 본능에 일임한다. 퍼팅을 잘했을 때는 모든 것을 잘 할 수 있는 것처럼 느껴진다"고 답했다. 퍼팅에 있어 자아2에 대한 믿음을 가장 잘 표현한 말이다. 하지만 여전히 기술적인 측면에 의존하는 프로들이 많다.

나는 퍼트를 할 때 아무 생각도 하지 않기 때문에 조언해줄 것이 없다. 나는 퍼팅을 본능에 일임한다

퍼팅 기술이란

나는 로스앤젤레스 오픈에서 끝없이 추락하고 있는 한 프로골프를 우연히 만난 적이 있다. 그는 락커룸에서 만나 인사를 나누자 말자 대뜸 이너게임골프에 대해 혹평을 했다. 그는 내가 쓴 책을 읽었다고 말한 뒤 "당신의 이론은 스윙에는 잘 적용되지만 퍼팅은 아닌 것 같다. 퍼팅은 이너게임 이상의 기술적 측면이 필요하다"고 주장했다. 나는 "당신의 베스트 퍼팅이 언제였다고 생각 하는가"라고 물었다. 그는 잠시 생각하더니 "15세 때인가 16세 때, 어른들과 함께 필드에 나갔으며, 18

개 홀 중 16개 홀에서 한 번의 퍼트로 홀을 마무리 지은 적이 있다. 동반자들은 자신들의 볼도 퍼트를 해보라고 주문했으며, 나는 그 볼이 어디 있든 홀에 넣었다" 고 회상했다.

나는 15세 소년이 익힐 수 있는 퍼팅에 대한 기술적 지식은 한계가 있지 않겠느냐고 반문했고, 그는 당시에 기술적 지식이 거의 없었다고 답했다. 퍼팅에 대한 기술이 있다는 사실조차 몰랐다는 것이다. 그와의 대화는 기술적 믿음이 우리 마음에 얼마나 깊이 심어져 있는가에 대한 한 예이다. 그는 퍼팅에 대한 기술적 지식을 축적해 왔지만 그것이 오히려 프로투어에서 성적을 떨어트리는 요인으로 작용한 것이다.

기술에 대한 믿음이 자신의 잠재능력보다 강해지면 자신감이 없어지면서 마이너스 효과를 낸다. 물론 모든 투어프로가 기술적 지식을 최

퍼팅은 2%의 기술과 98%의 영감, 믿음, 또는 감촉의 합작이다. 퍼팅을 잘하는 선수들이 갖고 있는 공통점은 감촉을 중시한다는 것이다. 퍼팅은 기계적으로 하는 것이 아니다.

우선의 믿음으로 간주하는 것은 아니다. 잭 니클로스는 「골프 마이웨이」란 저서에서 다음과 같이 지적했다. "퍼팅은 2%의 기술과 98%의 영감, 믿음, 또는 감촉의 합작이다. 퍼팅을 잘하는 선수들이 갖고 있는 공통점은 감촉을 중시한다는 것이다. 퍼팅은 기계적으로 하는 것이 아니다."

그렇다면 감촉이란 절대적 요인은 어떻게 개발할 수 있는 것인가.

몸과 클럽의 감지능력

그린을 읽기 시작하면 퍼팅을 할 때 몸과 클럽에 대한 감각을 향상시켜야 하는 과제에 직면하게 된다. 퍼팅 감각은 '거리' 와 '방향' 에 대한 느낌에 달려있다. 골프스윙과 마찬가지로 퍼팅의 느낌은 손 손목 팔 그리고 어깨로 전달된다. 퍼팅이 갖고 있는 다른 점은 손 손목 팔 어깨만이 느낌을 전달한다는 것이다. 대부분의 퍼트는 큰 힘이 필요 없어 다리와 히프를 움직일 필요가 없기 때문이다. 다리와 히프는 단순히 손, 팔, 어깨의 미묘한 움직임을 위한 기초를 제공할 뿐 이다. 퍼팅은 정확성을 요구하기 때문에 단순함이 가장 중요하다. 불필요한 움직임이 적을수록 자아2가 보다 쉽게 팔과 손의 움직임에 집중할 수 있다. 퍼팅을 할 때 필요하지 않는 요인들을 모두 제거하면 거리와 방향 모든 면에서 정확도가 한층 높아진다.

퍼팅은 정확성을 요구하기 때문에 단순함이 가장 중요하다. 불필요한 움직임이 적을수록 자아2가 보다 쉽게 팔과 손의 움직임에 집중할 수 있다

그립은 퍼터와 신체가 접촉되어 있는 듯한 느낌을 갖도록 해야 한다.

따라서 두 손이 한손처럼 움직이며, 퍼터의 움직임을 최대한 느낄 수 있도록 그립을 쥐어야한다. 나는 느낌을 극대화 하기위해 피부가 퍼터 손잡이에 최대한 접촉되도록 잡는 것을 좋아한다. 동시에 방향 감각을 높이기 위해 왼손등과 오른 손바닥이 평행되는 것을 선호한다. 이 지침 내에서 각자가 가장 느낌이 좋은 그립 형태를 스스로 찾으면 된다.

퍼팅 자세도 느낌을 극대화하는데 중요하다. 퍼팅을 할 때 마다 다른 자세로 서면 자아2가 일관성을 상실하게 된다. 편안하다고 생각한 자세가 있으면 매번 그렇게 해야 스트로크 움직임에 대한 자각을 유지할 수 있다. 같은 이유로 볼도 평소의 스탠스와 같은 위치에 두는 것이 바람직하다.

하지만 다양한 그립과 자세를 실험하는 것을 두려워할 필요는 없다.

때로는 변화가 몸의 느낌의 민감성을 강화시켜 줄 수 있다. 퍼터를 바꾸는 것도 하나의 방법이다.

퍼팅의 단순 원칙을 따르면 스트로크는 시계추 움직임을 닮기 시작한다. 어깨, 팔, 그리고 손목이 퍼터를 흔들 때 삼각형을 유지하게 된다. 움직일 때 불필요한 동작이 적을수록 느낌은 더 좋아진다.

터치게임

퍼팅에 대한 느낌을 강화하기 위해 나는 터치게임이란 것을 고안했다. 이는 단순한 감각게임이다. 대부분의 골퍼들은 연습퍼팅을 할 때도 반드시 볼을 홀에 넣으려 시도한다. 퍼팅에서 성공과 실패의 차이는 절대적이기 때문에 우리를 골 지향주의자로 만든 결과다. 그러나 골 지향주의자로 변하면 퍼팅에 대한 느낌을 상실하게 된다.

터치게임은 퍼팅의 목표를 바꾸는 것이다. 퍼팅한 볼이 어디로 가는지 보는 대신 볼이 어디서 멈추는지를 상상하는 게임이다. 이 게임은 실제로 퍼팅실력을 향상시키는데 상당한 도움이 된다

터치게임은 퍼팅의 목표를 바꾸는 것이다. 다시 말해 퍼팅한 볼이 어디로 가는지 보는 대신 볼이 어디서 멈추는지를 상상하는 게임이다. 성공여부는 볼을 홀에 넣는 것이 아니라 어디서 멈췄는지를 보지 않고 느끼는 것이다. 보지 않고 느낌으로 퍼팅한 볼이 홀의 오른쪽 6인치 못 미친 지점에 멈춰도, 당신이 그렇게 상상했다면 이기게 된다. 2인치 더 굴러갔다고 상상했는데 홀인되면 당신은 오히려 지는 것이다. 이 게임에서 이기는 방법은 퍼팅 스트로크를 정확하게 느끼는 것이어서 반드시 볼을 홀에 넣으려 노력할 필요가 없다.

이 게임은 실제로 퍼팅실력을 향상시키는데 상당한 도움이 된다. 게임의 외형적인 목표를 바꿈으로써 퍼트에서 오는 긴장을 줄여주기 때문이다. 동시에 거리와 방향이란 두 가지 목표에 대한 감각을 강화시켜주는 장점이 있다. 터치게임 연습을 많이 하면 보지 않고도 퍼팅한 볼이 어디 있는지 대충 느낄 수 있게 된다.

이 훈련을 효율적으로 하려면 거리와 방향을 모두 조화시킬 수 있도록 양측을 번갈아가며 시도할 필요가 있다.

눈을 감고 퍼팅

터치게임의 가장 효율적인 훈련 방법은 눈을 감고 퍼팅하는 것이다. 처음에는 정확하게 볼을 맞추는 것조차 어려울 것이다. 하지만 이 난관은 곧 극복되며, 느낌을 강화해 놀라운 결과를 안겨준다. 퍼팅은 감각의 문제여서 퍼팅라인에 서면 눈의 도움이 별로 필요 없다는 것을 깨닫게 된다.

퍼팅은 감각의 문제여서 퍼팅라인에 서면 눈의 도움이 별로 필요 없다는 것을 깨닫게 된다.

퍼팅한 볼의 방향을 예상할 수 있는 능력이 생기면 느낌과 컨트롤을 강화시킬 수 있는 다음 단계로 나아가야한다. 볼이 멈추는 위치가 예측되면 "그것을 어떻게 알았는가"라고 반문해볼 필요가 있다. 이 의문을 통해 당신은 예측에 기여한 '느낌의 단서(feel clues)'를 찾을 수 있다.

예를 들어 퍼트가 홀 왼쪽 6인치 지점에 멈출 것으로 예측했다고 하자. 퍼터면이 임팩트 순간 조금 닫혀있었다는 것을 감지하고 느낀 결과일 수 있다. 그러면 임팩트를 가할 때 클럽페이스에 보다 주의를 기울이는 노력을 하면 된다. 볼을 홀에 넣는 것이 목적이 아니어서 퍼터면을 인위적으로 조절할 필요는 없으며 단지 관찰하면 된다. 다음 퍼팅이 이전 퍼팅과 비교해 클럽페이스가 더 닫혀있는지 덜 닫혀있는지 꼭 같은 상태인지 느끼도록 해야 한다. 이 훈련은 상당한 주의력을 요구한다.

특히 임팩트시 퍼터면의 각도를 변화시키지 말고 자각 과정을 계속해야한다. 만약 어드레스 순간 퍼터가 볼에 직각으로 세워져 있다면, 어느 순간 퍼터에 변화가 일어나는지 자문하게 될 것이다. 이런 방법으로 원인에 대한 자각을 하게 되면 퍼터는 원하는 결과와 자연스럽게 일치하는 방향으로 변화될 것이다.

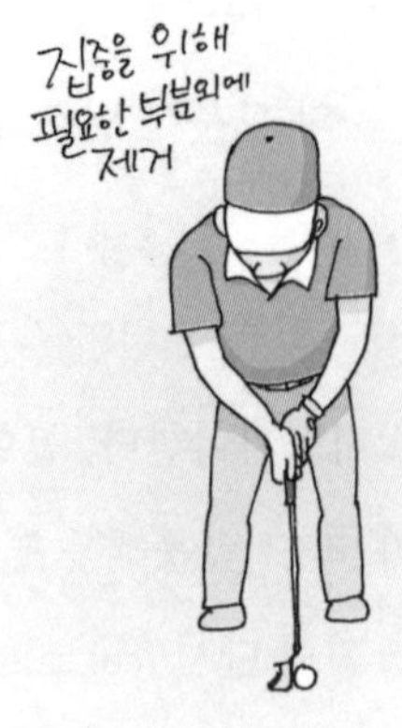

퍼트의 방향을 결정짓는 것은 클럽 페이스뿐 만이 아니다. 터치게임을 해보면 스트로크시 당기거나 밀어 퍼트를 왼쪽 또는 오른쪽으로 흘러가게 한다는 사실을 알게된다. 이 경우도 클럽면과 마찬가지로 스윙의 방향을 자각하는 게 중요하다. 퍼트의 방향을 가늠한 뒤 그 결과를 예측해 보는 것이다. 방향 감각을 느끼는 것은 곧 바로 보내려는 시도와는 다르다. 교정하려는 노력 대신 자각훈련에 대한 감각을 향상시키면 자연스럽게 컨트롤을 강화하는 결과를 얻게 된다.

교정하려는 노력 대신 자각훈련에 대한 감각을 향상시키면 자연스럽게 컨트롤을 강화하는 결과를 얻게 된다.

초보자들은 단순화된 형태의 터치게임을 통해 느낌을 얻을 수 있다. 나는 라운드에 나갈 준비가 되어있는 골퍼들에게는 다음과 같은 훈련을 권유한다. 즉 2~3인치 간격을 두고 3~4개의 볼을 놓아둔다. 첫 번째 볼을 친 뒤 그것이 어디에서 멈추는지를 본다. 이어 눈을 감고 두 번째 볼을 퍼트 한다. 그리고 첫 번째 볼보다 많이 굴러 갔는지 적게 갔는지를 예측해본다. 그리고 눈을 뜨고 사실 여부를 확인해 본다. 3, 4번째 볼도 같은 방식으로 실험을 해본다.

방향성을 자각하는 훈련도 가능하다. 2, 3, 4번째 볼을 처음처럼 차례로 퍼트해 첫 번째 볼보다 오른쪽으로 갔는지 왼쪽으로 갔는지 느껴본다. 첫 번째 볼은 목표가 아니라 거리와 방향을 느낄 수 있는 기준으로 이용된다. 홀 대신 첫 번째 볼을 기준으로 삼는 것은 성공 또는 실패란 압박감을 없애주기 위해서다.

퍼팅과 칩핑에 영향을 주는 주요 변수들

퍼팅 및 칩핑 테크닉을 자연스럽게 배우는 방법은 쇼트게임에서 거리와 방향을 컨트롤할 때와 마찬가지로 자각과 신뢰가 요구된다.

스트로크에 영향을 미치는 변수들을 찾아낸 뒤 집중하는 방식의 훈련은 퍼팅과 칩핑에도 그대로 적용될 수 있다. 다음에 열거하는 기술은 퍼팅과 칩핑에 모두 적용되는 주요 변수들이다. 어떤 변화를 유도하지 말고 이들 변수에 집중하면 상당한 개선효과를 얻을 수 있다.

- 발과 히프, 그리고 손의 정렬에 대한 자각
- 클럽헤드의 속도에 대한 자각
- 클럽헤드가 나아가는 길의 방향에 대한 자각
- 백스윙과 폴로스윙의 정도에 대한 자각
- 임팩트 순간과 그 전후 시점에서의 클럽면 각도에 대한 자각
- 볼에 전달되는 스핀에 대한 자각
- 볼의 발 사이 위치에 대한 자각

자신의 퍼팅과 칩핑 기술을 개발하라

퍼팅 및 칩핑 테크닉을 자연스럽게 배우는 방법은 쇼트게임에서 거리와 방향을 컨트롤할 때와 마찬가지로 자각과 신뢰가 요구된다. 자각은 주요한 변수에 집중하는데, 신뢰는 기술적 컨트롤 대신 자아2의 느낌을 이용하는데 필요하다. 이 방법에 익숙해지면 기술적 지식의 효용

성도 저절로 커진다. 제6장에서 이미 언급한 바와 같이 기술적 지식은 그립을 잡는 법이나 볼의 위치 선정과 같은 기본적인 지침 외에는 직접적인 교습방법으로 사용될 수 없다. 그러나 퍼팅이나 칩핑에 대한 느낌이 강화되면 이를 배우는 힌트로 기술적 지침을 활용할 수 있다.

다음에 묘사하는 표는 퍼팅과 칩핑에 관한 이너게임 차트다. 가로 3단중 왼쪽은 퍼팅과 칩핑을 할 때 공통적으로 원하는 결과를 묘사했다. 거리와 방향을 모두 컨트롤해 목적에 달성하기 위해 필요한 상태다. 두 번째 단은 목적을 달성하기 위한 절대적 변수들의 리스트다. 이 변수들은 교습지침이 아니라 원하는 결과를 얻기 위해 집중력의 초점을 맞춰야하는 테크닉들이다. 예를 들어 '불필요한 동작' 이란 구절은 당신의 움직임을 제한하기 때문에 무시하고 자각의 법칙을 따르는 게 좋다. 변화가 필요하면 그것에 대한 자각능력을 강화시키면 된다.

오른쪽 단은 쇼트게임을 할 때 프로골퍼들이 유용하게 사용하는 기술적 지식에 대한 힌트들이다. 이 리스트는 물론 완벽하지 않으며 프로에 따라 차이가 있다. 여기에는 원하는 변화의 방향에 대한 힌트가 담겨 있어 퍼팅과 칩핑의 개선을 원하는 골퍼들에게 가장 유용한 방식이라고 나는 믿고 있다. 이들 힌트를 잘 활용하면 자아2는 당신이 원하는 결과를 얻게 해줄 것이다.

✚ 이너 퍼팅&칩핑 차트, 자기개발 테크닉

원하는 결과	집중해야할 주요 변수들	배우는 목표(기술적 힌트)
일관된 단순 행위	• 불필요한 움직임, 특히 손목 • 팔과 손의 움직임에 있어 필요하지 않은 변수 • 그립 쥐는 방법과 스탠스의 일관성 • 퍼팅직전 행위의 일관성 • 스탠스를 취한 뒤의 볼 위치 • 팔꿈치 간 간격의 변화 • 폴로스윙 대비 백스윙의 속도	• 어깨를 흔들어 시계추와 같이 움직임 · 백스윙시 왼쪽 어깨가 내려가면 오른쪽 어깨는 올라가고 폴로스루 땐 역이 성립 • 손등은 퍼터면과 직각유지 • 무게 중심은 앞 발꿈치에 • 똑같은 동작을 반복 • 어드레스시 왼쪽 눈을 볼 위에 고정 • 일관된 볼과의 거리
안정성	• 스윙시 머리 움직임 • 하체의 안정성 • 양발의 간격 • 어깨, 팔, 손목 간에 형성되는 삼각형의 안정성 유지 • 무게의 중심	• 볼이 홀을 향할 때까지 머리고정 • 무릎과 히프는 다소 굽히되 허리의 하향이동은 금물 • 어깨넓이와 비슷하게 유지 • 퍼트를 하는 동안 삼각형 • 중심을 낮추고 그립을 허리띠 수준으로 유지
거리 컨트롤	• 백스윙과 폴로스루의 거리 • 힘과 속도 • 퍼터면에 볼이 부딪치는 소리 • 볼 접촉면	• 거리가 비슷한 게 바람직함 • 가능한 유연하게 퍼팅 • 견고하고 투명해야 • 퍼터 중심에 맞춰야
방향 컨트롤	• 홀을 향한 그린윤곽 • 어깨, 히프, 무릎, 발의 방향 • 임팩트시 퍼터면 각도 • 퍼터움직임의 방향	• 굴절지점을 향해 퍼팅 • 목표선과 평행 시켜야 • 목표선과 직각 유지 • 롱퍼트를 제외하면 홀과 직선

이너퍼팅의 자각훈련 

1. 홀을 보라

눈을 감고 터치게임을 연습한 이후 자아2가 보지 않고서도 볼을 맞출 수 있다는 자신감이 생기면 퍼팅에 대한 새로운 가능성이 열린다. 테크닉은 단순하다. 퍼팅을 할 때 볼 대신 홀을 봐야한다. 보는 것보다는 느낌을 통해 퍼팅을 컨트롤하는 게 최선책이다. 볼의 위치를 알기 때문에 눈이 겨냥해야할 곳은 볼이 아니라 목표지점이나 퍼팅라인이다.

퍼팅을 할 때 볼 대신 홀을 봐야한다. 보는 것보다는 느낌을 통해 퍼팅을 컨트롤하는 게 최선책이다.

나는 이 기법을 처음엔 퍼팅연습 그린, 다음에는 코스에 적용해 좋은 결과를 얻었다. 손으로 볼을 보는 것을 배웠기 때문에 나의 눈은 홀에 집중할 수 있었다. 목표물이 시야에 있어 자아2가 초점을 맞춘 곳에 볼을 넣을 수 있다는 느낌을 갖게 되어 믿음은 더욱 커졌다.

이 기법이 주는 두 번째 이점은 볼이 어디로 가는지 보기위해 머리를 치켜드는 현상을 방지해준다는 것이다. 퍼팅은 스트로크 거리가 짧아 홀을 보고 있어도 몸의 움직임이 제한받지 않는다.

세 번째 이점은 자신감이다. 홀을 보면서 볼을 그곳에 쉽게 넣을 수 있다고 생각한다. 홀을 만지거나 그곳에서 무엇인가를 끄집어내는 상상을 통해 자신감을 얻는 것이다. 무엇인가 시도해야 한다는 생각에서 유발되는 긴장감도 줄어든다. 홀에 재미있는 광경을 떠올리는 '부드러운 눈(soft eyes)' 을 많이 사용할수록 집중력은 커진다. 이를 위해 홀에서 특별한 관심을 항상 연상시켜야한다. 시선을 사로잡을 수 있는 무엇인가를 찾으면 큰 도움이 된다.

2. 한손으로의 퍼팅

한손으로 퍼팅연습을 하면서 동반자에게 손이 흔들리는지 여부를 알려 달라고 부탁하라. 손이 흔들리지 않았다면 결과는 나쁘지 않을 것이다. 코스에서도 마찬가지다. 의혹은 작은 근육에 상당한 영향을 미친다. 당신이 명백한 피드백 시스템을 갖고 있다면 의혹이 미치는 영향을 줄일 수 있다. 퍼팅을 할 때 의혹을 누르는 대신 손의 흔들림을 주시한다면 흔들림은 저절로 줄어들게 된다. 의혹이 싸울 의욕을 상실했다는 것을 깨닫기 때문이다.

퍼팅을 할 때 의혹을 누르는 대신 손의 흔들림을 주시한다면 흔들림은 저절로 줄어들게 된다.

3. 듣기

골프클럽이 볼에 닿을 때 다른 감각으로는 얻을 수 없는 느낌을 준다. 클럽이 볼을 칠 때의 소리에 집중하면 그 소리만으로 볼의 안쪽 바깥쪽 또는 중심에 맞았는지를 구별할 수 있게 된다. 이 느낌이 강화되면 퍼트도 저절로 탄탄해진다. 나는 이 기법을 한 맹인 골퍼로부터 배웠다. 그의 동반자가 16피트거리의 퍼트를 시도했지만 5피트나 못 미치자 그는 "내가 들은 것 중 가장 나쁜 퍼트"라고 지적했다.

클럽이 볼을 칠 때의 소리에 집중하면 그 소리만으로 볼의 안쪽 바깥쪽 또는 중심에 맞았는지를 구별할 수 있게 된다.

이너 칩핑

칩핑은 퍼팅처럼 짧은 스윙을 요구한다. 퍼팅 그린을 따라 짧게 굴리는 것이다. 나는 리듬과 느낌을 찾기 위해 연습장 그린 앞에 볼을 잔뜩

쌓아 놓고 목표를 향해 칩핑하는 것을 좋아한다. 사실 골프게임에 필요한 중요한 요소의 대부분은 칩핑에 있다. 나는 수백 개의 볼을 연속해서 칩핑한 후 9개 홀을 돈다. 상대적으로 짧은 시간 내에 자세, 리듬, 템포를 느끼고, 몸과 클럽의 감각을 시험할 수 있기 때문이다. 터치게임은 퍼팅과 마찬가지로 칩핑에도 그대로 적용된다. 이 과정에서 내가 집중하는 주요 요인들은 다음과 같다.

골프게임에 필요한 중요한 요소의 대부분은 칩핑에 있다. 터치게임은 퍼팅과 마찬가지로 칩핑에도 그대로 적용된다.

- 발의 무게 배분의 자각
- 스탠스를 취한 상태에서 볼의 위치 자각
- 볼과 관련된 손목과 손의 위치 자각
- 폴로스윙에 상응하는 백스윙 폭의 자각
- 클럽이 볼에 접촉하는 순간의 자각
- 클럽이 백에서 앞으로 이동하는 순간의 부드러움 자각
- 폴로스윙의 가속도 자각
- 목표라인을 향하는 방향의 자각
- 클럽면의 각도 자각
- 손목 각도의 자각
- 백-히트-스톱의 자각
- 그립을 쥐는 강도의 자각
- 임팩트시 소리의 자각
- 스윙 할 때 몸의 불안정안 움직임의 자각
- 백스윙과 폴로스윙 각도의 자각

칩스 와 팁스

조언은 자아1이 가장 선호하는 무기여서 그것으로 부터 벗어나는 것보다 어려운 일은 없다. 자아1은 골프를 잘 칠 수 있는 방법이 있다는 희망을 끊임없이 불어넣으려 시도한다. 특정한 생각을 하면서 퍼팅을 해 그것이 성공하면 자아1은 '바로 그것이야' 라고 소리친다. "그 생각을 했기 때문에 성공했다"는 식이다. 다음 홀에서도 이전 홀과 똑 같은 생각 덕분에 퍼트를 성공시켰다면 그 노력은 분명 효과가 있다. 퍼트에 대한 해답을 찾았다고 생각해 다른 사람들에게도 그 비법을 전파하려 시도한다. 하지만 그와 같은 조언은 미신에 불과하다. 그것을 하지 않으면 무서운 결과를 경험할 것이란 미신적 암시를 깔고 있다.

자연스런 배움은 주의력의 초점이 매일매일 바뀐다는 것을 인식시켜 준다. 집중 기법이 효과를 내면 특정한 변수들에 대한 초점은 자연스레 바뀔 수 있다.

그와는 달리 자연스런 배움은 주의력의 초점이 매일매일 바뀐다는 것을 인식시켜 준다. 주요한 변수에 집중하는 것은 미신적 조언을 맹신하는 것과는 완전히 다르다. 집중 기법이 효과를 내면 특정한 변수들에 대한 초점은 자연스레 바뀔 수 있다.

칩핑을 할 때 나의 관심은 왼손의 백 상태에 집중된다. 왼손이 백상태에 머물 때 클럽면이 어디에 있어야 하는지에 대한 최상의 느낌과 자신감을 갖게 해 준다. 나의 신체는 단지 오늘에 유용한 초점을 발견할 뿐, 내일에는 기꺼이 그 초점을 버리고 다른 곳에 집중할 것이다.

많은 골퍼들은 "그린의 어디에 볼을 떨어트려야 할까"를 생각하며 칩샷의 체공시간과 거리를 계산한다. 샷의 궤도를 추측하는 것은 좋은 훈련 방식이지만 생각을 많이 하는 것은 피해야한다. 볼의 고도와 가하는 힘 간의 조합이 그만큼 많기 때문이다. 따라서 좋은 결과를 얻기 위해 시도하는 것은 바람직하지 않으며, 자아2가 그렇게 하도록 내버려 두는 게 가장 효율적이다. 일단 볼이 떠오른 높이를 지켜보면서 어디에 떨어져 얼마나 굴러가는지를 주시하는 게 바람직하다. 자아2가 경험이 많아지면 기술도 개선된다.

신체와 에너지가 조화를 이루어야 홀인이 가능하다. 그들에게 의존할 수밖에 없다. 우리가 할 수 있는 일은 마음을 집중하는 것뿐이다.

잃어버린 감각을 찾는 방법

퍼팅이나 칩핑은 느낌이 절대적으로 중요하다. 클럽이 몸의 연장선상으로 느껴져야 컨트롤이 잘 된다. 압박감을 갖고 플레이를 하면 느낌을 찾는 게 어렵다. 느낌의 상실은 자기불신에서 비롯되며, 특히 퍼팅을 실수할 때 자주 일어난다. 이런 위기를 극복하는 가장 쉬운 방법은 이전의 퍼트 실수와 같은 부정적인 연상을 없애고 그 빈자리를 긍정적인 연상으로 채우는 것이다.

압박감을 갖고 플레이를 하면 느낌을 찾는 게 어렵다. 이런 위기를 극복하는 가장 쉬운 방법은 부정적인 연상을 없애고 그 빈자리를 긍정적인 연상으로 채우는 것이다.

느낌을 강화하는 보다 기본적인 전략은 게임방식을 결과지향에서 자각중심으로 바꾸는 것이다. 결과를 지나치게 걱정하다 보면 오버 컨트롤이 발생해 오히려 느낌이 무뎌진다. 따라서 전략을 자각을 강화하는 쪽으로 바꿔야한다. '좋다' 또는 '나쁘다' 는 식으로 판단하지 말고, 단순히 그것을 관찰하면 느낌이 즉시 되살아나 결과도 좋아진다.

느낌을 상실하는 또 다른 이유는 권태로움이다. 게임에 싫증을 느끼면 자각능력이 약화된다.

느낌을 상실하는 또 다른 이유는 권태로움이다. 게임에 싫증을 느끼면 자각능력이 약화된다. 스윙이 이전의 흐름을 따라가 잠시 동안은 만족스런 결과를 얻겠지만 그 성과는 곧 급격히 악화된다. 권태를 극복하는 최선의 방법은 즐거움에 집중하는 것으로, 퍼팅스타일을 변경하거나 퍼터를 바꾸는 등 변화를 주는 것도 하나의 방법이다. 변화는 자각능력을 강화시켜 주는 동시에 권태감을 줄여주기 때문이다.

좋은 결과를 얻기 위해 쉬지 않고 노력하는 것은 바보스런 짓이다. 결과도 오히려 더욱 나빠진다.

권태감을 느끼면 일단 휴식이 필요하다. 무엇을 하든 즐거움을 느끼는 게 가장 중요하다.

칩스와 입스

칩샷의 실수를 유발하는 데는 여러 이유가 있을 수 있다. 골퍼라면 볼을 얇게 맞추거나 뒷땅을 쳐 당황했던 경험이 있을 것이다. 미스 샷이 의혹을 유발하면 공포스런 비명이 터져 나와 스코어는 물론 자존심 회복도 어려워진다.

'백-히트-스톱' 또는 '다-다-다-다'와 같은 집중 훈련은 불신으로 부터 벗어나도록 해 비명을 줄여 주는데 도움이 된다.

나는 나 자신의 비명을 고치기 위해 기술적, 또는 비 기술적인 교정방법을 많이 찾아냈다. 하지만 일시적 효과는 있었지만 비명이란 병을 완전히 치유하지는 못했다. 결국 비명과 싸우지 않는 것이 최상의 길이란 결론을 내렸다. 자아1의 선언처럼 비명은 자각의 빛 속에서는 생존할 수 없다. "좋아, 이번 샷에 소리를 지르게 되면 그 순간을 완전히 느껴보겠어"라며 부적절한 순간에 비명 소리가 나더라도 그것을 질책하지 않기로 다짐했다.

스윙하는 순간 소리를 지를 것 같다는 생각이 들면 임팩트 직전에 순간적으로 오른쪽 손목에 문제가 있다는 것을 느끼곤 했다. 그 결과는 역시 클럽면이 직각으로 스쳐 지나간 것이 아니라 뒷땅을 치거나 마지막 순간에 클럽이 열렸다. 자각 그 자체는 치유능력을 갖고 있다. 하지만 자각은 판단 없이 현실을 있는 그대로 받아들일 때 마법적인 효과를 낸다.

나는 페블비치에서 마이크 머피와 게임을 했을 때 그가 했던 말을 이따금 떠올리곤 한다. "골프에서 가장 고통스러운 때는 부주의 하지 않으면 실패할 수 없는 짧은 퍼트나 칩샷을 할 때다. 마음속 어딘가에서 '해내지 못할걸. 실수할거야' 라는 소리가 들려오기 때문이다. 그 같은 실수는 심리적 사탄에게 문을 열어준 결과다. 성격테스트에서 진 경우라고 말할 수 있다."

내 · 외적 골프의 기본을 가장 잘 배울 수 있는 것이 쇼트게임이다. 그린에 가까이 갈 때마다 안정된 상태를 유지하는 느낌과 일관성을 개발할 수 있다.
쇼트게임은 성격을 시험하는 동시에 확립시켜 준다.

내 · 외적 골프의 기본을 가장 잘 배울 수 있는 것이 쇼트게임이다. 그린에 가까이 갈 때마다 안정된 상태를 유지하는 느낌과 일관성을 개발할 수 있다. 동시에 어떠한 사탄의 유혹도 극복하는 것을 배우게 된다. 쇼트게임은 성격을 시험하는 동시에 확립시켜 준다.

이너 스윙

스윙의 일관성은 물리적 정확성과 복합성 모두를 요구한다. 파워와 정확성은 신체의 정확한 컨트롤을 필요로 한다. 그렇다면 이 복잡한 요구들을 충족시키기 위해 좌절감 속에 스윙을 개발할 것인가, 아니면 상대적으로 쉽고 자연스런 배움의 길을 찾을 것인가. 앞에서 지적한 바와 같이 해야 할 것과 하지 말아야할 모든 것을 강요하는 자아1에게 컨트롤을 맡기면 복잡한 길로 나아가게 된다. 반면 자연스런 배움의 과정으로 향하는 길을 스스로 찾아내면 쉽고도 즐거운 마음으로 스윙을 지속적으로 발전시켜 나갈 수 있다.

이번 장에서는 자아2가 제시하는 자연스런 배움 과정, 즉 경험을 통해 배우는 과정을 모색해 골프스윙에 적용하는데 초점을 맞춘다.

골프스윙은 이너 퍼팅 및 이너 칩핑과 마찬가지로 자신의 스윙을 통해 느낌과 배움을 개발해 나갈 때 훌륭한 성과를 얻을 수 있다. 이것은 스윙에 필요한 절대적 변수들을 의도적으로 변화시키기 보다는 집중력을 강화함으로써 가능하다. 당신의 스윙이 어느 정도 효율성을 갖게 될지는 알 수 없지만 자각력의 강화와 동시에 변화를 느낄 수 있게된다. 기술적 지식은 변화의 방향을 주시하고 힌트를 주는 역할을 할 것이다.

이번 장은 배움을 통해 나타나는 주요 요인들, 즉 균형과 안정감의 강화, 리듬 템포 유동성의 개선, 파워 강화 그리고 정확도의 확대 등을 살펴본다. 목표는 자각과 신뢰에 초점을 맞춘 교습방법을 적용하는 것이다. 이 방법에 일단 편안함을 느끼게 되면 코치로부터 얻든 잡지로부터 얻든 그 소스에 관계없이 자신의 골프스윙을 개선시켜주는 기술적 지식으로 활용이 가능하다.

스윙 느낌의 강화

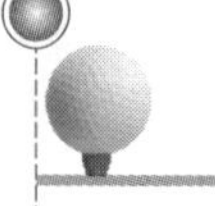

스윙을 개선하는 첫 단계는 스윙 자체에 대한 느낌을 강화하는 것이다.

스윙을 개선하는 첫 단계는 스윙 자체에 대한 느낌을 강화하는 것이다. 복잡한 과정을 거치는 것이 아니어서 누구든 해낼 수 있다. 우리는 동반자로부터 '내가 무엇을 하는지 느낄 수가 없어' '과거의 느낌을 되찾지 못하고 있어' 라는 말을 흔히 듣게 된다. 어떤 사람은 '아무것도 느끼지 못해' 라는 말까지 한다.

마지막 표현부터 살펴보자. 만약 스윙감각을 잃었다면 눈을 감고 스윙해 보라. 그와 같은 스윙을 과거에도 경험한 적이 있는가? 당신은 그 같은 스윙을 보지도 냄새를 맡거나 맛을 보지도, 듣지도 못했을 것이다. 당신이 스윙을 한다는 사실을 안다면 무엇인가를 느껴야한다. 무엇이든 느끼는 것부터 시작하는 게 중요하다. 조이거나, 느슨하거나, 움직이거나, 유동적인 것을 느낄지도 모른다. 균형이나 불균형, 빠르거나 느린 것을 느낄 수도 있다. 그리고 그 느낌이 좋지 않다고 판단되면 그 느낌을 원하지 않을 것이다. "느낄 수 없으면 숨길 수도 없다"는 속담이 있다. 이것이 자각의 법칙이다. 자각 그 자체가 치유능력을 갖고 있다.

당신은 "나의 슬라이스 구질을 잘 알고 있지만 개선되지 않아"라고 말할지도 모른다. 하지만 당신은 볼이 오른쪽으로 거칠게 돌아가는 것을 주시하기 때문에 슬라이스가 난다는 사실을 알고 있을 뿐 슬라이스 그 자체를 느끼는 것은 아니다. 슬라이스를 느끼는 것은 슬라이스의 원인을 분석하는 것과는 완전히 다르다.

스윙을 하면서 슬라이스를 낼 것이란 사실을 실제로 느낀다면 그것은 볼이 날아가는 것을 보지 않고도 그 상황을 말할 수 있어야 한다. 느낌 그 자체가 바로 아는 것이다. 알아야 컨트롤이 가능하다. 분석은 지적 능력을 동원한 추측에 불과하다.

스윙을 느끼는 것은 자신의 핸디캡보다 10타를 적게 치는 것을 느끼도록 시도하는 게 아니다. 현재의 스윙 그 자체를 느끼는 것이지, 과거나 미래의 스윙을 느끼도록 하는 것은 아니다. 과거나 미래의 스윙은 느낄 수가 없다. 그들은 존재하지 않기 때문이다. 지금 하는 스윙 자체만이 존재할 뿐이다. 현재의 스윙에 집중해야한다.

그렇다면 스윙에 대한 느낌을 강화하기 위한 배움의 과정은 어디에서 부터 출발해야 하는가? 우선 당신의 집중력을 스윙의 전반적인 느낌에 초점을 맞춰야한다. 처음부터 특정분야에 초점을 맞추려 하지 말고 스윙을 할 때 몸의 모든 움직임을 느끼는 것이 좋다. 프로든 초보자든 관계없이 스윙 도중에 수천가지 현상이 나타날 것이다.

하지만 한 순간에 그 모든 현상을 계속 주시할 수는 없다. 스윙에서 한두 가지 독특한 현상이 두드러지게 나타날 것이며, 자아2는 계획하지 않고도 자각에 영향을 미치는 몇 가지 감정을 선택하게 된다. 그 느낌을 주목해 경직되는 느낌이 들면 몇 차례의 스윙을 통해 몸의 어느 부분에 그 같은 현상이 나타나는지 주시해야한다. 근육의 경직성을 발견하지 못해도 놀랄 필요는 없다. 경직의 정도는 저절로 완화될 수 있다. 힘을 주지 않으면 느낌은 좋아진다. 지나친 경직에 대한 자연스런 반응은 근육이완으로 나타난다. 자연스런 배움은 단순한 것이다.

힘을 주지 않으면 느낌은 좋아진다. 지나친 경직에 대한 자연스런 반응은 근육이완으로 나타난다.무엇을 하든 그것을 있는 그대로 자각해야 자기교정의 기회를 얻게 되는 것이다.

다른 예를 보자. 백스윙의 톱에서 오른쪽 팔꿈치가 움직이면 그곳을 주시하게 된다. 당신은 오른쪽 팔꿈치가 백스윙 톱에서 무엇을 하고 무엇을 하지 않아야 하는지를 알고 있다고 생각할지 모르지만 그것에 개입해서는 안 된다. 만약 오른쪽 팔꿈치가 올바른 방향으로 나아가도록 시도한다면 오른쪽 팔꿈치가 무엇을 하는지 결코 느끼지 못할 것이다. 무엇을 하든 그것을 있는 그대로 자각해야 자기교정의 기회를 얻게 되는 것이다.

이를 위해서는 '좋다-나쁘다'란 판단을 내리지 말고 주의력의 정확도를 높이는 훈련이 필요하다. 어떠한 변화든 관찰하고 허용해야한다. 팔꿈치는 높이 올라갈 수도, 너무 많이 내려갈 수도 있다. 팔꿈치의 움직임을 강제로 만들지 않으면 팔꿈치는 곧 가장 편안하면서 스윙을 잘 할 수 있는 자리를 잡아가게 된다. 팔꿈치의 움직임이 어떻게 느껴지고 각 샷에 어떤 영향을 주는지 이해하는 것이 자연스런 학습의 과정이다.

팔꿈치는 높이 올라갈 수도, 너무 많이 내려갈 수도 있다. 팔꿈치의 움직임을 강제로 만들지 않으면 팔꿈치는 곧 가장 편안하면서 스윙을 잘 할 수 있는 자리를 잡아가게 된다.

이 같은 방법은 머리에서 발까지 신체의 각 부분과 어드레스부터 피니시까지 스윙의 각 부문에 걸쳐 적용이 가능하다. 당신이 흥미를 갖는 동안에는 효력이 발생한다. 그러나 흥미를 잃었다고 생각되면 그 어느 부분에도 집중하지 말고 그냥 스윙하라. 휴식을 취하는 것도 좋은 방법이다. 그리고 초점을 맞출 수 있다는 기분이 들면 그렇게 훈련하라. 하지만 초보자들의 경우 처음부터 좁은 부문에 대해 집중훈련을 하는 것은 바람직하지 않다. 당분간은 클럽 전체의 느낌에 주목하는 것이 최선이다. 그리고 점차 주의력의 초점을 좁혀나가면 된다.

균형과 안정감의 개선

균형은 그 자체가 자연스런 상태다. 책을 통해 자전거의 균형을 잡는 방법을 배울 수 없다. 균형과 불균형간의 차이를 스스로 느껴야한다. 큰 차이를 느낄 때는 자전거가 쓰러졌기 때문에 이미 늦다. 주의력을 갖고 보다 미묘한 균형의 차이를 자각해야한다. 동시에 넘어지지 않고 자전거를 탈수 있도록 미묘한 균형을 자동조정 하는 노력도 필요하다. 특히 골프에 있어 균형의 유지는 스윙의 파워와 정확성을 유지하는 필수요인이다.

스윙을 한 후 넘어지는 것을 막기 위해 오른쪽 다리가 돌아간다면 불균형 상태였다고 보면 된다. 그 동작은 자전거 타기와 마찬가지로 이미 때 늦은 조치다. 우선 불균형이 언제 나타나기 시작하는지를 발견해 내야한다.

불균형을 통해 균형을 찾아라

스윙을 한 후 넘어지는 것을 막기 위해 오른쪽 다리가 돌아간다면 불균형 상태였다고 보면 된다. 그 동작은 자전거 타기와 마찬가지로 이미 때 늦은 조치다. 우선 불균형이 언제 나타나기 시작하는지를 발견해 내야한다.

그 과정은 의외로 간단하다. 어드레스 또는 스윙동작에서 나타나는 불균형 요인을 찾는 것에서 출발하면 된다. 하지만 그 요인을 발견해도 아무런 조치를 하지 말고, 단지 불균형이 유발한 스윙의 순간과 위치에 관심을 집중하는 게 중요하다. 불균형이 재연되면 자아2가 교정 방법을 찾을 때까지 주의력을 계속 집중하는 게 바람직하다.

이를 위해 우선 균형과 불균형만을 주시하며 몇 개의 연습스윙을 해보라. 스윙 과정에서 불균형 상태를 느끼면 어디서 발생했는지를 생각

해 봐야한다. 폴로스윙시 왼쪽 발에서 미묘한 불균형 감각을 발견할 수도 있고, 다운스윙 과정에서 몸이 움직이기도 전에 팔이 몸을 끌어 당기는 것을 느낄 수도 있다. 무엇을 느낄 수 있는가는 자신의 골프 경력이나 스윙에 대한 자각력에 달려있다. 그러나 그 과정은 똑 같다. 일단 불균형을 발견해내면 그 시점과 위치를 주시하고 자아2를 통해 교정을 하면 된다.

스윙 과정에서 불균형 상태를 느끼면 어디서 발생했는지를 생각해 봐야한다. 불균형을 발견해내면 그 시점과 위치를 주시하고 자아2를 통해 교정을 하면 된다.

불균형 순간을 찾는 동안 균형에도 신경을 써야 한다. 예를 들어 백스윙을 할 때 나타나는 불균형이 클럽을 뒤로 돌릴 때의 속도와 관련이 있다고 느껴지면 초점을 테이크어웨이 속도로 옮겨야한다. 몇 개의 스윙을 통해 템포와 균형의 교정 포인트를 찾는 것이 중요하다.

안정감 배우기

안정감과 균형은 서로 밀접한 관련이 있다. 대부분의 교습가와 프로골퍼들은 안정된 셋업자세와 스윙시 안정되게 낮춘 자세가 중요하다는 점을 누누이 강조한다. 셋업자세는 수많은 골프관련 책과 잡지가 자세하게 설명해 주고 있다. 몸을 다소 낮춰 역동적 안정감을 가져야 팔과 어깨, 그리고 손이 클럽헤드의 속도감과 방향감을 보장해 주기 때문이다.

안정감은 균형을 배우는 것과 같은 방법으로 배울 수 있다. 불안정의 예를 주시하면서 안정감을 강화하는데 도움이 되는 변화가 나타날 때까지 집중하는 게 첫 번째다. 최초의 셋업동작에서 주목해야할 요소는 어깨넓이에 상응하는 양발의 넓이, 무릎과 히프의 구부린 정도, 볼 위치, 무게 분배, 그리고 어깨 히프 무릎 발의 상대적 위치 등이다. 기술적 지침은 안정감에 대한 단서를 제공해 줄뿐이며 그 느낌은 스스로 찾아내야한다.

볼 앞에 섰을 때 책에서 읽었던 지침들을 따른다면 신체적으로는 가장 좋은 자세를 취할 수 있지만, 심리적으로도 가장 좋은 자세라고 말할 수는 없다. 자신의 방식대로 최상의 자세를 느낄 수 있도록 집중해야 안정되면서도 자연스런 느낌을 가질 수 있다.

안정된 스윙을 유지할 수 있는 효율적인 방법 중 하나는 어깨, 히프, 무릎, 발의 상대적 위치를 잘 정하는 것이다. 발과 무릎, 히프, 그리고 어깨가 포커 칩이 쌓여 있는 것처럼 상상한 다음, 스윙 과정에서 그 더미가 함께 움직이는지, 한쪽 부분이 탈선하는지를 느껴보는 것도 좋은 방법이다.

안정된 스윙을 유지할 수 있는 효율적인 방법 중 하나는 어깨, 히프, 무릎, 발의 상대적 위치를 잘 정하는 것이다. 하지만 각 부분의 위치를 정해 스윙 때마다 신체가 그 위치와 일치되도록 시도하는 것은 거의 불가능하다. 따라서 발과 무릎, 히프, 그리고 어깨가 포커 칩이 쌓여있는

것처럼 상상한 다음, 스윙 과정에서 그 더미가 함께 움직이는지, 한쪽 부분이 탈선하는지를 느껴보는 것도 좋은 방법이다.

나는 테니스선수 출신이어서 스윙을 하는 동안 몸이 왼쪽에서 오른쪽으로 흔들리는 경향이 있었다. 무게중심도 때때로 발 바깥 편으로 밀려났다. 나는 그 사실을 관찰함으로써 보다 나은 균형감각을 찾을 수 있었고, 무게중심이 오른쪽으로 쏠리는 현상도 더 이상 나타나지 않았다. 감각훈련을 통해 안정감을 배우면 학습과정에서 감수해야할 고통이 줄어들 것이다.

자신의 리듬을 발견하라

리듬은 이론보다 경험을 통해 잘 느낄 수 있으며, 리듬을 느낄 수 있어야 컨트롤이 가능해진다.

리듬은 이론보다 경험을 통해 잘 느낄 수 있으며, 리듬을 느낄 수 있어야 컨트롤이 가능해진다. 하지만 율동적인 스윙을 인위적으로 시도하는 것은 바람직하지 않다. 자신의 스윙을 하면서 그 리듬을 인지해야 도움이 된다. 스윙 메커니즘에 사로잡혀 있거나 그것에 너무 집착하면 리듬을 느낄 수 없다. 리듬은 스윙의 한 단면으로, 어떤 스윙이 옳다고 그 개념을 정의할 수 없다. 사람들은 이미 자신의 리듬을 갖고 있기 때문이다. 사람들은 자신의 리듬으로 걷고 숨을 쉬고 춤을 춘다. 골프에서도 자신의 리듬을 발견하면 편하면서도 더욱 자신감을 갖게 된다.

하지만 우연히 경험한 한두 개의 굿샷에 기여한 리듬을 맹신하는 것은 경계해야 한다. 신체 내부에서 제시간에 뛰는 맥박을 찾는 게 중요하며, 이를 위해 어떤 느낌이 가장 최선인지를 항상 눈여겨봐야한다.

어느 날 해리엇이란 젊은 부인이 이너골프 레슨을 받기위해 나를 찾아왔다. 그녀는 스윙을 정확하게 하기위해 노력했지만 오히려 무엇인가가 좋은 결과를 빼어가고 있다는 느낌을 받고 있다고 토로했다. 나는 그녀의 스윙을 지켜보다가 백스윙 동작에 초점을 멈췄다. 그녀는 모든 지침을 지키면서 신중하게 백스윙을 한 이후 기어를 바꾸듯 잠시 멈춘 뒤 볼을 향해 힘껏 내려쳤다. 나는 그녀에게 춤추는 것을 좋아 하느냐고 물었고, 그녀는 '그렇다' 고 답했다. 나는 그녀에게 골프스윙이란 춤을 추라고 주문했다. 당분간은 스윙의 결과를 모두 잊고, 즐거운 리듬을 타는 움직임을 만들라고 요구했다. 그녀의 스윙은 5분도 채 안 돼 완전히 달라졌다. 기술적 요소를 그대로 유지하면서도 리듬과 타이밍을 갖는 진정한 스윙이 됐다. 파워와 일관성이 강화되었을 뿐 아니라 스윙에 즐거움도 느끼는 것 같았다. 그녀는 "골프스윙은 올바르게 해야 하는 힘든 일이 아니라, 좋아하는 것을 하는 것이라는 것을 처음 알았다. 원하는 것을 한다면 좋은 효과를 얻을 수 있을 것" 이라고 자평했다. 골프스윙에 대한 그녀 나름의 정의를 내린 것이다.

테니스 스트로크와 마찬가지로 골프 스트로크도 기본적으로는 '앞으로-뒤로' 의 2박자 운동이다.

테니스 스트로크와 마찬가지로 골프 스트로크도 기본적으로는 '앞으로-뒤로' 의 2박자 운동이다. 숨쉬기처럼 2박자는 대부분 움직임의 기본이기 때문에 '그렇게 하라' 고 강요할 필요가 없다. 백스윙을 완전히 하지 못한 채 다운스윙을 급하게 힘으로 밀어붙이면 자연스런 리듬에 잘못된 간섭을 유발한다. 백스윙시 형성되는 긴장이 극에 달하면 저절로 풀려 클럽이 내려오면서 자연스럽게 가속을 얻게 된다.

스윙리듬이 스스로 컨트롤을 하도록 하는 게 그 핵심이다. 리듬이 긴장을 완화시켜 주는 것을 주시하면서 다양한 명령성 지침들로부터 신체를 자유롭도록 해야 한다. 리듬은 균형과 마찬가지로 결과에 대한 걱정을 유발하는 자아1로부터 벗어나게 해준다. 자아1은 균형이나 리듬에 대한 감각이 없다.

스윙리듬이 스스로 컨트롤을 하도록 하는 게 핵심이다. 리듬이 긴장을 완화시켜 주는 것을 주시하면서 다양한 명령성 지침들로부터 신체를 자유롭도록 해야 한다.

리듬을 들어라

제2장에서 제시했던 '다-다-다-다' 훈련기법은 리듬을 듣는데 큰 도움을 준다. 백스윙할 때, 임패트를 가할 때, 그리고 스윙을 끝냈을 때와

클럽헤드에 대한 자각을 유지하며 적확한 순간에 '다' 소리를 내면 감각이 강해진다.

같은 주요 시점에 '다' 를 넣는 것이다. 자신이 원하는 만큼 최대한 '다' 를 삽입할 수 있지만 클럽헤드에 대한 자각을 유지하며 적확한 순간에 그것을 내뱉어야 한다. '다' 소리를 내면 리듬에 대한 감각이 강해진다. 연습장에 가서 5분씩만 이 훈련을 해보라. 매일 매일 '다' 의 위치를 변경해도 괜찮다. 특별한 날 또는 특별한 샷에 적합한 리듬을 찾아내면 스윙은 점차 자신의 신체크기와 성격, 그리고 기술에 맞는 기본적인 리듬을 얻게 된다.

자신의 템포를 발견하라

템포는 백스윙과 다운스윙시 팔의 속도에 의해 결정된다. 백스윙 다운스윙 폴로스루의 정도를 감지하면 템포를 느낄 수 있다. 템포는 자각하고 자아1의 간섭에 경고를 주기만 하면 개선이 가능하다. 자아1은 템포를 만들지 못하지만 자아2의 자연스런 운동속도를 변화시키거나 지나친 신중함을 유발하는 방식으로 템포를 파괴할 수는 있다. 스윙템포는 자아1의 개입만 없애면 된다.

나는 백스윙을 천천히 했을 때 오른팔로 다운스윙을 강하게 하는 버릇이 있다는 사실을 발견했다. 백스윙의 속도가 다운스윙 속도에 영향을 주는 것은 아니지만 나의 자아1은 그렇다고 생각하고 있었다. 백스윙의 템포를 다소 빨리하면 백스윙 톱에서 클럽이 적절한 속도로 내려간다는 자신감을 심어줄 것으로 생각했다. 클럽이 톱에 머물 때 이를 강제로 끌어 내리려는 욕구를 느낀 것이다. 클럽을 인위적으로 끌어내리면 자연스런 효율성을 잃게 된다.

연습장에서 다양한 템포를 시험하는 것은 필요하지만, 시합중 이를 시험하는 것은 위험하다. 의식적으로 템포에 영향을 주면 타이밍을 나쁘게 만들기 때문이다. 특별한 상황에서 스윙을 할 때 템포를 보다 빠르게, 또는 보다 천천히 하려면 스윙을 하기 전에 원하는 템포에 맞게 팔을 움직여 그 상황을 근육에 전한 뒤 자아2가 그렇게 할 것으로 믿으면 된다.

연습장에서 다양한 템포를 시험하는 것은 필요하지만, 시합중 이를 시험하는 것은 위험하다. 의식적으로 템포에 영향을 주면 타이밍을 나쁘게 만들기 때문이다.

연습장에서 다양한 템포를 시험하면 자아2는 다양한 속도를 탐색해 자신에게 맞는 템포를 선택할 수 있는 기회를 갖게 된다. 템포에 주목하며 스윙연습을 하되 템포를 변화시키려 노력하는 것은 좋지 않다. 1(느린 속도)에서 10(빠른 속도)까지 평가척도를 만들어 자신의 백스윙과 다운스윙을 측정해 보는 것도 좋은 방법이다.

어떤 방식으로 속도의 변화를 측정할 것인가? 나의 경우 왼쪽 팔이 템포에 대한 최상의 정보를 제공한다. 클럽이 없는 상태에서 백 동작을 취한 뒤 팔이 내려오는 속도를 느껴보라. 왼쪽 팔의 속도를 주시하면 템포에 대한 중요한 단서를 얻게 된다. 적어도 나의 경우 오른 팔에 지나치게 힘을 주면 템포가 무너진다.

백7 다운3, 백3 다운7, 백5 다운5, 백2 다운8식으로 다양한 백스윙과 다운스윙의 속도를 시험해 보라. 의식적으로 이들의 속도를 시험하면 템포에 대한 경험의 폭이 확대된다. 육체적 심리적으로 현재의 한계를 뛰어 넘을 수 있는 귀중한 방법이 될 수 있다. 다음은 의도적 컨트롤에서 벗어나 자아2가 스윙하도록 유도해 그 속도에 상응하는 숫자를 내뱉어 보라. 자아2는 상당 기간 템포의 느낌과 최상의 샷을 시험하기 때문에 처음에는 약간의 차이만 느낄 것이다. 하지만 배우는 과정이 끝나가면 점차 일정한 템포를 찾게 된다.

균형, 리듬, 템포 등 스윙의 세 가지 요소는 모든 면에서 상호 연계돼 있어 세 요소에 자각의 초점을 맞추면 스윙의 각 부분을 분석할 필요가 없다. 세 요소는 플레이 도중 주의력을 집중해야할 주요 포인트다.

균형, 리듬, 템포 등 스윙의 세 가지 요소는 모든 면에서 상호 연계돼 있어 세 요소에 자각의 초점을 맞추면 스윙의 각 부분을 분석할 필요가 없다. 세 요소는 플레이 도중 주의력을 집중해야할 주요 포인트다. 신체의 특정 부위나 스윙에 초점을 맞추면 스트로크가 불균형에 빠지며, 스윙 메커니즘에 관한 지침을 따르면 압박감만 키우게 된다. 하지만 균형, 리듬, 템포를 경험하면 골프에 대한 흥미가 배가된다.

셋업 포지션

골프의 정확성은 셋업자세에서 출발한다. 목표지점을 향해 발 무릎 히프 어깨의 처음 정열은 방향을 컨트롤 하려는 자아2의 가장 어려운 임무중 하나다.

이에 대한 나의 지론은 스스로 다양한 시험을 하되 교조적 이론에 얽매이지 말라는 것이다. 자각기법을 이용해 발의 위치, 어깨와 히프의 정렬, 머리위치, 그리고 무릎각도 등을 다양하게 시험해 보는 게 좋다. 이 실험의 목표는 신체의 편안함, 안정된 상황에서의 자유스런 스윙, 자아2의 목표선에 대한 명확한 감각 등을 갖도록 위치를 찾는데 있다.

라운드 도중 셋업자세를 취하는 것은 신체가 목표에 대한 위치감각을 갖도록 한다는 점에서 중요하다. 이것을 용이하게 하는 방법은 마지막 셋업자세를 취하기전 발의 위치를 여러 차례 바꿔보는 것이다.

라운드 도중 셋업자세를 취하는 것은 신체가 목표에 대한 위치감각을 갖도록 한다는 점에서 중요하다. 볼을 치기 전 몸은 시각적으로는 물론, 발, 히프, 어깨의 위치로부터 피드백을 얻기 위해서라도 목표가 어딘지를 분명히 알아둘 필요가 있다. 이것을 용이하게 하는 방법은 마지막 셋업자세를 취하기전 발의 위치를 여러 차례 바꿔보는 것이다. 이 같은 단순한 행위와 수초동안의 히프와 어깨 정렬은 볼이 나아갈 방향을 신체에게 알려준다. 그리고 자아2는 어떤 종류의 스윙을 할지 결정을 내린다.

초보자는 스탠스의 법칙을 처음 듣는 순간 긴장이 돼 셋업자세에서 잘못이 발생한다. 나는 몇 가지 시험을 통해 스탠스의 법칙을 지키지 않아도 자아2가 볼을 곧 바로 날릴 수 있다는 사실을 발견했다. 물론 아주 극단적인 위치에서는 볼을 바로 날릴 수 없다. 하지만 웬만한 위치에서는 자아2가 목표를 향해 볼을 바로 날릴 수 있도록 조절이 가능한 것을 발견했다.

나는 자아2에 대한 믿음이 커질수록 기술적 지침의 간섭이 점차 줄어드는 것을 느꼈다. 볼을 대하는 긴장감도 훨씬 줄어들었다. 일관성을 원하면 필요 이상으로 강하게 볼을 칠 필요는 없다. 필요하면 프로로부터 교습을 받는 것도 좋다. 하지만 결국에는 자아2가 주도권을 쥐어야 한다. 볼을 치는 것은 코치가 아니라 자아2다.

정확성의 강화

골프 교습의 가장 중요한 초점은 방향 컨트롤이다. 방향에 영향을 주는 것은 임팩트시 클럽면의 각도와 클럽헤드가 나아가는 길 두 가지 뿐이다. 이너게임 시각에서 보면 방향에 대한 컨트롤은 두 요인으로 부터의 피드백에 달려있다. 그립과 스탠스, 왼쪽 팔과 머리고정이 모두 완벽해도 오비를 낼 수 있다. 다시 말해 모든 것이 완벽해도 클럽면이 지나치게 열렸거나 닫혀있으면 오비가 난다. 반대로 말하면 그립 잡는 방법이 서툴고, 스탠스가 나쁘고, 팔이 굽어지고, 볼을 칠 때 머리가 흔들려도, 임팩트시 클럽페이스만 직각이 되면 볼을 정확히 맞출 수 있다.

모든 상황에서 정확도를 유지하는 가장 일반적인 원칙중 하나는 임팩트시 클럽면을 목표와 직각으로 놓는 것이다.

모든 상황에서 정확도를 유지하는 가장 일반적인 원칙중 하나는 임팩트시 클럽면을 목표와 직각으로 놓는 것이다. 클럽면에 대한 자각은 정확성을 배우는데 절대적인 요인이다. 임팩트시 클럽면이 열렸거나 닫혀있으면, 볼의 측면에 힘이 전달되어 슬라이스(열렸을때) 또는 훅(닫혔을때)이 유발된다.

드라이버로 임팩트를 가할 때 클럽면 각도에 대한 감각을 배우는 것은 클럽페이스의 빠른 속도 때문에 퍼팅 때보다 상당한 집중력을 요구한다. 볼이 슬라이스를 내 숲으로 들어간 이후 클럽면이 열렸다는 사실을 깨달아도 상황을 돌이킬 수는 없다. 신체는 임팩트 이전에 잘못된 정렬을 교정하는 능력이 있다. 때문에 신체가 사전에 충분한 정보를 감지하도록 해야 하는 게 스윙 기법의 기본이다. 교정 작업은 의식적으로 진행될 수 없지만, 자아2는 최후의 순간에 미세한 조정을 할 수 있다.

목표에 대한 클럽헤드의 방향은 볼이 날아가는 첫 방향을 결정한다. 그 길을 감지하는 것은 골프에서 가장 어려운 일이다.

목표에 대한 클럽헤드의 방향은 볼이 날아가는 첫 방향을 결정한다. 그 길을 감지하는 것은 골프에서 가장 어려운 일이다. 우선 몇 개의 볼을 친후 보지 않고 그들의 방향을 예상해보라. 그리고 동반자에게 그 방향을 점검해줄 것을 부탁하라. 볼이 어느 방향으로 날아가는지 느끼지 못하면 방향을 컨트롤하기 어렵다.

나의 경우 혼자의 느낌만으로 클럽헤드의 방향을 감지해 내는데 오랜 시간이 걸렸다. 디봇 자국을 통해 방향을 감지해왔기 때문이다. 디봇자국을 보았을 때는 이미 볼의 방향을 조정하긴 늦었지만, 집중을 높인다는 점에서 중요했다.

클럽헤드 방향에 초점을 맞추는 좋은 방법 중 하나는 정확한 스탠스를 상당히 벗어난 상황에서의 스윙, 즉 극심한 '아웃사이드 인' 또는 '인사이드 아웃' 을 해보는 것이다. '아웃사이드-인' 스윙의 이유에 대해서는 수많은 분석이 있다. 나는 아웃사이드-인이 보다 자연스럽기 때문이라고 생각한다. 몸은 목표선 안쪽에 서있어 몸의 방향으로 스윙을 하려는 것은 자연스런 현상이다. 만약 극단적으로 안쪽 위치에서 바깥쪽으로 볼을 치려 시도하면 몸이 방해물로 작용하게 된다. 오른손잡이가 몸의 오른편으로 볼을 던질 때 느끼는 부자연스러움과 같은 것이다. 몸의 대각선인 왼편으로 던지는 것이 보다 쉽다.

아웃사이드에서 인사이드 쪽으로 극단적 스윙을 하면 볼은 왼쪽으로 날아간다. 이것을 방지하기 위해 보통 클럽면을 열어 놓는다. 이 경우 초보자의 볼은 클럽면의 왼쪽에 맞아 오른쪽으로 커브를 그리는 바나나볼이 된다. 골퍼들은 슬라이스를 고치기 위해 일반적으로 스탠스를 왼쪽 편으로 열어둔다. 그러면 스윙은 더욱 아웃사이드-인이 되어 슬라이스가 더 심해질 수도 있다.

이 결점을 컨트롤하는 가장 좋은 방법은 아웃사이드-인과 인사이드-아웃 스윙의 차이를 함께 느끼는 것이다. 동시에 셋업 때나 스트로크할 때, 클럽면을 닫았을 때와 열었을 때의 차이에 대한 감각을 배우는 것이 바람직하다.

클럽 길의 감지훈련

정확성과 속도 컨트롤 훈련은 세밀한 집중력을 요구하기 때문에 연습장에서만 가능하다. 그리고 클럽의 움직이는 길을 인지하기 위해 다양한 목표를 향해 볼을 쳐 보는 것이 좋다. 볼 위에 시계를 올려놓은 것으로 상상해보라. 목표지점은 12시 방향이다. 인사이드에서 아웃사이드, 또는 드로를 구사하려면 6시에서 7시사이로 클럽을 던져 12시에서 1시 방향으로 폴로스루를 해야 한다. 아웃사이드에서 인사이드, 또는 페이드를 구사하려면 5시에서 6시 사이를 겨냥해 11시에서 12시 방향으로 폴로스루를 해야 한다. 자신이 볼이라고 상상하면 큰 도움이 된다. 정확도를 가지려면 클럽면의 각도와 클럽헤드가 나아가는 길이 조화를 이루어야한다.

파워의 강화

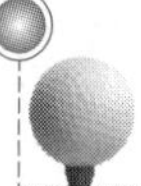

대부분의 초보자들이 범하는 공통된 실수는 파워를 내겠다는 생각에서 비롯된다. 스트로크를 할 때 파워를 주려고 시도하면 자아1은 많은 근육을 경직시켜 클럽헤드가 아크를 만드는데 필요한 다른 근육들을 위축시킨다. 지나친 경직성은 스윙의 일부를 무력화 시킨다. 경직성은 타이밍과 리듬을 뺏어간다.

대부분의 초보자들이 범하는 공통된 실수는 파워를 내겠다는 생각에서 비롯된다. 스트로크를 할 때 파워를 주려고 시도하면 자아1은 많은 근육을 경직시켜 클럽헤드가 아크를 만드는데 필요한 다른 근육들을 위축시킨다.

골퍼들은 볼을 강하게 치는 시도를 통해 뼈아픈 교훈을 얻게 되면 가장 유명한 골프지침인 '편한 스윙' 을 시도한다. 하지만 컨트롤을 상실할 것이란 두려움이 스윙 템포를 지나치게 느리게 하거나 속력을 줄이도록 유도한다. 다양한 템포의 스윙을 배우는 것은 지나치게 신중한 골퍼들에게는 매우 중요하다. 그러나 그 신중함 때문에 스윙의 속도를 줄이면 파워와 정확성 모두를 잃는 결과가 초래된다.

최적의 스윙파워는 자신의 잠재력을 어떻게 표현하느냐에 달려있다. 동시에 파워를 방해하지 않는 방법을 발견하는 것도 중요하다. 물리적으로 파워를 내는 과정은 지극히 복잡하다. 적당한 속도와 타이밍에 따라 관련된 근육집단을 수축, 또는 이완시켜야 하기 때문이다. 자아2는 방해만 받지 않는다면 이 과정을 완벽하게 조절할 수 있다.

힘은 적절히 사용하면 근육에 더 많은 파워를 주지만 신체를 통해 흐를 수 있는 에너지의 강물을 생성하는 것은 더욱 중요하다.

나는 자아1의 방해를 잠재우는 효율적인 방법의 하나로 흐르는 강물처럼 파워를 생성할 것을 제시한다. 힘은 적절히 사용하면 근육에 더 많은 파워를 주지만 신체를 통해 흐를 수 있는 에너지의 강물을 생성하는 것은 더욱 중요하다. 지나친 경직은 이 흐름을 제한하고, 파워를 약화시킨다. 나는 스윙을 하기 전 힘을 주지 말아야 한다는 자기암시를 주었을 때 드라이브 거리가 더 나갔던 경험을 갖고 있다.

힘은 근육 능력의 반영인데 반해 파워는 근육의 수축과 이완을 통해 형성된다. 힘에 비해 근육의 조화가 보다 중요한 이유다. 스윙에 힘을 전달하는 것은 클럽헤드의 속도(speed)지만, 그 속도(velocity)는 하나의 근육집단에서 다음 근육집단으로 옮겨가는 템포를 형성하는 근육수축의 복잡하면서도 시의적절한 연속성의 결과다. 골프에 있어 다리 움직임의 속도는 빠르지 않다. 그러나 히프의 움직임과 뒤 이은 팔의 떨어트림은 빠른 속도를 만들어 낸다. 그리고 손목은 그 힘을 모을 뿐 아니라 콕킹 상태를 푸는 과정에서 힘을 더해준다.

각 순간의 복잡한 뒤엉킴은 자아1의 제어능력 밖이다. 스윙을 하는데 걸리는 시간이 2초에 불과해 더욱 그렇다. 모든 연속동작은 신경시스템의 무의식부문을 통해 조화를 이뤄야한다. 파워스윙은 모든 동작의 연속적인 결과여서 타이밍만 맞으면 볼에 전달되는 총 속도는 엄청나게 빨라진다. 시속 60마일 속도로 달리는 차에서 같은 방향으로 시속 800마일 속도로 총을 쏘면 그 속도가 860마일이 되는 것과 같은 이치다.

근육을 이완시키는 타이밍은 근육집단의 힘보다 더 많은 파워를 낸다. 파워를 내기위해 다양한 근육들의 힘을 최대화 하려는 시도가 오히려 클럽헤드의 속도를 방해하는 이유다.

파워 강화 훈련

몸 전체에 흐르는 에너지를 증가시키기 위해 의도적으로 클럽을 흔

몸 전체에 흐르는 에너지를 증가시키기 위해 의도적으로 클럽을 흔들어 보면 파워의 잠재능력을 탐색할 수 있다. 스윙의 안정성을 강화하는 것 역시 파워를 향상시켜 준다.

들어 보면 파워의 잠재능력을 탐색할 수 있다. 이때 이 흐름을 제어하는 것이 무엇인지 주시하고, 신체 중 어떤 부분에 어떤 현상이 일어나는지를 살펴보라. 하지만 긴장을 풀자고 스스로 다짐하면 더 많은 긴장감을 유발하게 된다. 에너지가 막힘없이 흐르는 채널처럼 느껴지도록 신체를 훈련해야한다. 그 흐름을 강제하지 않으면 골프는 즐거운 게임이 된다.

스윙의 안정성을 강화하는 것 역시 파워를 향상시켜 준다. 초보자들은 파워의 대부분이 손과 팔에서 나온다고 믿는다. 반면 경험자들은 의식적이든 무의식적이든 클럽헤드가 볼을 맞추는 속도의 근본은 발에서 나온다는 사실을 잘 알고 있다. 만약 당신이 땅위 2인치 위에 떠 있을 때 자신의 파워에 어떤 현상이 일어날지 상상해보라. 클럽헤드의 스피드를 어느 정도 낼수 있을까. 클럽을 아무리 강하게 휘둘러도 인상적인 결과를 얻을 수는 없을 것이다.

안정성을 느끼고, 그것을 강화하려면 친구의 도움을 받는 게 좋다. 티박스에서 드라이브를 치듯 평소의 셋업 자세를 취한 뒤 친구에게 자신의 상체를 앞과 뒤 그리고 옆으로 밀어 달라고 도움을 요청해보라. 균형이 얼마나 쉽게 무너지는지를 알아보는 안정성 시험이다. 셋업 자세에서 안정감이 높을수록 스윙시 파워와 정교함이 강해지는 것은 틀림없다.

목표

잭 니클로스는 「골프 마이웨이」란 저서에서 볼을 치기 전에 목표와 샷에 대한 이미지를 먼저 그려보는 게 중요한 이유를 다음과 같이 설명하고 있다.

"나는 머릿속에 세밀한 그림을 그리지 않고서는 연습장에서 조차 샷을 하지 않는다. 첫째 보내고 싶은 지점의 푸른 잔디위에 멋지고 하얀 볼을 그려 본다. 그리고 장면을 즉시 변경해 볼이 날아갈 길과 궤도, 그리고 떨어지는 모습을 떠올린다. 다음에는 그 같은 이미지를 현실화하는 스윙을 그려본다. 짧고 시적이면서도 할리우드 영화 같은 이미지형성 과정이 끝나면 그때서야 클럽을 선택해 셋업자세에 들어간다."

지금까지 심리적 예행연습에 대한 주제는 많이 다뤄져왔다. 이 기법들은 게임에 상당한 영향을 미친다. 그러나 나 자신을 포함한 많은 사람들이 그와 같은 그림을 명확히 그려내지 못한다. 이 같은 기법의 가장 큰 장점은 자아2에게 이미지로 이해할 수 있는 뚜렷한 목표를 전해준다는 점이다. 퍼팅을 하기 전 홀에 볼을 넣고 싶다고 말하는 것은 볼이 홀로 들어가는 것을 실제로 그려보는 것에 비해 효용성이 떨어진다. 자아2와 대화하는 방식으로 목표에 대한 그림을 그리면 최상의 결과를 얻을 수 있다. 하지만 자아1의 그림을 자아2의 그림으로 변경하라고 명령하면 의혹이 유발돼, 목표를 이미지화 하더라도 목적을 이루기는커녕 이내 그 기법을 포기할 가능성이 크다.

자아2와 대화하는 방식으로 목표에 대한 그림을 그리면 최상의 결과를 얻을 수 있다. 이미지화의 가장 중요한 요체는 자아2가 이를 활용하도록 유도하는데 있다.

이미지화의 가장 중요한 요체는 자아2가 이를 활용하도록 유도하는

데 있다. 원하는 결과의 이미지를 자아2에게 제공하는 것은 그것을 요구하는 것과 다르다. 활을 쏘거나 야구볼을 던지거나 보링을 할 때 당신의 눈은 끊임없이 목표지점에 초점을 맞춘다. 골프스윙에서는 그것이 불가능하기 때문에 최선의 방법은 그 장면을 떠올리는 것이다. 이미지화는 시도하는 것과 다르다. 마음속에 가능한 선명하게 목표의 위치를 담고 있어야 자아2의 멋진 스윙이 가능해진다.

자아2의 목표

나는 자아2에 대한 믿음이 너무 강해 드라이브샷을 한 볼이 어디로

가는지 그려보는 것이 주제넘은 일처럼 생각될 때도 있다. 볼 뒤에서 페어웨이를 내려다 볼 때 자아2가 보는 것처럼 느껴지기도 한다. 페이드를 날릴지 드로를 구사할지 페어웨이의 오른쪽으로 날릴지도 자아2가 결정하도록 그냥 내버려 두는 것이다. 이것은 의지력보다 믿음을 더 요구한다.

어드레스를 하는 순간 볼이 어디로 날아갈지 알지 못한다. 그렇다면 볼이 어느 방향으로 날아갈지 모르는데 어떻게 조정이 가능한 것일까?

자아2가 목표를 정하는 것은 자신이 어떤 방향을 향해 치는 것과는 다르다. 자아2가 결정하도록 하고, 그를 믿으면 된다. 자아2에 믿음을 보이면 놀라운 결과를 보여줄 때가 많다. 때로는 내가 상상한 것 이상의 멋진 결과가 나타나기도 한다.

자아2가 목표를 정하는 것은 자신이 어떤 방향을 향해 치는 것과는 다르다. 자아2가 결정하도록 하고, 그를 믿으면 된다. 자아2에 믿음을 보이면 놀라운 결과를 보여줄 때가 많다. 때로는 내가 상상한 것 이상의 멋진 결과가 나타나기도 한다.

페블비치에서 마이클 머피와 라운드를 할때 내 실력으로는 불가능할 것으로 생각되는 멋진 샷을 한 적이 있었다. 나는 그가 쓴 「골프 인 더 킹덤」을 높이 평가해 플레이를 함께 하길 오랫동안 희망했고 그것이 실현된 것이다. 좋은 날씨는 보너스처럼 여겨졌다. 나는 11번 홀까지는 꽤나 좋은 플레이를 했었다. 하지만 벙커로 둘러싸인 184야드 파3인 12번째 홀에서 3번 아이언으로 샷을 했을 때 페이드가 걸려 그린에서 10야드 못 미친 오른쪽 벙커로 볼이 들어갔다. 벙크 벽면까지 거리는 6인치에 불과해 스쳐 날듯이 벙크샷을 구사하기 전에는 볼을 그린에 올리는 것이 불가능한 상황이었다. 나는 마이크에게 어떻게 쳐야할지 자문을 구했다. 그는 “뾰족한 수가 없는 것 같군. 일단 벙크 밖으로 볼을 빼내 칩샷으로 가능한 홀에 가깝게 붙여 한 번의 퍼트로 끝내는 수밖에 없지"라고 답했다.

그러나 그의 합리적 조언을 따를 수는 없었다. 나는 자아2에게 어떻게 샷을 해야 할지 모르겠다고 솔직히 털어 놓은 뒤 알아서 칠 것을 주문했다. 어드레스 자세를 취했을 때 핀 왼편 70도 방향을 향하고 있었으며, 조금의 우려도 없이 어프로치 샷을 했다. 홀 2인치 뒤편을 겨냥했으며, 스리쿼터 자세로 샷을 했다. 클럽은 샌드를 스치자말자 벙크벽에 부딪혔지만 볼은 경계를 넘어 핀 오른쪽 30도 방향으로 튀어 올랐다. 그리고 스핀과 그린 브레이크 덕분에 큰 커브를 그리며 홀로 향했다. 그리고 2인치 못 미친 지점에 멈춰 섰다.

자아2가 목표를 결정할 경우 발생하는 대표적인 성공 사례였다. 그 핵심은 긴장을 풀고 믿음을 갖고 자아2에게 모든 것을 맡기는 것이다. 물론 모든 샷이 원하는 대로 행해지는 것은 아니다. 그러나 어려운 상황에 처했을 때 그것을 극복하는 것은 정말 중요하며, 이 때 신체적 조화와 지식의 결핍을 자책하면 그 같은 잘못을 되풀이 하게 된다.

실수의 원인을 즉각 감지하지 못하더라도 결과를 숙고하거나 분석하려 시도하지 말라. 다음 샷을 할 때 해야 할 일은 자아2를 더욱 믿고 편안하게 집중하는데 노력하는 것이다. 그렇게 하면 과거의 실수가 다음 샷에 나쁜 영향을 주지는 않는다.

신체자각 검사

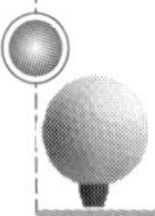

자각의 치유능력을 충분히 활용하려면 신체인지 진단훈련을 한 달에 한번쯤 하는 게 바람직하다. 우선 주의력을 발에 맞춰라. 이어 장딴지, 무릎, 넓적다리, 하체, 상체, 오른팔, 왼팔, 손목, 그리고 머리를 주시하라. 이 조정훈련은 신체의 어느 부분에 특별한 관심을 가져야 하는지를 깨닫게 해주는 장점이 있다. 동시에 스윙에 영향을 줄지도 모르는 문제를 간과하지 않도록 도와준다.

자각의 치유능력을 충분히 활용하려면 신체인지 진단훈련을 한 달에 한번쯤 하는 게 바람직하다. 이 조정훈련은 신체의 어느 부분에 특별한 관심을 가져야 하는지를 깨닫게 해주는 장점이 있다.

이너게임 훈련시 유용한 지침

훈련은 즐겁게 배우는 시간이 되어야 이상적이다. 다음의 지침들은 엄격히 준수할 것이 아니라, 생산적 연습기간을 갖기 위한 아이디어다.

(1) 5분간 순수한 연습 : 학습을 위해 몸과 마음을 준비하는데 필요한 시간이다. 목표를 정하고 연습 하지 말라. 특정 분야에 초점을 맞추거나 좋은 샷을 날리기 위해 노력하는 것도 바람직하지 않다. 따라서 샷의 결과에 대한 판단도 필요 없으며, 모든 압박감을 제거하는 시간이 되어야한다. 나는 이 시간 중 때때로 하프스윙 또는 한손 스윙을 하거나, 훅 또는 슬라이스를 구사해본다. 정신적, 육체적으로 긴장을 이완하는게 이 연습시간의 목표다. 그냥 즐겨라.

(2) 20분간 초점을 맞춘 스윙 : 주요변수에 초점을 맞춰 연습하는 시간이다. 우선 자신이 스스로 만든 변수들을 주시하라. 이어 코치가 주문하거나 이너스윙 차트에 언급된 변수들에 초점을 맞춰라. 이번에도 결과를 두려워하지 말라. 자아2가 좋은 스윙과 나쁜 스윙을 통해 많은 것을 배울 것이란 믿음을 갖는 게 보다 중요하다. 자각훈련은 판단배제와 의식적 컨트롤에서의 해방 등 두 가지가 목표다.

나는 하나의 변수에 5~7분 이상을 할애하는 것을 좋아하지 않는다. 20분간 3가지 정도의 변수를 연습한다. 각 변수를 연습할 때마다 스윙의 어떤 측면에 초점을 맞추든 자각력을 강화시키도록 노력해야한다. 이때 변화의 기회가 오면 과감히 바꾸는 것이 필요하다.

몇 개의 샷을 하며 학습이 궤도로 올라서면 다음 초점으로 옮겨가면 된다. 좁은 초점과 넓은 초점을 번갈아 활용하는 것도 좋은 방법이다. 스윙의 변화가 매번 일어날 필요는 없다. 초점을 맞춘 경험을 통해 신경시스템을 훈련하는 게 중요한 목표다.

(3)5분간 플레이 : 초점 훈련 후 휴식을 가진 뒤 플레이를 해야 한다. 이전보다는 다소 결과를 중시하는 훈련이다. 풀스윙을 하거나 하나의 클럽으로 다양한 목표를 겨냥하는 샷을 시도해볼 필요가 있다.

시간이 얼마나 남았든 실전 경험을 쌓아야한다. 실제 골프홀을 상상하라. 우선 샷을 이미지화 한 뒤 각 상황에 맞는 클럽을 선택하라.

(4) 나머지 시간은 실전 : 시간이 얼마나 남았든 실전 경험을 쌓아야 한다. 실제 골프홀을 상상하라. 우선 샷을 이미지화 한 뒤 각 상황에 맞는 클럽을 선택하라. 샷과 샷 사이에 많은 시간을 소요할 수 있다면 다

양한 목표를 대상으로 신체 부위를 정렬시켜 보라. 평소의 라운드 때보다 더 심한 압박감을 상상하는 등, 심리적 압박기술을 적용해도 좋다. 스스로 목표를 정하고 그것을 성취할 때까지 훈련을 계속하는 것이 필요하다.

완벽한 스윙이냐, 좋은 점수냐

인도출신의 세계적 테니스 선수인 비제이 암리트라즈 일행과 골프를 쳤을 때의 일이다. 첫 번째 홀에서 그의 회계사인 조지가 첫 티샷을 할 때였다. 비제이는 나에게 귓속말로 그의 스윙에 희롱당하지 말라고 속삭였다. 나는 조지의 스윙이 훌륭하다는 얘기인지 그 반대인지 알 수가 없었다.

하지만 그의 티샷을 지켜보다 깜짝 놀라고 말았다. 그는 볼 앞에 서서 허리를 거의 90도 구부린 후 10초 동안 미동도 하지 않았다. 그리고 갑자기 우뚝 서 뛰어들 듯 볼을 내리 갈겼다. 내가 본 가장 특이한 폼이었다. 그의 드라이브 샷은 하늘로 치솟은 후 150야드를 날아갔다. 그는 그 결과를 예상했다는 듯 티를 주었다. 나머지 세 사람의 볼은 페어웨이 한가운데 225~250야드 지점에 떨어졌다. 하지만 조지는 다른 사람의 티샷 결과에 개의치 않고 즉시 3번 우드로 잡고 200야드를 날린 뒤 웨지로 핀 10야드 지점에 볼을 붙였다. 그리고 퍼트를 성공시켜 파를 잡았다. 우리 세 사람은 드라이브 거리가 훨씬 많이 나갔지만 보기에 만족해야했다. 그의 드라이브 샷은 항상 페어웨이를 지켰으며, 그린에서는 주로 한 번의 퍼트로 홀을 마무리 지었다.

조지는 자신의 스윙이 형편없다는 사실을 알지 못하는 듯 보였다. 단지 그가 무엇을 원하며, 그것을 성취할 수 있다는 자신감을 갖고 있었다. 자신이 원하는 결과를 얻지 못하면 그는 감정을 그대로 표현했지만 무엇이 잘못되었는지를 분석하지 않았다. "드로를 원했는데 페이드가 걸렸어"라는 말이 고작이었다. 그가 스윙하는 것을 지켜보면서 나머지 세 사람은 좋은 결과가 나오는데 놀라움을 감추지 못했다. 조지는 자신의 스윙이 상대방에게 어떻게 보여 지는가에 대해서는 별로 관심이 없었다. 그의 관심은 스코어에만 있었다.

한 기자가 벤 호건에게 누구의 스윙이 가장 훌륭하다고 생각하느냐고 물은 적이 있었다. 이에 호건은 머리를 긁으며 한참을 생각 한 뒤 "이름을 기억하지 못하는 마이애미 비치 북쪽에 있는 한 골프 연습장에서 본 어떤 사람인데…"라고 어물거렸다. 인생과 마찬가지로 골프에 있어서도 목적 자체를 잊고 사소한 목표에 매달리는 경우를 흔히 볼 수 있다.

나쁜 샷을 교정할 수 없다면 왜 시도 하는가

지난여름 나는 유러피언 투어에 뛰는 프로선수들과 며칠을 함께 보낸 적이 있었다. 내가 이너게임 방법을 전수한 적이 있는 조라는 티칭

프로도 그곳에서 시간을 함께했다. 그는 개인적으로 30명 이상의 투어 프로를 가르쳐 좋은 성과를 냈다. 한번도 20위내에 들지 못했던 한 스코틀랜드 출신의 골퍼는 이너게임 훈련을 일주일 정도 받은 후 다음 게임에서 2위를 했다. 다음날 런던의 한 신문은 '이너게임 골프의 마술' 이란 제하의 한 페이지짜리 특집기사를 싣기도 했다.

조는 이너게임 마술로 명성을 얻었지만 그 어떤 프로든 스윙을 교정해준 적이 없었다. 실제로 그는 게임의 메커니즘을 잘 알지 못했다. 그가 고객들에게 하는 첫 번째 약속은 스윙을 변화시켜 줄 수는 없지만 성적은 개선시켜 줄 수 있다는 점이었다.

토너먼트가 한창인 어느 날 저녁 프로들로 부터 이너게임에 대한 간단한 설명을 요청 받았다. 그들은 나의 강의를 진지하게 들으며 압박감이라는 부정적인 영향으로부터 벗어나려했다. 대부분의 프로선수들은 그들의 마음속에 무엇이 있는지를 알고 싶어 했다.

그들은 스윙교정을 통해 기술적 실패를 탈출할 수 있는 해법을 요구했다. 하지만 그것은 나의 능력 밖의 일이었다. 자신이 무엇을 잘못 했는가에 대한 복잡한 묘사를 한뒤 다음과 같은 질문을 곁들였다. "x번째 홀까지 볼을 상당히 잘 쳤다. 하지만 갑자기 샷에 문제가 생겼다. 평소의 스윙으로 돌아오지 않았다. 그와 같은 현상은 어떻게 교정이 가능할까"가 그것이었다. 그들은 기술적 용어를 사용하며 그 상황을 설명하려 들었다.

나는 그런 상황에서의 스윙을 교정해 줄 수는 없다고 잘라 말했다. 당신은 이미 스윙 교정을 시도했으며 스윙을 변화시킬 수 있는 방법은 없기 때문이라며, 다음과 같이 그 이유를 설명했다. "교정이 필요한 스윙에 실수가 나타나는 것은 대단히 자연스런 현상이다. 의혹이 깔려있어서 그렇다. 의혹이란, 부정확한 스윙을 적극적으로 고치지 않는다면 다시 나타날 것이란 자기불신에서 비롯된다. 당신이 그것을 방지하기 위해 어떠한 기술적 교정을 시도해도 실수는 되풀이된다. 교정을 하는 과정에서 지나친 보상심리 때문에 다른 문제가 생길수도 있다. 골프에서 발생되는 실수를 미성숙하게 교정하려 드는 것이 가장 큰 잘못이다. 우리는 나쁜 스윙을 교정하는 것과 동시에 좋은 스윙도 계속 시도한다. 양측 모두 의혹을 깔고 있어 진정한 배움을 허용하지 않는다. 인위적인 간섭에서 벗어나면 스윙은 다시 좋아질 것이다."

사실 스윙교정은 시합도중에는 불가능하다. 시합 중 계속되는 특정한 스트로크 실수를 지켜봐야 그 해법을 찾을 수 있다. 스트로크 실수는 두 종류가 있다는 게 나의 생각이다. 하나는 실수가 발생했을 때 즉시 감지할 수 있는 경우고, 또 다른 하나는 원하지 않는 결과가 나타날 때까지는 알지 못하는 경우다. 만약 잘못된 스윙을 유발하는 이유를 감지할 수 있다면 자아2가 자아1 몰래 자연스레 치유할 것이다. 하지만 교정은 순간적으로 일어나기 때문에 교정이라고 말하기 어렵다. 이때 새로운 스윙이 만들어지면 실수란 감정은 사라진다. 자아2에 대한 믿음은 자아2가 잘못을 바로 잡아줄 것이란 기대감을 깔고 있다. 자아2의 속성은 경험을 통해 배우기 때문이다. 실수가 발생해도 샷을 어떻게 고쳐야 한다는 자아1의 잔소리를 무시하고, 자아2를 더욱 믿도록 만드는 게 중요하다. 자아2에 대한 믿음이 강해지면 내적 사기가 충만해 져 자

실수가 발생해도 샷을 어떻게 고쳐야 한다는 자아1의 잔소리를 무시하고, 자아2를 더욱 믿도록 만드는 게 중요하다. 자아2에 대한 믿음이 강해지면 내적 사기가 충만해 져 자아1이 조장하는 실수와 교정 사이클에 빠져들지 않게 된다.

아1이 조장하는 실수와 교정 사이클에 빠져들지 않게 된다.

자신의 스윙을 창조하라

대부분의 골퍼들은 골프 스윙을 매번 똑 같이 할 수 있는 훈련을 해야 실력을 향상시킬 수 있다고 믿고 있다. 이것은 일관성을 유지하는 것이 견고한 균형과 리듬, 그리고 움직임을 만들 수 있다는 사고에서 비롯된다. 한 골퍼의 좋은 샷들은 상당히 유사한 모습을 띄는 경향이 있다. 그러나 그 같은 샷들이 반복된다고 생각하는 것은 잘못이다. 설명하기 쉽지 않지만, 샷을 창조하는 것과 좋은 샷을 재연하려는 노력에는 뚜렷한

스윙의 창조는 매 샷마다 완전히 전념해야 가능하다. 매 순간은 새로운 순간이란 점을 명심할 필요가 있다. 새로운 스윙을 계속 만들어내는 것이 바로 창조적 골프다.

차이가 있다. 반복은 기계만이 가능하다. 신체의 경우 반복이 권태를 유발해 집중력을 약화시킨다.

스윙의 창조는 매 샷마다 완전히 전념해야 가능하다. 비록 당신이 추구하는 것과 똑 같은 결과를 얻을지라도 이전에 그와 같은 스윙을 한 적이 없기 때문에 새로운 샷을 어떻게 만들어야 할지 정확하게 알 수는 없다. 매 순간이 새로운 순간이란 점을 명심할 필요가 있다.

새로운 스윙을 계속 만들어내는 것이 바로 창조적 골프다. 창조적 스윙이 지난번 스윙과 반드시 달라야할 필요는 없지만 정확한 반복은 아닌 것이 분명하다. 스윙은 유기적으로 발전하므로 당신이 감지하지 못할 수도 있다.

반복되는 스윙을 추구하는 것은 자기 패배적 노력이 될 수 있다. 매번 같은 일을 한다면 그것에 집중하기 어렵다. 사람들이 방에서 발생하는 계속되는 잡음에 무뎌지는 게 단적인 예이다. 골프스윙에서도 마찬가지다. 단순히 반복되는 스윙은 느끼기가 어렵다. 느낌을 못가지면 컨트롤도 할 수 없다. 사람들이 퍼터를 교체했을 때 일순간이나마 퍼트실력이 향상되는 원리와 같다. 느낌이 달라지면 자각력이 강화되고, 자연히 느낌과 컨트롤도 개선된다. 꼭 같은 샷을 오래 연습하면 느낌을 잃게 되며, 후반의 50개 샷이 전반 50개 샷보다 나쁘다는 사실에 낙담하게 될 것이다.

물론 자신을 기계처럼 반복에 익숙하게 만들 수도 있다. 나는 기계같이 훈련해 성공한 테니스선수들을 많이 알고 있다. 어떠한 성격이 그것을 가능토록 했는지는 모르지만 그것이 무엇이든 나는 옳지 않다고 생각한다. 연습장에서 기계처럼 똑 같은 골프스윙을 하기 보다는 다양한 방법으로 볼을 쳐보길 권한다. 좋은 결과만을 의식하지 말고 다양한 방법의 스윙을 탐색해보라는 얘기다. 이때 더 나은 스윙 방법을 찾기보다, 다소 과장스럽게 잘못된 스윙을 해 어떤 실수가 유발되는지 찾아보는 것도 흥미로운 일이다.

연습장에서 기계처럼 똑 같은 골프스윙을 하기 보다는 다양한 방법으로 볼을 쳐보는 것이 좋다.

이 훈련방식은 다음과 같은 두 가지 점을 성취시켜준다. 하나는 결과에 대해 판단하지 않는 습관을 기르는데 도움을 준다. 가장 끔찍스런 방법으로 볼을 쳤다고 해서 당신이 심장마비로 사망하는 것은 아니다. 단지 볼이 날아가는 것일 뿐 아무 일도 일어나지 않는다. 때때로 정확하게 스윙했을 때보다 더 나은 샷을 구사해 당신을 놀라게 할 수도 있다. 둘째 스윙에 대한 자각력을 강화시켜 준다. 5~10분 동안 비정통적인 방식으로 스윙을 한 뒤 자아2에 대한 믿음을 갖고 볼을 치면 스윙에 대한 느낌이 더욱 선명해진다. 느낌의 강화는 자아2의 컨트롤 능력을 개선시켜 좋은 결과를 낳게 해줄 것이다.

80타 돌파를 위한 잘못된 기대

나는 골프스윙에 대한 자각력이 강해지면서 샷 능력도 명백히 개선됐다. 이전보다 거리가 늘고 샷의 일관성도 좋아졌다. 골프연습을 다시 시작한지 6개월이 지나자 평균스코어가 86~90 사이를 오르내렸다. 나보다 잘 치는 골퍼들도 불과 6개월 만에, 그것도 일주일에 한번 필드에 나와 스코어가 그같이 향상되는 것은 놀랄만한 결과라고 높이 평가했다. 이에 고무되어 나는 더욱 어려운 코스에 도전하기로 했다.

마이클 머피와 페블 비치에서의 라운드

나는 이전 장에서도 언급했지만 마이클 머피의 저서 「골프 인 더 킹덤」을 좋아해 그와 친구가 되었다. 완성미를 가진 골퍼여서 우정을 넘어 존경심마저 느꼈다.

나는 그에게 전화를 걸어 페블비치에서 라운드를 하자고 제의했고, 마침내 그 약속이 이뤄졌다. 마이크와 나는 라운드 도중 서로의 실력을 과시하기 보다는 이너골프에 대한 철학을 나누는 게 좋다는 것을 잘 알고 있었다.

나는 페블비치로 떠나기 전날 인상적인 상자를 받았다. 포장지에는 허름한 옷차림의 두 명의 요가 수행자가 그려져 있었다. 그리고 "겸손을 시험하는 진정한 방법이 있지. 페블비치에서 맞바람이 부는 날 로핸티캡용 백티에서 플레이를 하는 거야"라는 경멸스런 표정을 한 한 수행자의 말이 담겨 있었다. 나는 마이크에게 그것을 보여주며 함께 웃었다. 우리는 백티에서 치지 않기로 했다.

우리는 페블비치를 무척 좋아하는 나의 아버지를 초청했다. 나는 아버지에게 "자아1이 어떤 게임을 원하든 즐기는 게임을 하겠다. 게임 때문에 아름다운 페블비치에서 마이크와의 우정이 깨지는 것을 원하지 않는다"고 다짐했다.

실제로 스코어가 예상보다 좋아 80타를 깰 수 있다는 생각에 사로 잡혔던 순간을 제외하면 그 같은 결심을 대충 이행했던 셈이다. 첫 번째 홀은 롱 드라이브가 페어웨이 오른쪽 나무 옆으로 날아갔으며, 유일한 희망은 4번 아이언으로 왼쪽을 겨냥해 낮게 페이드를 걸어 보이지 않는 그린으로 올리는 길 뿐이었다. 하지만 나는 낮게 페이드를 거는 방법을 몰랐다. 위험을 감수해야할 첫 번째 순간이었다. "자아2, 너는 이 샷을 어떻게 해야 할지 알길 바란다. 나는 그렇게 믿을 것이다"라며 자기 암시를 주었다. 덕분에 그 샷은 핀에서 14피트 떨어진 지점에 멈춰 섰다. 아버지는 3타 만에 그린에 올려 1퍼트로 파를 잡았다. 마이크는 세컨샷을 그린 가장자리에 떨어트린 후 2퍼트로 역시 파를 했다.

나는 드라이브가 페어웨이를 놓쳤지만 2번째 샷을 핀에 잘 붙여 버디 찬스를 만들었다. 하지만 자아1이 나의 예상치 못한 놀라운 어프로치에 고무돼 빠른 그린에 대한 집중력을 잃게 만들었다. 그 탓에 나의 첫 번째 퍼트는 홀을 6피트 지나쳤고, 파를 해 동반자와 비겨야 한다는 강박관념에 두 번째 퍼트도 실패하고 보기로 마무리했다. 나는 파 퍼트를 놓친데 대한 실망감을 그대로 표현했다. 이에 마이크는 "잘했어, 당신이 그만큼 신경을 쓰고 있다는 것을 보여 주었어. 코스가 너무 어려워 누구나 걱정을 하며 플레이를 할 수밖에 없어"라고 위로했다.

나와 마이크는 두 번째 홀에서 모두 파를 잡았다. 하지만 나는 3번 홀 파3에서 거리 측정을 잘못해 그린을 넘겼으며, 도로에 공이 떨어져 오비를 냈다. 자아1은 "잘 맞았는데 불공평해"라고 속삭였다. 나는 자아1에 감사하며 오늘 라운드를 즐기며 최선을 다할 것을 다시 다짐했다. 오비로 인한 2벌타는 페블비치와 같은 어려운 코스에서는 당연히 감수해야할 경험이라고 자위했다. 마이크는 9번 홀에서 더블보기를 범해 40타로 전반 라운드를 마쳤다. 나는 이후 파3개 보기3개로 42타를 쳐다. 결과에 만족했으며, 특히 스코어에 구애 받지 않고 게임을 즐겼다는 사실이 기뻤다.

후반 라운드 들어 3개홀 연속 파를 잡았으며, 12번 홀에서는 제8장에서 묘사한 것처럼 경계선을 스치듯 넘기는 벙크샷을 성공해 볼을 핀 2인치 지점에 붙였다. 555야드 거리의 14번 홀에서는 오늘 드라이브 중 가장 멀리 쳤다. 그때 자아1은 "비록 전반 라운드에서 42타를 쳤지만 후반 들어 이 같은 멋진 플레이를 계속하면 대망의 80타를 깰 수 있을 거야. 이번 홀에서도 물론 손쉽게 파를 잡겠지. 그리고 나머지 4개 홀에서 보기 한 개를 범해도 후반 37타로 합계 79타를 기록하게 되는 거야"라며 싱글 플레이에 대한 기대감을 은근히 부추겼다.

나는 자아1의 속삭임에 현혹돼 14번 홀에서 지나친 자신감을 보였

다. 3번우드를 잡고 220야드를 날리려 했지만 페이드가 걸리며 오비가 난 것이다. 다음 샷도 유사한 실수를 했지만 다행스럽게도 오비말뚝 3인치 내에 멈춰 섰다.

아버지는 나의 표정에 나타난 실망감을 주시하더니, 늘어진 나뭇가지에 볼이 걸려 오비를 두 번이나 낸 아놀드 파머의 일화를 들려주었다. 다음날 늘어진 나뭇가지가 사라진 것을 본 파머는 톱으로 제거한 것 같지는 않다고 농담했다는 것이다. 나는 그 홀에서 3퍼트를 해 더블파를 범했다. 파보다 4타를 더 쳤지만 아버지의 얘기로 기분은 한결 좋아졌으며, 그 홀의 나쁜 기억을 지우고 다음 스윙을 즐길 수 있었다. 다음 2개홀은 파를 잡았으며, 마지막 2개홀도 보기로 마무리해 전후 라운드 각각 42타씩을 쳤다.

마이크는 특별한 경우를 제외하곤 지난 수년간 라운드를 거의 하지 않았지만 편한 스윙과 핀 가까이에서의 집중력은 나를 놀라게 했다. 대부분의 아이언 샷은 그린을 놓쳤지만 어렵다는 17번 홀 파3에서 버디, 그리고 18번홀의 긴 파5에서 파를 잡아 82타로 게임을 끝냈다. 하지만 마이크는 매 샷에 너무 신경을 쓰는 것처럼 보였다. 불과 2피트짜리 퍼트도 라이를 신중히 살펴보며 심리적으로 꼼꼼히 준비했다. 그에게는 정성을 쏟는 것 자체가 훈련이었다. 그는 샷이 빗나가면 "스윙도중 집중력을 놓쳤어, 샷에 대한 자각이 크게 차이가 나는군, 나는 만족하지 않아"라고 일일이 평가하곤 했다.

나는 너무 신경을 쏟는 것이 신경을 덜 쓰는 것보다 더 큰 문제라고 느껴졌다. 골프에 너무 신경을 쓰면 힘이 들어가 미스샷이 나오기 때문이었다. 물론 신경을 적게 쓰면 집중력과 정확도가 떨어지는 문제도 있다. 선종 수련자들은 지난 수세기 동안 양 극단 간의 균형문제와 씨름한 뒤 '노력하지 않는 노력'이란 이상을 만들어냈다. 즉 신경을 쓰지 않으면서도 신경을 쓴다는 논리다. 이 같은 역설이 수수께끼처럼 느껴질 수도 있을 것이다. 하지만 지적 논리로는 이해가 안 되지만 직관에는 상당한 호소력을 가질 수 있다.

그렇다면 무엇을 신경 쓰고, 무엇을 조심을 하라는 것인가? 신경을 쓰는 대상이 이너골퍼로서의 칭송이거나 스코어라면 자아1은 나의 경험보다 이미지에 더욱 관심을 가질 것이다. 그러나 나의 관심이 내적 완성을 위해 최선을 다하는 자연스런 욕구라면 자아2는 상황에 걸맞는 자신을 완벽하게 표현할 것이다. 결국 노력하지 않는 노력은 자아1의 시도에서 벗어나 자아2의 노력을 자연스럽게 표현해 주는 것을 의미한다. 자아1과 자아2는 골프 라운드 도중 서로가 끊임없이 경쟁한다. 자아1과 자아2중 어느 쪽이 컨트롤 하느냐에 따라 느낌과 결과가 달라지게 된다.

자아1과 자아2는 라운드 도중 서로가 끊임없이 경쟁한다. 자아1과 자아2중 어느 쪽이 컨트롤 하느냐에 따라 느낌과 결과가 달라지게 된다.

페블비치에서 라운드를 한 뒤 코스를 관리하는 것보다 지배하는 것이 더 중요하다는 사실에 눈을 떴지만 나의 스코어는 80대 후반에서 맴돌며 여간해서 80대 초반으로 떨어지지 않았다. 나는 샷의 개선에도 불구하고 스코어가 향상되지 않는 이유를 자문해 보았다. 그리고 골퍼들이 게임에 임하는 마음상태와 동기를 탐구하기 시작했다. 이들 중 일부는 무의식적이어서 발견이 쉽지 않았다.

슬럼프를 벗어나는 방법

페블비치에서 라운드를 한지 얼마 지나지 않아 친구 알이 던진 단순한 질문이 슬럼프를 탐구하는 도화선이 됐다. 그 당시 우리는 LPGA 갤러리로 함께 걷고 있었다. 한때 상위에 랭크되었지만 지금은 후순위로 밀려난 선수를 화제로 얘기를 나누다가 알이 느닷없이 "슬럼프는 어떻게 벗어날 수 있을까"라는 의문을 제기했다.

나는 "슬럼프에 빠지지 않으면 돼"라며 분석적이라기보다 다소 즉흥적이며 직관적 반응을 나타냈다. 알은 멈칫하다 "이미 슬럼프에 빠졌다면 어떡하지"라고 반문했다. 나는 많은 이유와 치유방법을 생각했지만 적절한 해답을 찾지 못했다. 그리곤 "슬럼프란 존재하지 않아. 마음이 그것을 만들어 내는 거지. 어떤 사람들은 미스샷을 두 번 연속한 뒤 슬럼프에 빠졌다고 하고, 어떤 사람은 2개월 이상 게임을 잘못 한 이후에야 비로소 슬럼프 운운하지. 다시 말해 슬럼프는 자신이 그렇게 생각할 때 빠져드는 것이라고 생각해. 슬럼프에 대해 깊이 생각할수록 탈출이 더욱 어려운 것이지. 슬럼프는 과거의 나쁜 성적이 계속될 것으로 믿는 것이며, 최선의 방법은 슬럼프란 존재를 믿지 않는 것이지. 좋은 샷이든 나쁜 샷이든 이미 과거의 행위야. 당신이 과거에 굴복하지 않는다면 과거가 현재를 군림할 수 없어. 믿음을 만들어야해"라고 중얼거렸다. 나 자신도 나의 이 같은 즉흥적인 설명에 놀라면서 진실처럼 느껴졌다. 알도 만족한 듯 나를 쳐다보았다. 그는 "나쁜 샷을 잊고 새로운 샷을 만들자는 얘기로군"이라며 나름의 해설을 붙였다.

슬럼프는 자신이 그렇게 생각할 때 빠져드는 것이다. 슬럼프에 대해 깊이 생각할수록 탈출이 더욱 어려운 것이다. 슬럼프는 과거의 나쁜 성적이 계속될 것으로 믿는 것이며, 최선의 방법은 슬럼프란 존재를 믿지 않는 것이다.

우리는 시선을 다시 여자 프로골퍼들의 게임으로 돌렸다. 3시간이 흘러 16번 홀에 이르자 알은 다시 질문을 했다. "얼마 전 여기서 라운드를 도는데 파, 버디, 파, 파, 버디, 파를 한 뒤 7번째 홀에 이르자 언제 이 멋진 행진이 끝날 것인가 하는 생각이 들더군. 그 탓에 잘나가던 행진은 끝나 버렸지. 잘 나갈 때 이 멋진 행진이 언제 끝날 것인가 하는 걱정으로부터 벗어나는 길은 없을까?"

나는 슬럼프와 잘나가던 행진의 중단이란 두 가지 질문에 상호 연관성을 느꼈으며, "몹쓸 자아1이 우리를 양측의 길로 몰아간 결과"라고 답했다. "게임이 잘 안되면 자아1은 당신이 슬럼프에 빠졌으며 그것에서 헤어 나오지 못할 것이라고 말하지. 그리고 당신이 평소보다 더 좋은 샷을 날리면 지속은 불가능하다고 읊조리지. 자아1은 이전의 잘못

되고 부정적 경험이 계속될 것을 믿도록 강요하는 성향이 짙어. 이전의 긍정적 결과에 대해서는 결과가 나쁜 쪽으로 변할 것이라고 말하는 속성을 갖고 있다는 말이지."

그렇다면 슬럼프에서 어떻게 빠져 나오며, 좋은 게임을 어떻게 지속할 수 있는 것일까?

첫 번째 질문에 대한 명확한 가정은 일단 슬럼프에 빠졌을 때 그것을 위해 무엇인가를 하지 않으면 슬럼프에 그대로 있다는 것이다. 따라서 슬럼프에서 빠져 나오려면 무엇인가를 해야 한다는 가정이 깔려있다. 두 번째 질문 역시 계속 잘 치고 있으면 그 상태를 유지하기 위해 무엇인가를 할 필요가 있다는 것이다. 재미있는 가정들이다. 골퍼들은 자아1이 개입하지 않으면 잘못된 샷이 지속될 것으로 가정한다. 문제는 게임이 잘 풀리고 있을 때도 관여하지 않으면 멋진 샷이 계속되지 않을 것으로 생각한다는 점이다. 두 질문은 외형적으로는 논리적인 것처럼 보이지만 과거가 미래에 어떤 영향을 주는지에 대한 잘못된 가정에서 출발한다. 자아1이 최악의 상황을 기대하는 잘못된 논리를 갖고 있어 개입의 중요성을 강조하는 성향이 강한 결과다.

선수들이 슬럼프를 벗어나기 위해 치유책을 찾는 행위가 오히려 더 깊은 수렁으로 몰고 간다. 구덩이에서 빠져나오기 위해 액셀러레이터를 강하게 밟을수록 구덩이만 더 깊게 파지는 원리와 같다.

사실 선수들이 슬럼프를 벗어나기 위해 치유책을 찾는 행위가 오히려 더 깊은 수렁으로 몰고 간다. 일종의 헛바퀴 증후군으로, 구덩이에서 빠져나오기 위해 액셀러레이터를 강하게 밟을수록 구덩이만 더 깊게 파지는 원리와 같다. 질주와 슬럼프를 이해하는 핵심은 기대현상에 근거한다. 만약 미스샷을 두 번 연속 날렸을 경우 의식적으로 이를 수정하기위한 노력을 하지 않는다면 다음엔 어떤 샷을 기대할 수 있는 것일까? 또 다른 나쁜 샷을 할 것인가, 보다 나은 샷을 날릴 것인가? 직전의 미스샷으로 부터 배움을 얻을 것인가, 미스샷을 되풀이 할 것인가? 이것은 더욱 탐색해야할 가치가 있는 의문임에 분명하다. 과거가 현재에 영향을 미칠 것이란 가정은 미래의 결과에도 상당한 영향을 미칠 것이란 일련의 기대를 유발하기 때문이다.

만약 내가 게임 초반에 3개의 미스샷을 날렸다면 "오늘 게임은 틀렸어. 스윙이 너무 경직되어있어"라는 소리가 마음속에서 흘러나온다. 그 목소리를 믿는다면 최악의 라운드를 하거나 라운드 내내 그 목소리와 싸워야한다. 실제로는 나쁜 샷을 3번 한 것뿐이며, 그것들은 현재나 미래의 스윙과 아무런 관계가 없다. 그러나 무의식적으로 부정적인 생각을 유발해 "지난 2주간 게임을 못했어. 오늘 나에게 많은 기대를 하지 마"라고 동반자에게 변명성 푸념을 할 것이다.

최상의 기대는 원하는 결과를 만들어 내는데 큰 도움이 된다. 반대로 최악의 기대는 나쁜 결과를 유발한다. 긍정적 사고는 어떤 사업 분야에서든 성공하려는 사람들에게 호소력을 갖는다.

미래에 좋은 영향을 주는 기대는 과거에 대한 믿음에서 비롯된다는 점을 주시할 필요가 있다. 최상의 기대는 원하는 결과를 만들어 내는데 큰 도움이 된다. 반대로 최악의 기대는 나쁜 결과를 유발한다. 긍정적 사고는 어떤 사업 분야에서든 성공하려는 사람들에게 호소력을 갖는다.

기대 게임

어느 날 아버지와 얘기하면서 기대감이 결과에 미치는 영향력을 실감한 적이 있다. 어느 순간에 골프가 재미있다는 생각이 드는지 묻자

아버지는 "기대만큼 또는 그 이상으로 플레이를 했을 때"라고 서슴치 않고 답했다. 그에게는 그것이 진실인 것을 나는 잘 알고 있다. 아버지가 집으로 돌아오면 어머니는 그의 표정을 살피며 그의 골프 스코어카드를 읽어주었다. 아버지는 전반 라운드를 잘 치면 후반이 안 좋았고, 그 반대의 경우도 허다했다. 끔찍한 출발을 하는 경우가 잦았지만 후반 라운드에서 예상 보다 좋은 성적을 내 그 실패를 만회하곤 했다.

아버지의 답변을 듣자 나는 나의 기대치가 80대 중반일지 모른다는 의혹이 생겼다. 그리고 최근의 다소 고통스런 라운드를 회상했다. 나는 80타를 깨겠다는 편집장과의 약속을 지키기 위해 일단 9홀만을 쳐서 40타를 깨면 그날의 라운드를 중단키로 결심했다. 그날 출발은 파, 파, 파, 버디, 파, 보기, 파로 상당히 좋았다. 나머지 두 개 홀을 파로 마무리 지으면 처음으로 9홀 36타를 기록할 수 있었다. 나는 파5 8번 홀에서 티샷을 멀리 날렸지만 볼은 페어웨이에 있는 벙크로 들어갔다. 라이가 좋았고, 좋은 성적에 대한 기대감도 높아 그린에 올리기 위해 4번 우드를 꺼냈다. 하지만 두 번의 오비를 내 9홀을 6오버파 42타로 마쳤다.

그렇다면 기대치를 만족시키거나 목표를 그 이상으로 잡고 게임에서 이기는 방법은 없는 것일까? 한 가지 명백한 방법은 기대치를 너무 높게 잡지 않아야 한다는 것이다. 나는 90대 초반을 칠 수 있다는 기대치는 항상 만족시킬 수 있었다. 그러나 전반 9개 홀에서 이븐파를 치면 나의 기대감은 즉각 상향조정되어 18홀을 70대 후반 또는 80대 초반으로 마무리 짓는 게 가능할 것이란 생각을 갖게 한다. 그리고 기대치에 걸맞게 후반 9개 홀을 40대 초반으로 끝내면 성공을 자축하며 친구들에게

기대치를 만족시키거나 목표를 그 이상으로 잡고 게임에서 이기는 방법은 없는 것일까? 한 가지 명백한 방법은 기대치를 너무 높게 잡지 않아야 한다는 것이다.

맥주를 돌릴 것이다.

문제는 다음주말의 게임이다. 나의 기대치가 더욱 높아지면서 80대 초반을 쳐야한다는 강박관념에 사로잡힐게 뻔하다. 그러면 게임은 어려워지고 실망은 더욱 커질 것이다. 자아1은 80타를 깰 수 있다며 더욱 노력하라고 종용하면서도 나의 평소 핸디캡 수준으로 스코어를 되돌려 놓을 것이 분명하다.

골프는 불확실성으로 가득 찬 게임이다. 자연히 일정한 범위내의 스코어를 기록하는 확실성을 원하게 된다. 그러나 기대감을 뛰어 넘는 결과는 때때로 안정감을 위협하고, 그로인한 내적 갈등은 자아2의 성과에 나쁜 영향을 미치게 된다.

골프는 불확실성으로 가득 찬 게임이다. 자연히 일정한 범위내의 스코어를 기록하는 확실성을 원하게 된다. 특히 불확실한 미래에 불편한 감정을 느끼는 자아1의 속성이 기대치를 만들어내며 바르게 골프를 치도록 강요한다. 바른 골프는 예측이 현실화 되도록 한다. 기대는 일체감을 조성할 수 있으며, 일체감은 강력한 동인이 될 수 있다. 우리가 일체감을 조성하는 이유는 연속성과 확실성에 대한 감각을 얻기 위해서다. 그러나 기대감을 뛰어 넘는 결과는 때때로 안정감을 위협하고, 그로인한 내적 갈등은 자아2의 성과에 나쁜 영향을 미치게 된다.

파의 의미를 몰랐던 골퍼

기대감이란 개념에 깊게 빠져있을 때 해리 그래함이란 골퍼를 만났다. 그래함은 테니스라켓을 잡아본 적이 없는 40대로 어느 날 나를 찾아와 이너게임 골프를 가르쳐 달라고 요청했다. 무엇이 문제냐고 물었더니 그는 자신의 골프스토리를 들려주었다. 그가 진실한 사람이라는 것을 확신하지 않았다면 그의 얘기를 믿지 못했을 것이다.

"5년 전 나는 즐기기 위해 골프를 시작했다. 오후 3시께 퇴근이 가능해 해가 지기 전 한 라운드를 돌 수 있었다. 주말에도 출근해야 하는 직업이어서 항상 나 홀로 골프를 해야 했다. 일 년이 지난 뒤 드디어 다른 사람들과 플레이를 할 수 있는 기회가 왔다. 그들은 80대 후반 또는 90대 초반을 쳤고, 나는 74타를 기록했다. 동반자들은 불과 일년 만에 놀라운 스코어를 냈다며 감탄사를 연발했다. 그들은 투어프로로 나설 것을 권하며 지금이라도 레슨을 받아 실력을 한 단계 끌어 올리라고 조언했다. 사실 나는 그때까지만 해도 파를 해야 한다는 생각을 한 적이 없었다. 파를 수없이 하면서도 단지 파라고만 생각했지 별다른 의미를 두지 않았다."

나는 의심스런 눈빛으로 해리를 쳐다보았다. 그러자 그는 "파가 단지 평균 성적이라고 생각했으며, 일년 만에 평균 성적에 이른 것에 굉장히 만족했을 뿐이었다. 물론 골프가 재미있었기 때문에 매일 라운드를 돌았으며, 실제로 나에게는 일과 후 가장 멋진 휴식이었다"고 덧붙였다.

나는 무엇이 문제냐고 물었다. 그는 "친구들의 얘기가 그럴 듯 했으며, 특히 내가 좋아하는 일을 하며 돈을 버는 것은 멋진 일이라고 생각했다. 그래서 레슨을 받기 시작했고 스윙 메커니즘도 배웠다. 문제는 이후 4년간 85타를 깨 본적이 단 한 번도 없으며, 골프게임 역시 더 이상 즐겁지 않았다. 모든 해법을 다 동원했지만 효과가 없어 지금 좌절감에 빠져있다"고 전했다.

나는 "파의 의미를 잊도록 당신을 도와줄 수는 없다. 일단 당신이 알았으면 알고 있는 것이다. 그러나 골프에 대한 원래의 마음가짐으로 돌아갈 수는 있다. 우선 다른 사람들의 기대를 잣대로 당신의 골프실력을 재지 않도록 하라"고 조언했다. 해리와 나는 자연스런 학습에 대해 상당시간 얘기를 했으며, 이후 그는 골프를 다시 즐길 수 있게 됐다. 그와의 대화는 자아2가 제공하는 배움의 위력과 그것을 방해하는 기대치의 위력에 대한 진기한 증언이었다.

스리볼 플레이어

테니스 교습 중 이너게임 방법을 시연하면서 스리볼 플레이어를 주제로 학생들과 대화를 한 적이 있다. 스리볼 플레이어는 3회 연속 볼을 받아 넘길 수 있는 선수란 뜻이다. 나는 "3회연속 리턴에 성공하면 그 다음에는 무슨 일이 일어날까"라고 묻자 학생들은 자신의 경험을 떠올리는 듯 웃음 지으며 "4번째는 넘기는데 실패하죠"라고 이구동성으로 답했다. 사람들이 4번째 리턴에서 항상 실수하는 것은 아니지만 "오늘은 나 같지 않아. 랠리가 곧 끝날 것 같아"라며 긴장하는 경향이 있다. 이 대화의 초점은 랠리를 계속할 수 있는 인간 능력의 문제가 아니라 '나 같지 않다'라는 생각이다.

테니스 교습 중 학생들과 대화를 하면서 "몇 차례나 리턴을 할 수 있냐"는 질문을 던지면 "10번이면 대단하죠"라는 대답이 일반적이다. "실수하지 않고 1000번 이상 넘길 수는 없을까"라고 반문하면 "불가능한 목표"라고 답한다.

나는 학생들에게 목표보다 방향을 정하라고 강조한다. 실수하지 않는다는 방향에 초점을 맞춰 목표를 잊고 집중력을 강화할 수 있는 훈련에 전념할 것을 주문한다. 훈련은 코트 내에서는 물론, 밖에서도 가능하다. '바운스-히트' 훈련기법도 그래서 나왔다. 볼이 코트에 떨어지면 바운스, 라켓에 볼이 맞으면 히트를 외치면, 스리볼 플레이어도 한계에 대한 걱정 없이 10번 이상 랠리를 할 수 있게 된다.

'바운스-히트' 와 같은 집중 기법은 다소 차이는 있지만 골프에도 적용이 가능하다. 골프의 경우 테니스보다 생각할 시간이 많아 초점을 상실할 수 있다는 차이뿐이다. 핸디캡 시스템도 문제다. 핸디캡 시스템은 자신의 한계를 스스로 설정하기 때문이다.

핸디캡을 신봉 말라

골프는 어찌 보면 기대치를 제한하는 스포츠일지도 모른다. 어떤 스포츠보다 정확한 측정을 요구해 모든 샷이 기록되는 스포츠이기 때문이다. 테니스의 경우 단지 승리 샷이나 패전 샷만이 중요하게 고려된다. 포인트는 게임에 의해, 게임은 매치에 의해 그 결과가 묻혀 버려 상대방보다 포인트나 게임을 적게 따도 이길 수 있다.

하지만 골프는 모든 샷의 결과가 일일이 기록되며, 현재의 라운드뿐 아니라 과거 라운드에서 작성한 스코어도 계산에 포함된다. 핸디캡은 기대치의 근거다. 그 결과는 토너먼트를 주관하는 골프 커뮤니티에도 제출되어 당신은 물론 온 세상이 그 핸디캡을 근거로 당신에 대한 기대치를 산정한다. 골프를 못 치는 하이 핸디캡 보다 로 핸디캡이 더욱 기대치의 수렁을 벗어나기 어렵다.

우리는 필드에서 낯선 사람들과 만나면 이름과 사회적 지위에 대한 정보를 교환한 뒤 핸디캡이 몇 개냐고 묻는다. 18이라고 하면 즉시 18과 같은 사람으로 분류된다.

우리는 필드에서 낯선 사람들과 만나면 이름과 사회적 지위에 대한 정보를 교환한 뒤 핸디캡이 몇 개냐고 묻는다. 18이라고 하면 즉시 18과 같은 사람으로 분류된다.

핸디캡이 12로 개선된 어느 날 나는 낯선 사람들과 조그만 내기를 걸고 라운드를 돌았다. 그날 나는 핸디캡 12로는 상상할 수 없을 정도의 훌륭한 플레이를 했으며, 동반자들은 라운드 도중 여러 차례 빈정댔다. 내 자신도 나의 핸디캡과 그날의 플레이 간에 상당한 괴리감을 느꼈다. 라운드가 끝난 후 나는 1달러를 잃은 한 사람에게 감사하다고 말했다. 그는 빈정대듯 왜 감사함을 표하느냐고 물었고, 나는 즐겁게 플레이를 할 수 있어 그랬다고 답했다. 그는 "일부러 서툰 플레이를 하는 척하는 사람과 라운드를 도는 것은 즐겁지 않다"며 불만을 표한 뒤 골프장을 떠났다.

나는 집으로 오면서 그의 경멸감 섞인 말투에 화가 났다. 나는 그의 기대치를 충족시키기 위해 84타를 쳐야했던 것인가? 자아1의 관심은 자신의 이미지를 창조하는데 있으며, 스스로를 정의하는 것을 좋아한다. 그러나 자아1의 정의는 자아2가 갖고 있는 잠재능력의 제한된 모방에 불과하다.

기대치는 필요한가

만약 기대감이 자신의 성적과 흥미를 제한한다면 기대게임을 할 필요가 있는 것인가?

나의 한 친구는 "기대감이 없으면 축복을 받게 된다. 그는 실망하지 않기 때문이다"라고 말한 적이 있다. 하지만 기대감을 낮출 수는 있겠지만 기대감을 갖지 않는 것이 가능한 가에 대해서는 의문이 든다. 기대감을 갖는 것은 필수조건은 아니지만 선택의 대상이 될 수는 있다.

나는 기대(expectations)에 대한 정의를 찾기 위해 웹스터사전을 들여다보았다. 웹스터가 내린 첫 번째 정의는 '사건이 일어날 것으로 고대하는 것' 이라며, 두 가지 점에서 희망(hope)과는 다르다고 지적하고 있다. 그 하나는, 희망은 욕망에서 발생하며 희망하는 것이 반드시 일어나야할 이유가 없는 반면, 기대는 가능성을 근거로 한다. 또, 희망은 좋은 것을 고대하지만 기대는 좋을 수도 나쁠 수도 있다는 게 이 사전의 설명이다.

나는 목표를 향해 지적인 행위를 하려면 어느 정도의 확실성을 갖는 것이 필요하다고 생각한다. 그러나 골프는 다르다. 골프가 잘 맞는 날일지, 결과가 나쁠 것인지를 미리 알려고 서둘 필요는 없다. 다음번의 샷이 생애 최고의 샷일지, 최악의 샷일지 예단할 필요도 없다. 몇 분만 기다리면 그 결과를 알 수 있다.

그러나 반드시 알고 싶다면 최악이나 차선 정도를 예견하는 게 일반적이다. 부정적 예언이 나오기 때문이다. 미래를 모르고 수행하면 행위에 앞서 불확실성으로 인한 초조함이 생긴다. 확신할 필요가 없다고 생각하면 그만큼 기대감의 영향권에서 자유로워진다.

기대치를 낮추면 그 게임에서 승리할 수 있다. 기대를 낮추려면 핸디캡을 높게 가져가면 된다. 결국 기대게임은 골퍼들을 평범한 수준에 묶고 탁월함을 제한하는 요인이 되는 것이다.

요약하면, 기대게임은 당신을 이중으로 속박한다. 이기려면 미래에 대한 기대를 바르게 가질 필요가 있으며, 기대치를 낮추면 그 게임에서 승리할 수 있다. 기대를 낮추려면 핸디캡을 높게 가져가면 된다. 결국 기대게임은 골퍼들을 평범한 수준에 묶고 탁월함을 제한하는 요인이 되는 것이다.

"부정적 기대감이 스코어에 나쁜 영향을 준다면 그것으로부터 어떻게 벗어날 수 있느냐"고 질문할 것이다. 까다로운 문제다. 사람들은 부정적 기대감을 긍정적인 것으로 바꿀 수 있다고 생각하는 공통된 성향을 갖고 있지만 생각처럼 쉽지는 않다. 슬라이스를 기대하면서 '곧 바로 샷을 날려야지' 라고 머릿속에 입력하면 그 결과는 뻔하다. 부정적 사고를 진실이라고 믿든지, 그것을 일부러 조작하지 말아야한다. 부정적 사고를 이겨내려는 이런 노력을 통해 오히려 부정적 믿음을 강화하는 경우가 허다하다.

내가 만약… 

테니스를 가르치면서 머릿속에 프로그램된 부정적 사고와 싸우는 것은 매우 어렵다는 사실을 발견했다. 방어적 발리에 익숙한 사람에게 공격적인 네트 플레이를 종용하는 것은 쉽지 않다. 자신의 부정적 사고가 오랜 기간 형성되어왔기 때문에 프로그램을 다시 짜는 시도는 어려울 수밖에 없다. 그 사람의 자아2는 공격적 발리를 시도할 능력이 있다고 믿지만 그의 마음이 제어하는 것이 분명하다.

어느 날 나는 부정적 사고를 탈출할 수 있는 방법을 찾아냈으며, 그 기법을 적용하자 학생들의 잠재능력이 즉각 개발되기 시작했다. 많은 사람들은 자신의 잘못된 습관을 코치에게 설명할 때 다소 과장해 표현한다. 제프의 경우가 대표적인 예다. 제프는 골프경력이 10년 이상으로 핸디캡이 18이지만, 100타를 깬 것이 기적처럼 느껴지는 폼을 갖고 있었다. 나는 제프의 하소연을 듣고 그의 스윙 폼을 관찰한 뒤 "당신의 말해 동의한다. 당신의 스윙은 신체의 움직임과 전혀 조화를 이루지 못하고 있다"는 평가를 내렸다. 그는 내가 그의 고민을 이해하는데 다소 안도하는 표정을 지은 뒤 프로 선수들처럼 볼을 더 부드럽고 율동적으로

치고 싶다고 토로했다. 나는 “프로마다 스윙 폼은 다르다. 당신은 어떤 스윙을 원하는가”라고 물었고 그는 “더 부드러운…”이라며 말을 얼버무렸다.

나는 그에게 말로 하지 말고 어떤 스윙을 원하는지 보여 달라고 주문했다. 제프는 샷을 시작했고, 점차 유동성과 리듬이 개선되었다. 나는 놀라움을 표시하지 않고 근엄한 목소리로 “스윙이 좋아지고 있어”라고 말했다. 제프가 15개의 연습볼 스윙을 끝내자 그의 도끼 찍기식 본래의 폼은 이미 달라져 있었다. 나는 기쁨을 자제할 수 없었으며, 제프 자신도 스윙 변화를 느끼며 충격을 받은 것처럼 보였다.

하지만 제프의 스윙은 다시 힘이 들어가면서 절망적 상태로 되돌아갔다. 나는 “그것이 지금까지의 당신 스윙이지. 어떻게 치고 싶은지 다

시 보여 달라" 고 주문했고, 제프는 부드러운 스윙을 한 뒤 혼란스런 표정을 지었다. 그의 스윙은 완전히 달랐지만 새롭게 배운 것은 없었다. 그는 어느 스윙이 자신의 것인지를 물었다. 나는 "당신이 선택할 문제다. 힘이 들어가는 스윙은 지난 10년간의 당신 골프이고, 새로운 스윙은 남에게 보여주기 위해 항상 간직해온 폼이다" 고 답해 주었다.

제프의 경우에서 보듯 자아1의 교습방식은 융통성이 결여되어있다. 자아1은 퍼트에 실패할 것이란 말만 수없이 반복한다. '퍼트를 실패할 수 있다' 를 '그러나 만약 내가 해낼 수 있다면…(but if I could)' 으로 바꿔야한다.

가파른 활강을 주저하는 스키 애호가에게 "급경사를 내려가는 것이 두려우면 어떻게 스키를 탈 수 있느냐" 고 따끔하게 충고하자 그의 스키 실력이 엄청나게 향상되었다는 얘기가 있다. 절망적인 순간에 결정을 내려야하는 사업가에게 "올바른 결정을 알면 어떻게 하겠느냐" 고 물어보라. 양측의 경우에서 보듯 '만약 무엇을…(what if)' 은 부정적 사고에 의해 봉쇄되어온 잠재능력을 분출 시켜주는 효과가 있다.

이 기법은 연습장에서 다양한 방법을 통해 실험해 보는 게 좋다. 하나는 이미 말한바와 같이 결과에 개의치 말고 원하는 대로 스윙을 해보는 방법이다. '영화배우 훈련' 이 그 하나다. 자신이 평소 존경하는 골퍼의 대역을 맡은 영화배우라고 가정해보라. 물론 그 골퍼와 같은 훌륭한 스코어를 기록할 필요는 없다. 단지 훌륭한 골퍼인 듯 연기만 하면 된다. 잭 니클로스가 어떻게 골프를 치는지 분석할 필요는 없으며, 그의 폼을 모방만 하면 된다는 얘기다.

자신이 평소 존경하는 골퍼의 대역을 맡은 영화배우라고 가정해보라. 물론 그 골퍼와 같은 훌륭한 스코어를 기록할 필요는 없다. 단지 훌륭한 골퍼인 듯 연기만 하면 된다.

당신이 잭 니클로스 또는 낸시 로페스라고 생각하며 플레이를 한다면 자신의 스윙이 그 배역에 가까워 진다는 사실을 느끼고 놀랄 것이다. 그들의 스윙을 복제할 수는 없지만, 당신을 가로 막아온 장벽을 뛰어 넘을 수는 있다.

우리들 모두는 과거의 성적에 상응하는 기대감을 갖는 경향이 있다. 그러나 당신이 잭 니클로스 또는 낸시 로페스라고 생각하며 플레이를 한다면 자신의 스윙이 그 배역에 가까워 진다는 사실을 느끼고 놀랄 것이다. 그들의 스윙을 복제할 수는 없지만, 당신을 가로 막아온 장벽을 뛰어 넘을 수는 있다.

특징의 표현

나는 평생을 나의 부주의한 성격과 싸워왔으며 골프에서는 더욱 그랬다. 하지만 이 장을 쓰면서 보다 세심한 성격을 갖도록 시도하는 것이 나 자신을 '시도 양식' 으로 몰아넣는다는 사실을 발견했다. 이후 나는 퍼팅과 칩핑을 정확하게 하려는 시도를 일단 중단했다. 그리고 주의력의 초점을 이미 존재하는 정확성에 맞췄다. 나의 목표는 내가 갖고 있는 정확성을 완벽하게 표현하는 것이었다. 그리고 자각기법을 통해 퍼팅과 칩핑 능력을 빠른 속도로 향상시켜 나갔다.

자신의 개성을 알고 표현하는 것은 중요하다. 이를 위해 자신의 골프 스윙을 특징짓는 5가지 요인을 나열해보라. 골프 결과가 아니라 스윙 그 자체를 묘사하는 것이다. 실례로 A씨는 경직 지나친 컨트롤 정확성 주의력 힘, B씨는 파워부족 신중함 불안감 세밀함 부드러움 등으로 그 특징을 기술해본다. 다음은 각자가 반드시 갖고 싶은 특징을 작성해본다. 그 특징적 요인들은 자신의 스윙과 다르지만 반드시 반대될 필요는 없다. A씨의 경우 유연, 자유로움, 우아함, 편안함, 무신경등으로 나열할 수 있을 것이다. 원하는 질적 요인을 4차례에 걸쳐 적은 다음, 자아2에게 그 내용들을 표현하도록 유도해보라. 단어를 표현해보는 경험은 단지 적는 것 보다 훨씬 효과적일 수 있다.

다음 단계는 특징적 요인들을 적은 리스트를 들고 연습장에 나가 각 요인들에 걸 맞는 이미지를 찾아보는 작업이다. 예를 들어 A씨는 유연성을 생각하며 강의 이미지를 그려보고, 우아함을 생각하며 바람에 굽어지는 어린 묘목을 연상해 본다. 이어 스윙을 하면서 그 단어보다 이미지를 접목하는 것이다. 원하는 특징적 요인들이 이미 마음속에 있다는 가능성을 심어 주는 작업이다. 하나의 특징적 요인을 충분히 느끼면 다음 요인으로 넘어가면 된다.

이 같은 과정이 끝나면 게임을 할 때 상황에 따라 필요한 특징적 요인들, 즉 대담함, 믿음, 정확성, 기교, 정복, 우아함, 조화, 리듬, 균형, 파워, 곧바름, 깨끗함 등을 의도하지 않고도 표출이 가능해 진다. 이 훈련의 장점은 자신에게 없다고 가정하는 자신의 일부를 발견하는데 있다.

완전한 자유 속 39-39타의 성취

나는 어느 날 9개 홀만 완성된 새 골프장인 퍼펙트 리버티를 찾았다. 18홀을 모두 플레이 할 시간적 여유는 없었지만 9개 홀에서 40타를 깬다면 9개 홀을 더 돌겠다고 다짐했다. 나는 이번 라운드가 원고를 편집장에게 넘겨주기 전 80타를 깰 수 있는 얼마 남지 않은 기회중 하나라고 생각했다. 약속시간은 불과 4주 정도가 남았었다.

나는 톰 노드랜드 및 다른 두 사람과 플레이를 했으며, 그들은 18홀을 돌 예정이었다. 나 홀로 9홀만 치고 떠나는 것은 결례였기 때문에 그들에게 나의 생각을 전했다.

나는 언덕을 올라가는 첫 번째 홀에서 보기를 범했다. 4번 아이언으로 그린 언저리에 볼을 붙였지만 3퍼트를 했다. 나는 두 번째 홀로 이동하면서 자각기법에 빠져들었다. 이후 6개 홀에서 파를 기록했다. 40타를 깰 수 있다는 생각에 갑자기 긴장감이 엄습해왔다. 마지막 2개 홀은 다운힐 코스였다. 도그렉홀인 8번째 홀에서 나는 3번우드를 잡았으며, 잘 친 볼이 페어웨이 중앙에 있는 워터해저드 바로 앞에 떨어졌다. 나는 2번 아이언을 좋아하지 않았지만 자아2는 서슴치않고 그것을 선택했다. "지금 워터해저드 10야드 앞 지점에 볼이 있어. 자아2 당신은 2번 아이언으로 어떻게 스윙할 생각이야"라고 자문했다. "만약 내가 그 방법을 안다면"이란 목소리가 내면으로 부터 들려왔다. 그것이 정확히 내가 스윙하는 방법이었다.

나는 2번 아이언을 가장 좋아 하는 클럽인양 들고 편안하게 스윙했고, 그 순간 느낌이 대단히 좋았다. 의도적으로 힘이 들어가지 않았고, 맞는 소리가 명쾌했으며, 손에 아무런 충격도 느껴지지 않았다. 볼은 정확히 내가 그리던 지점에 떨어졌다.

자아2가 자아1의 간섭 없이 해낼 수 있다는 것을 보는 것은 놀라움 그 자체였다. 그 홀에서 25피트짜리 퍼트를 놓쳐 파를 했지만, 그 샷은 자신감을 더해 주었다. 마지막 9번째 홀에 이르자 정확한 샷을 하지 못해도 괜찮을 것이란 생각이 들었다. 오비를 내도 40타를 깰 수 있기 때문이었다. 나는 그 사실을 즐기며 '좋아' 라고 중얼거렸다. 하지만 그것은 자아1의 목소리였다. 나의 드라이브는 페이드가 걸리며 오비말뚝을 수 피트나 넘어갔다. 볼이 오비말뚝 안으로 다시 굴러 들어오지 않을까 일순간 기다렸지만 볼은 말뚝 밖에 그냥 멈춰 섰다. 그리고 샷을 두 번 더하고서야 그린 언저리로 볼을 보낼 수 있었다.

40타를 깨려면 홀 가까이에 볼을 붙여야했다. 수개월 전 이 같은 상황에 처해 두려움을 느낀 기억이 났지만 아무런 생각 없이 칩샷을 했다. 자신감과 자각기술이 그때보다 강화된 덕분에 별다른 압박감을 느끼지 않았다. 칩샷은 거의 홀컵에 빨려 들어갈 뻔 했다. 9개 홀을 39타로 끝내자 80타 돌파에 대한 기대감은 더욱 커졌다.

당초의 약속대로 9개 홀을 더 돌았으며, 때때로 중압감을 느끼며 싱글핸디캡을 기록할 것이란 기대감을 품기도 했다. 훌륭한 게임은 아니었지만 실수도 적었다. 버디 기회를 몇 차례 놓쳤고, 벙커에서 한 차례 빠져 나오지 못했으며, 오비도 냈지만, 78타로 18홀을 모두 마쳤다. 같은 9홀을 두 번 쳤다는 사실 때문에 싱글 핸디캡을 당당하게 선언할 수 없었지만 그래도 기분은 괜찮았다.

불확실 상황의 수용

기대는 실망을 유발해 도약을 어렵게 만든다. 그렇다면 기대는 무엇을 주는 것일까? 확실성에 대한 환상적 느낌을 약속한다는 게 나의 생각이다.

어떤 일을 실행할 때는 확신이 필요하다. 은행에 1000달러를 저축할 때는 원하는 순간에 찾을 수 있다는 기대감을 깔고 있다. 빨간 신호등 앞에서 차를 멈추면 곧 녹색 신호등으로 바뀔 것이라는 기대를 하게 된다. 두 경우의 기대감은 경험에서 비롯된다.

그러나 일주일 동안 골프를 치지 않은 상황에서 첫 번째 티박스에 올라서면 무엇을 근거로 잘 칠 수 있다고 기대할 수 있겠는가? 편하고 부드럽게 스윙하는 것만을 생각하며 페어웨이 중앙에 볼을 떨어트리라고 스스로에게 주문하는 것은 쉽지 않다. 왼쪽 어깨가 볼을 지날 때까지 완전히 돌아야 한다는 점을 상기한다고 해서 멋진 드라이브샷을 날릴 수 있는 것은 아니다. 다른 잡념은 버리고 '다-다-다-다' 훈련법에 초점을 맞추거나 완벽한 스윙의 이미지를 갖는다고 해서 좋은 스윙을 담보할 수는 없다.

나는 골프를 다시 시작한 이후 기대하는 상황이 일어나지 않는 경우가 허다하다는 사실에 점차 익숙해 졌다. 새로운 수준의 성과를 얻기 위해서는 불필요한 기대 게임을 버려야한다는 것을 깨달은 것이다.

대안은 불확실성을 있는 그대로 받아들이며 인내하는 것을 배우는 것이다. 좋은 상황과 나쁜 상황 모두가 발생할 수 있지만 사소한 불확실성이 큰 문제를 일으키는 것은 아니라는 점에 유의할 필요가 있다.

나는 골프를 다시 시작한 이후 기대하는 상황이 일어나지 않는 경우가 허다하다는 사실에 점차 익숙해 졌다. 새로운 수준의 성과를 얻기 위해서는 불필요한 기대게임을 버려야한다는 것을 깨달은 것이다.

물론 말처럼 쉽지는 않지만 그래도 그 같은 노력은 가치가있다. 자신의 기대감으로 부터 벗어날 수 있다는 사실을 알게 되면 다른 사람들의 불필요한 기대로부터도 해방이 가능하다. 자신에 대한 예측이 가능하길 원하는 것과 마찬가지로 다른 사람 역시 나에 대한 예측이 가능하길 원한다. 그렇게 하지 않으면 실망하거나 때론 당황하게 된다.

상대방이 나의 기대감을 충족시켜 줘야 할 이유는 없다. 상대방이 자신의 약속을 지킬 필요가 있다는 생각을 하면서도 그들이 나의 생각에 반드시 부응할 필요는 없다는 생각도 갖고 있다. 나 자신이 인생에 있어 안정된 것이 별로 없다는 사실에 점차 익숙해지고 있는 것이다. 따라서 안정된 부분은 그대로 즐기고 나머지 부분은 불안정한 대로 두겠다는 게 나의 생각이다. 기대게임으로부터 자유로워질 수 있는 가능성을 찾는 방법이기도하다.

나의 친구인 톰 노드랜드는 훌륭한 골퍼로 이너게임 코치가 되는 것이 목표다. 편집장과 80타를 깨는 내기를 한 이후 그와 많은 라운드를 함께했다. 내가 마침내 싱글 핸디캡으로 올라서자 톰은 나의 골프게임 진화과정을 나름대로 기술해도 되느냐고 물었다. 다음은 그의 기술이다.

팀이 80타를 깨다

팀(저자)과 내가 라운드를 함께한지 2년이 지났다. 미네소타에서 로스앤젤레스로 이사 온 이후 나는 팀이 골프에 관한 책을 쓴다는 얘기를 듣고 놀랐다. 팀은 골프에 관한한 먼 길을 가야할 상황이었다. 그의 스윙자세는 긴장 때문에 항상 뻣뻣했다. 스윙을 할 때는 팔을 세우고 손목을 꺾는 특이한 포즈를 취했다. 볼은 슬라이스 구질이지만 때로는 오른팔에 힘을 많이 줘 왼쪽 편으로 당기기도 했다. 일관성이 떨어졌으며, 특히 쇼트게임의 결과가 불규칙해 게임을 많이 하지 않았다는 것을 그대로 보여주었다. 때때로 멀리건도 요구했다. 나는 엄격한 골퍼들은 페어웨이에서 볼을 만지면 벌타를 준다는 사실까지 알려 줘야했다.

팀과 라운드를 돌기 시작할 때 그의 스코어는 90대 중반 또는 후반 정도였다. 하지만 점차 라운드 횟수를 늘리고 이너게임 훈련을 하면서 핸디캡이 향상돼 90타를 깨고 85타를 향해 나아갔다. 그는 비록 일주일에 한 번씩만 플레이를 했지만 테니스에서 얻은 집중기법을 골프에 효과적으로 접목시켜 실력을 빠른 속도로 향상시켰다.

그는 플레이 횟수를 늘리지 않고 스코어를 개선하는 것이 가능한지에 대한 의혹 때문에 교습을 받았다. 게다가 팀의 사업이 그의 정기적 골프훈련을 방해하기도 했다. 나는 실력을 향상시키려면 더 많은 플레이가 필요하다는 사실을 상기시켜 주었지만, 팀은 "정기적으로 골프를 못하는 사람들이 훨씬 많아. 나와 같은 보통 골퍼들도 이너게임 훈련을 통해 실력을 향상시킬 수 있다는 것을 입증시켜 보이고 싶어. 충분한 연습을 하면 실력이 향상되는 것은 누구나 아는 사실이지. 그 대신 나는 항상 집중훈련을 할 수 있어"라고 답했다.

팀은 그의 말대로 게임을 적게 하면서도 스코어를 향상시켜 나갔다. 특히 세인트 앤드루스에서 플레이를 한 이후 스윙이 몰라보게 달라진 것으로 생각된다. 테니스 선수라기보다 골퍼처럼 보였다고나 할까. 그는 의도적 노력 없이도 볼을 곧 바로, 그리고 더욱 견고하게 날렸다. 일관성도 스스로 터득해냈다. 그것이 어떻게 가능했는지 나는 모른다. 단지 돌파구를 찾은 것 같았다.

이후 수개월간 팀은 80대 초반을 유지했고, 나는 그가 멀지 않아 80타를 깰 것이란 생각이 들었다. 불과 40라운드 정도를 돈 결과였다. 그러나 그는 병이 나서 3개월간 골프를 멀리해야했다. 그가 골프를 재개하자 스코어는 다시 80대 후반으로 뒷걸음질 쳤으며, 다시 일관성을 되찾는 훈련을 해야 했다.

그의 스코어가 다시 80대 초반으로 떨어진 다음해 여름, 나와 팀은 존 라이트 알 포버스와 함께 로스앤젤레스 북서쪽에 위치한 카마리요 스프링스 골프코스에서 라운드를 돌았다. 파71로 상대적으로 거리는 짧았지만 까다로운 코스였다. 강한 바람도 불었다. 편집장과의 약속시간이 가까워지고 있으므로 팀이 반드시 80타를 깨야할 중대한 시점이란 것을 우리 모두 알고 있었다. 그러나 팀은 우리의 예상과는 달리 조용하면서도 안정된 상태로 골프에 임했다.

그는 첫 번째 홀에서 드라이브 미들아이언, 그리고 2퍼트로 파를 쉽게 잡아냈다. 다음 도그렉 홀에서 그는 존에게 '편안함의 원칙' 을 설명하다 오비를 냈고, 이어 3퍼트를 범해 트리블보기를 했다. 나는 그가 용기를 잃지 않길 바랐으며, 다음 파3홀에서 5번 아이언을 선택하는 것을 보면서 마음을 놓았다. 그는 홀 9피트 떨어진 거리에서 멋진 버디를 잡았다. 다음 3개 홀에서 파를 기록하고, 전반 마지막 홀인 파

3 이전까지 1오버파란 훌륭한 성적을 유지했다. 180야드 파3인 9번 홀에서는 바람이 강하게 불고 있었다. 팀은 3번 우드로 티샷을 했지만 하늘로 치솟아 절반의 거리만 날아갔다. 그날의 샷 중 가장 나쁜 결과였다. 50야드 거리의 어프로치 샷도 강한 바람에 밀려 벙크로 들어갔다. 간신히 그린에 올렸지만 2퍼트를 해 더블보기를 했다. 전반 9개 홀을 39타로 끝낸 것이다.

후반 라운드에 들어가 팀은 9개 홀 중 6개 홀에서 파 5개, 보기 1개를 기록했다. 강한 바람으로 몇 개홀은 공략이 상당히 까다로웠지만 별다른 실수를 하지 않았다. 그는 집중력을 계속 유지하고 있었다. 그린을 놓치면 멋진 칩샷이나 퍼트로 파를 만들어냈다. 그의 정확한 칩핑에 나는 하루 종일 감탄사를 연발했다. 막간을 이용해 기분이 어떠냐고 묻고 싶었지만 그에게 압박감을 주는 것 같아 포기했다. 보통 이런 상황에서는 상대방의 약을 올리는 게 예사이지만 이번에는 상황이 달랐다. 이너게임 훈련과 집중을 주제로 얘기할 뿐 그 누구도 스코어를 언급하지 않았다.

7번째 홀은 155야드 파 3이지만 강한 바람이 플레이를 방해하고 있었다. 팀은 넉넉하게 6번 아이언을 잡았지만 워터해저드에 볼을 빠트리고 말았다. 그린까지는 여전히 40~50야드가 남았다. 나도 과거 그와 같은 상황에 처한 적이 있어서 침착성을 잃고 샷을 잘못하면 더블보기 또는 트리플보기도 범할 수 있다는 사실을 잘 알고 있었다. 그러면 80타를 깨려는 그의 꿈은 물거품이 될 것이었다. 나는 우려 속에 그의 샷을 주시했다. 팀은 그러나 머뭇거림 없이 멋진 샷을 날려 핀의 6~7피트 거리에 볼을 떨어트렸다. 이 같은 어려운 상황에서 볼 수 있는 가장 멋진 어프로치 샷이었다. 그 순간 나는 그가 80타란 벽을 넘을 수 있을 것이란 사실을 직감했다. 그는 비록 퍼트를 놓쳐 더블 보기를 했지만 그것은 문제 되지 않았다. 압박감을 이겨낼 수 있는 자신의 능력을 입증한 것이었다.

그는 마지막 2개 홀을 남기고 6오버파를 기록하고 있었다. 그리고 아무런 긴장감도 느끼지 않은 듯 17번 홀에서 적극적인 플레이로 2온 2퍼트를 성공시킨데 이어, 마지막 홀에서 150야드 거리의 어프로치 샷을 그린에 올렸다. 그는 게임이 끝난 후 청둥오리떼가 노니는 인근 연못에 수 분간 홀로 앉아 있었다. 이어 조용한 골프코스에 어둠이 깔리고, 청둥오리가 연못에서 사랑스럽게 헤엄치는 그림 같은 광경을 뒤로하며 이 행복한 골퍼는 어깨에 골프백을 메고 골프장을 떠났다. 우리가 골프를 즐기는 이유를 느끼게 해 주는 멋진 장면이었다.

최상의 진실

골프를 향상시키는 가장 중요한 요인은 무엇일까. 많은 사람들은 자신감이라고 말할 것이다. 나도 최근까지는 자아2에 근거하는 자신감이라면 동의할 수 있다는 입장이었다. 그러나 다른 요인들이 많은 것 또한 사실이다.

어느 날 말리부 힐에 있는 퍼펙트 리버티 컨츄리 클럽에서 라운드를 했을 때 8번 홀에서 4개의 오비를 내며 9개 홀 최고성적을 기록할 수 있는 기회를 놓친 적이 있었다. 그 순간 그라운드를 관리하던 일본인 승려가 나에게 다가와 저술 작업이 잘되어 가는지 물은 후 느닷없이 "팔보다 머리를 더 많이 사용한다고 믿느냐"는 질문을 던졌다. 나는 팔과 머리 모두를 믿지만 자아의 간섭을 최소화하면서 플레이를 하고 싶다고 답했다. 그는 그것이 가장 중요한 점이라며 "최상의 진실을 이용해야 한다. 최상의 진실로 모든 것을 다루면 아름다워 질 것이라는 게 우리 승려들의 생각이다"고 조언했다.

그의 말은 즉각 나의 가슴을 사로잡았다. 최상의 진실은 무엇인가의 시도를 중단할 때, 또는 살아가야할 기대가 더 이상 없을 때 얻게 되는 것인지도 모른다. 내가 이너게임에 빠져든 이후 얻은 가장 가치 있는 조언이었다.

내 인생의 전반 30년간은 당시의 이미지보다 더 나은 나를 만들기 위해 노력했다. 그리고 이너게임 선수가 되면서 나 자신보다 나은 것을 추구하는 것에서 등을 돌렸다. 자신의 이미지를 벗어나기 위해서였다. 단순한 핵심에 접근하기 위해 끊임없이 껍질을 벗겨가는 과정과 같은 것이다. 그렇다면 그 핵심에는 무엇이 있는 것일까? 그것은 내가 묘사할 수 없는 진실성이다. 그 핵심은 아무리 그려봐도 정확하게 표현할 길이 없다. 깊은 근본을 갖고 있어 그럴지도 모른다. 하지만 그 핵심에다가 갈수록 자연스럽고, 강하며, 보편적인 느낌을 얻게 된다는 사실 또한 깨닫게 된다. 진실성이 나를 사로잡으면 골프를 잘 치든 못 치든 그것은 중요하지 않다. 기대치가 내 자신을 제한하지 않을 것이며, 특

진실성이 나를 사로잡으면 골프를 잘 치든 못 치든 그것은 중요하지 않다. 기대치가 내 자신을 제한하지 않을 것이며, 특별한 결과를 바라지도 않게 된다.

별한 결과를 바라지도 않게 된다.

좋은 결과에 대한 필요성을 느끼지 않을 때 비로소 그 결과에서 벗어날 수 있다. 결과에 대한 욕망이 커지고 그것을 붙잡으려 하고 그것이 일어나도록 하는 순간, 힘이 들어가고 그것들을 강요해 오히려 그것들이 떠나게 만든다. 최상의 진실을 더 많이 경험한다면, 결과가 아니라 느낌이 좋은 특징적 요인들을 접하게 될 것이다. 현재의 나 자신에 만족하고 그것을 즐긴다면 자아1의 한계를 벗어날 수 있다는 게 나의 생각이다.

편안한 집중 : 지배적 기술

나는 지난 수년간 전공이 아닌 분야에서도 코치를 해 달라는 요청을 받았다. 영국 데이비스컵 테니스 국가대표 코치를 맡았고, 수영 승마 달리기 사격 펜싱 등 생소한 올림픽 5종경기의 미국 대표팀 훈련도 도왔다. 텍사스에서 PGA골프 프로와 함께 일을 한 뒤에는 휴스턴 필하모니로부터 도움을 요청 받았다. 그들은 내가 악기를 다뤄본 적이 없다는 사실을 잘 알고 있었지만 튜바 연주자들을 보내왔다.

나는 이 같은 초청에 기꺼이 응하면서도 때때로 고객들의 자신감 향상을 위해 무엇을 할 수 있는지 의문을 가졌었다. 그리고 남들보다 뛰어나려면 특별한 기술의 뿌리에는 지배적 기술이 있다는 공통분모를 발견했다. 나는 그것을 '편안한 집중' 또는 '지배적 기술' 이라고 부른

편안한 집중력을 가져야 기술을 향상시킬 수 있으며, 그것이 없다면 어떤 것도 배우기 어렵다.

다. 편안한 집중력을 가져야 기술을 향상시킬 수 있으며, 그것이 없다면 어떤 것도 배우기 어렵다는 것이다.

실제 대부분의 사람들은 탁월한 성과를 내는 순간에는 긴장완화 속에 집중을 했었던 경험이 있을 것이다. 좋은 성적을 얻었을 때, 학습감각이 절정에 달했을 때, 또는 즐거움을 느꼈을 때 어떤 생각이 들었는가? 자신의 핸디캡을 밑도는 성적을 냈을 때와는 마음가짐이 분명 달랐을 것이다. 나는 이 같은 현상을 과거 테니스코트에서 관찰한 적이 있다. 게임이 안 풀리는 학생의 경우, 그들의 마음은 (1)자기 학습, (2)자기 판단, (3)실패에 대한 의혹과 두려움에서 오는 다양한 생각과 느낌으로 가득 차있었다. 그러나 게임이 잘되면 집중력이 강화되면서 긴장감을 느끼지 못했다는 게 학생들의 공통된 자기분석이었다. 의식적으로 생각하지 않아도 신체는 볼을 어떻게 쳐야하는지 알고 있는 것 같았다는 답변도 있었다.

편안한 집중이란

편안한 집중은 완전한 초점에 이르는 능력이다. 수행능력과 주의력이 같은 방향으로 흘러갈 때 나타난다. 두려움, 의혹, 그리고 혼란으로부터 자유로운 상태다. 뉴욕 양키스의 강타자였던 테드 윌리엄스가 "때로는 야구볼이 나를 위해 일시 정지해 너무 잘 볼 수 있었다"고 표현했던 바로 그와 같은 상태를 의미한다. 동서양의 무도인들은 한곳에 완전

집중하면 의식적인 사고로 부터 방해를 받지 않는다는 사실을 오랫동안 인지해왔다. 유진 헤리겔은 저서 「궁술(弓術)속의 선(禪)」에서 "마음을 통해 사물과 생각이 하나가 되면 목표로 향하는 화살의 방향을 바꿀 수 있다"고 주장했다.

시카고대학의 미할리 칙스첸트미할리교수는 이 같은 마음의 상태를 '흘러가는(flow) 상태'로 규정하고 보다 학술적이며 통찰력 있게 분석했다. "흘러가는 상태에서의 행위는 의식적 개입이 필요 없는 내적 논리를 따른다. 순간순간 마다 하나 된 흐름의 형태를 경험할 것이다. 그 흐름은 완전히 컨트롤 되고 있어, 자아와 환경, 충격과 반응, 과거, 현재, 그리고 미래에 대한 구별도 없어진다." 칙스첸트미할리교수는 이 같은 흐름에 대한 경험은 그 자체가 즐겁기 때문에 비본질적 보상보다 그 자체를 추구하게 된다고 덧붙였다. 이 상태는 전쟁터나 강제수용소 등 참을 수 없는 역경 속에서도 성취될 수 있다는 게 그의 설명이다.

실제로 체스선수, 등산가, 카레이서, 댄서, 대중연설가는 물론 사랑에 빠진 연인들도 이해하기 어려운 이 같은 상태를 나름대로 묘사하며, 찬양하고 권유해왔다. 그러나 나의 경험에 따르면 그들은 흘러가는 상태에서 달성하는 성취감을 노래했을 뿐, 그에 대한 믿음이 강한 것은 아닌 것 같다. 그들은 이런 상태에 이르는 방법을 전파하는 것을 회피해왔다. 소중한 경험으로 향하는 문을 통해 학생들에게 약속할 수 있는 말이나 공식이 없다는 것을 본능적으로 알았기 때문인지도 모른다.

편안한 집중은 개인이나 팀의 업무능력을 높여준다. 반면 편안한 집중이 결핍되면 사고와 행동에서 분열이 일어나 의사소통이 안 되고, 끝내 팀웍과 수행능력의 붕괴를 가져온다.

편안한 집중은 개인이나 팀의 업무능력을 높여준다. 반면 편안한 집중이 결핍되면 사고와 행동에서 분열이 일어나 의사소통이 안 되고, 끝내 팀웍과 수행능력의 붕괴를 가져온다. 개인이나 팀 모두가 분열과 갈등을 겪게 되는 것이다. 사람에게 최상의 마음상태를 심어 줄 수 있는 마술적 공식은 없다. 우리가 추구하는 마음의 상태는 이미 그곳에 자리 잡고 있기 때문에 그럴지도 모른다.

몰입의 역설

나는 편안한 집중을 '행위에 완전 몰입했다' '적확한 순간에 모든 것이 동시에 일어나는 것 처럼 보인다' '사라지면 다른 것이 즉각 이어받는다' '생각 없이 게임 한다' 라는 식으로 묘사하는데 의문을 가져왔

다. 자신이 외계인의 힘에 의해 정복당하는 것처럼 들렸기 때문이었다. 그리고 편안한 집중을 경험하면서 자신의 정복자는 외계인이 아니라 자신이란 결론에 이르게 됐다. 그것이 외계인이라면 완전히 집중하는 순간 자아1은 자신을 상실해야 하기 때문이다.

게임에 몰입하면 잃는 쪽은 어디며, 누가 그것을 갖게 되는 것일까? 이 책을 통해 자아1과 자아2의 개념을 파악한 독자라면 잃어버리는 쪽은 자아1, 찾은 쪽은 자아2란 설명에 공감할 것이다. 따라서 편안한 집중은 자아2의 자연스런 마음의 상태라고 규정해도 좋을 듯하다. 자아2는 간섭의 패턴을 알지 못하는 어린이들에게 더욱 잘 나타난다. 대부분의 어른들은 초점을 맞추려는 노력을 않으면 편안한 집중상태에 빠져들기 어렵다.

의식적 사고는 때때로 편안한 집중 상태에 빠져드는 우리 자신을 비난한다. 그렇다면 '할 수 없다' 고 생각하는 그 자체는 정신분열의 결과인가, 고유하고 목적적인 것인가, 아니면 방향 없는 혼란의 결과인가?

대화를 하면서 일련의 사고가 한 방향에서 다른 방향으로 바뀌는 것을 허다하게 경험했을 것이다. 말은 많이 오갔지만 결과 없는 대화의 끝에서 불편한 감정도 느꼈을 것이다. 자기 스스로가 사고의 흐름을 명령한 뒤 그 속도를 줄이고, 그것을 멈추게 하는 것을 배우지 않으면 사고의 집중을 달성할 수 없다. 이런 점에서 사고는 자동차 엔진과 같다. 액셀러레이터와 동시에 브레이크도 필요하다는 얘기다.

자기 스스로가 사고의 흐름을 명령한 뒤 그 속도를 줄이고, 그것을 멈추게 하는 것을 배우지 않으면 사고의 집중을 달성할 수 없다.

편안한 집중의 훈련

훈련 없이 집중력을 강화하는 것은 불가능하다. 훈련을 통해 집중력이 무엇이고 이득은 무엇이며, 그동안 집중력이 얼마나 약했던가를 깨달을 수 있다. 자신의 주의력을 컨트롤하는 것은 자유다. 나 자신도 주의력을 거의 컨트롤하지 못한다는 사실을 처음 발견했을 때 큰 충격을 받았다.

물론 하고자 하는 일에 집중해야 한다는 사실을 모르는 사람은 없다. 테니스선수들은 '볼을 끝까지 보라' 는 말을 끊임없이 듣는다. 부모나 선생님, 그리고 코치로부터 '일에 집중하라' 는 얘기도 수없이 들어왔다. 그러나 스스로 원하는 집중력을 얻을 수 있다는 사실에 의혹을 갖고 있어 더욱 힘을 주게 되고, 결국 의혹의 늪에 빠져들게 된다. 집중을 하려고 노력하면 곧 피곤해져 집중력으로부터 얻을 수 있는 혜택을 누리지 못한다. 산만함이 나타나는 것은 시간문제이며, 당신은 곧 고통스런 집중력 훈련으로 부터 벗어나는 행복감을 느낄 것이다. 편안한 집중 훈련은 강요되어서는 안 되는 자연스런 현상이다. 판단하지 않는 자각을 요구한다.

편안한 집중 훈련은 강요되어서는 안 되는 자연스런 현상이다. 판단하지 않는 자각을 요구한다. 편안한 집중의 학습은 불가능하며 훈련을 통해서만 얻을 수 있다.

편안한 집중을 학습하는 것은 불가능하며 훈련을 통해서만 얻을 수 있다.

집중의 단계 

1. 훈련

첫 단계는 주의력에 초점을 맞추는 훈련과정이다. '백-히트-스톱' 이란 단순한 연습도 집중이 필요하다. 훈련의 목적은 과거나 미래 또는 해야 할 것과 하지 말아야할 것의 간섭을 벗어나 현재의 이곳(here and now)에 주의력을 집중시키는데 있다. 현재의 이곳에 집중하면 마음이 평온해지고, 평온함이 커지면 자아2는 일어날 현상에 대한 피드백을 더 많이 얻게 된다.

호수를 상상해보자. 표면이 조용하면 깊이에 관계없이 나무나 구름, 그리고 새들이 투명하면서도 자세하게 비춰질 것이다. 그러나 표면이 바람에 흔들려 물결이 일면 주위의 풍경은 선명하게 반영될 수 없다. 목표물은 어둡고 왜곡되기까지 할 것이다. 마음도 마찬가지다. 평상심을 잃고 흔들리면 현실을 선명하게 대할 수 없고, 주변 환경을 느끼는데도 어려움을 겪게 된다. 마음을 평온하게 갖는 것이 집중력의 첫 번째 단계다.

2. 흥미

흥미를 가지면 집중력은 더욱 강해진다. 상세함은 모호함보다 더 흥미롭기 때문에 대상은 정교할수록 좋다. 흥미로움을 느끼면 경험을 보다 잘 수용할 수 있어서 초점을 지속시켜준다.

흥미를 가지면 집중력은 더욱 강해진다. 관심이 없는 사안에 대해 집중력을 요구하는 것은 어렵다. 흥미 없는 훈련을 하면 마음을 잡는데 상당한 노력이 요구되며, 집중력을 지속하기 어렵다. 각자는 초점을 맞출 수 있는 흥미를 발견할 필요가 있다. 상세함은 모호함보다 더 흥미롭기 때문에 대상은 정교할수록 좋다. 흥미로움을 느끼면 경험을 보다 잘 수용할 수 있어서 초점을 지속시켜준다. 흥미를 강요해서는 안 된다.

3. 몰입

집중하는 곳에 자신을 빼앗겨야한다. 프로골퍼들은 중요한 샷을 위해 어드레스를 할 때 갤러리들의 떠드는 소리를 듣지 못하며, 카메라도 의식하지 않는다고 한다.

집중하는 곳에 자신을 빼앗겨야한다. 어떤 일에 몰입하면 마음을 다른 곳으로 돌릴 수 없다. 프로골퍼들은 중요한 샷을 위해 어드레스를 할 때 갤러리들의 떠드는 소리를 듣지 못하며, 카메라도 의식하지 않는다고 한다. 이 같은 집중 단계는 우려, 의혹 등을 벗어나게 해 주기 때문에 즐겁고 매혹적이다. 탁월한 기록들은 대부분 이런 상태에서 달성됐다. 마음이 한곳에 집중되면 자신의 마음을 두드리는 의혹의 소리를 듣지 못해 걱정을 유발할 공간조차 없게 되는 것이다.

LPGA 투어 프로인 제인 블레록과 인터뷰를 했을 때, 그녀는 몰입의 경험을 다음과 같이 생생하게 묘사했다. "항상 일어나는 것은 아니지만 좋은 게임을 했을 때는 나의 눈이 변한 것처럼 생각된다. 나는 그 변화를 느낄 수 있다. 지킬박사와 하이드처럼 나는 완전히 다른 사람이 된다. 다른 사람의 얘기를 들을 수도 볼 수도 없으며, 나를 괴롭히는 것은 아무것도 없다. 내가 하려는 행위를 간섭하는 것도 없다."

이런 상황에서 우리는 현실과 강하게 접하는 경험을 하게 된다. 골프볼과 홀이 평소보다 더욱 뚜렷이 보이고, 극단적 노력을 하는 와중에서도 행위의 흐름이 편안하게 느껴진다. 일단 몰입의 경험을 하면 때때로 표현하기 어려운 상태로 빨려 들어간다. 잠에 빠져든 것 같이 깨어나기 전에는 자신이 무엇을 했는지 알지 못한다. 이상하게 들릴지 모르지만 이 같은 몰입 상태가 일어났을 때 가장 자연스런 감정을 갖게 된다. 단순하면서 노력도 계산도 않는 상태가 그것이다.

자각, 선택, 그리고 신뢰

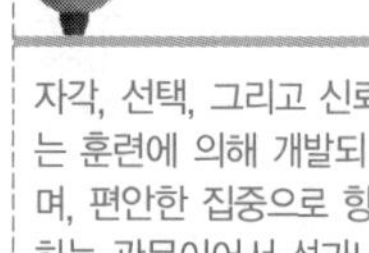

자각, 선택, 그리고 신뢰는 훈련에 의해 개발되며, 편안한 집중으로 향하는 관문이어서 성과나 배움, 그리고 즐거움을 개선시켜 주는 이너게임의 핵심 요소들이다.

최상의 마음 상태는 첫째, 강화된 자각력, 둘째, 강하면서도 분리되지 않은 욕구와 선택, 셋째, 잠재력에 대한 믿음과 불신의 부재다. 자각, 선택, 그리고 신뢰는 훈련에 의해 개발되며, 편안한 집중으로 향하는 관문이어서 성과나 배움, 그리고 즐거움을 개선시켜 주는 이너게임의 핵심 요소들이다.

자각은 목적과 관련된 미세한 부분에 초점을 맞추는 우리의 능력을 향상시켜준다. 선택은 장 · 단기적 목표를 명확히 해줄 뿐 아니라, 진정으로 원하는 것을 얻도록 내 · 외적 장애를 극복하는 결단력을 개발시켜 준다. 진정한 목표가 무엇인지 인지한 뒤 그것을 신뢰하고 자각하도록 노력하는 것이 포함된다. 신뢰기능은 의혹을 줄여주는 동시에 잠재력에 자신감을 심어준다. 믿을 수 없는 것에 대한 의존을 버릴 수 있는 배움까지도 신뢰에 포함된다.

세 가지 기능은 상호 연계되어있어 홀로 생존이 불가능하며, 하나가 강화되면 다른 능력도 저절로 강화된다. 그러나 세 요인이 조화를 이루면서도 가장 약한 상태로 연결될 때 집중력이 가장 강해진다는 점을 명심해야 한다.

자각기능

자각기능은 사물을 있는 그대로 보는 것이다. 평가는 필요 없다. 골퍼가 자신의 스윙을 좋다, 또는 나쁘다고 평가하면 현재의 스윙에 대한 명확한 그림을 그릴 수 없다. 판단하지 않을 때 치유능력을 갖게 되며, 목적과 결합되면 효율적인 행위와 배움을 가능케 해준다.

자각기능은 사물을 있는 그대로 보는 것이다. 평가는 필요 없다. 골퍼가 자신의 스윙을 좋다, 또는 나쁘다고 평가하면 현재의 스윙에 대한 명확한 그림을 그릴 수 없다. 자아1만 속성상 판단을 좋아할 뿐, 자각은 절대로 판단을 선호하지 않는다. 진정한 자각은 흠결 없는 거울과 같아서 이너게임을 이해하는 근본이다. 판단하지 않을 때 치유능력을 갖게 되며, 목적과 결합되면 효율적인 행위와 배움을 가능케 해준다.

만약 골프게임이 신체와 함께 볼과 클럽을 컨트롤하는 능력과 관련 있다면, 더 나은 컨트롤은 자각능력의 개선을 통해 달성이 가능하다. 자연히 주의력의 우선순위는 볼, 클럽, 신체, 코스, 그리고 목표물로 좁혀지게 된다.

코스, 목표, 그리고 치기전의 볼은 움직이지 않는 것이어서 엄청난 집중력을 요구하지 않는다. 섣부른 판단 없이 그들을 관찰하면 된다. 라이가 나쁘지 않다거나, 호수나 오비말뚝이 있다거나 하는 것이다. 긍정적이거나 부정적인 가치를 부여하지 않아야 가장 잘 관찰할 수 있다. 라이나 디봇자국, 러프, 모래, 페어웨이 상태를 있는 그대로 세심하게 보는 것이 중요하다. '그곳에 없었으면 좋았을 텐데' 하는 식의 부정적 판단은 시야를 어둡게 해 의혹을 유발하고 샷에 힘이 들어가게 한다. 골프에 있어 가장 집중해야할 부분은 역시 몸과 클럽이다.

또 골프에서는 느낌이 통찰력보다 훨씬 중요하다. 아놀드 파머와 함께 라운드를 하는 게 평생의 꿈이었던 한 맹인 골퍼에 대한 얘기는 느낌의 중요성을 잘 말해준다. 그는 한 토너먼트가 끝난 후 용기를 내 파머에게 다가가 자신을 소개하며 라운드를 청했다. 애매하게 답하는 버릇이 있는 파머는 "언제가 라운드를 같이 돌면 재미있겠네요"라며 즉답을 피한 뒤 다른 사람과 얘기를 계속했다. 그러나 그 맹인 골퍼는 쉽게 포기하는 성격이 아니었다. 그는 많은 사람들이 지켜보는 가운데서 다시 라운드를 요청했고, 파머는 또다시 정중하게 확답을 피했다. 그러자 맹인 골퍼는 "파머씨는 공정한 도전을 거절하는 사람이 아닌 것으로 알고 있다. 1만 달러를 걸고 18홀을 라운드하자. 나의 도전을 받아주겠는가"라고 압박했다.

이에 파머가 "영광스럽지만 당신의 돈을 따고 싶지는 않다. 아무튼 고맙다"라고 응답하자, 그는 "나는 농담하는 게 아니다. 당신이 나의 내기제안을 받아들이지 않으면 당신이 나를 이길 것을 확신하지 못한다는 느낌을 정당화 한 것이다"고 다그쳤다.

아놀드 파머는 도전을 회피한 적이 없었다. 많은 사람들이 이 장면을 지켜보고 있었고, 파머는 낯선 사람의 고집에 화가 났지만 마침내 그의 제안을 받아들였다. 파머는 "그렇게 원한다면 좋다. 1만 달러라. 당신이 코스와 시간을 정하면 내가 그리로 가겠다"고 응답했다. 맹인골퍼는 즉각 페블비치 골프클럽에서 내일 자정에 만나자고 제의했다. 파머는 얼굴을 붉히고 웃다가 항복의 뜻을 표했고, 맹인도 자신의 제안을 거둬들였다. 그리고 두 사람은 마침내 밝은 대낮에 라운드를 돌았다고 한다.

그 맹인은 느낌 하나만으로도 플레이를 할 수 있는 자신감을 갖고 있었던 게 분명하다. 실제 로 외부로부터 조그마한 도움만 받을 수 있다면 많은 맹인들이 훌륭하게 골프를 칠 수 있다. 이 얘기는 사실 여부와 관계없이 골프에 있어 통찰력과 느낌의 상대적 중요성을 말해준다는 점에서 주목할 필요가 있다.

주요 변수들에 대한 초점

생각하고 보고 그리고 구체화하는 것 보다는 느낌이 더 중요하다. 볼을 어디로 보내길 원하는지 그려보는 것은 좋지만 어떻게 칠 것인지 그려보는 것에 대해서는 의문이 간다. 스윙을 할 때 움직임을 컨트롤하는 것은 생각이 아니라 느낌이다.

생각하고 보고 그리고 구체화하는 것 보다는 느낌이 더 중요하다. 볼을 어디로 보내길 원하는지 그려보는 것은 좋지만 어떻게 칠 것인지 그려보는 것에 대해서는 의문이 간다. 스윙을 할 때 움직임을 컨트롤하는 것은 생각이 아니라 느낌이다.

느낌을 얻으면 무엇이든 할 수 있다. 중요한 변수에 주의력을 집중시킴으로써 자각력을 강화시킬 수도 있다. 변수는 변하는 것이지만 원하는 결과를 얻기 위해서는 절대적으로 필요하다. 이들 변수 중 다수는 제7장과 제8장에서 이미 거론되었다. 골프에 있어 이들 변수의 대부분은 근운동과 관련된 감각에 속한다.

사람들은 느끼는 것 보다 보고 듣는데 익숙해있다. 어떤 사물을 느끼도록 요구 받으면 몸과 마음이 불편해진다. 클럽헤드가 움직이는 길을 느끼라고 강요하면 " 어떻게 스윙하길 원하는가. 무엇에 대해 생각을 요구하는가" 라고 반문할 것이다. 이행하는 것과 생각하는 것과 느끼는 것에는 분명 차이가 있다.

골프에서 편안한 집중을 성취하는데 반드시 넘어야할 문화적 장벽이 있다. 나는 캘리포니아에서 태어나 자랐지만 이곳 사람들의 전형적 특징인, 만지며 느끼는 타입은 아니다. 그러나 골프게임은 만지고 느끼는 것을 용인해야한다. 물론 함께 라운드 하는 동반자들을 만지고 느끼라는 것이 아니라, 자신의 몸과 스윙을 느끼라는 얘기다.

좋은 골프의 여부는 셋업과 스윙시 몸의 감각을 어떻게 자각하느냐에 달려있다. 골프에 있어 편안한 집중을 훈련할 때는 수초동안 스윙의 느낌에 완전 집중해야한다. 컨트롤은 편안한 집중과 불가분의 관계에 있다.

스윙시 주의력을 집중시키는 방법중 하나는 주의력을 자연발생적으로 붙잡는 무엇인가에 주목하는 등 스스로 초점을 만드는 것이다.

스윙시 주의력을 집중시키는 방법에는 두 가지가 있다. 하나는 제8장에서 제시된 절대적 변수 중 한두 개를 활용하는 것이다. 두 번째는 주의력을 자연발생적으로 붙잡는 무엇인가에 주목하는 등 스스로 초점을

만드는 것이다. 임팩트 직전에 리듬이 깨졌거나, 스윙 마무리 부문에서 균형을 잃었거나, 어색한 느낌을 받는 그런 것들이다. 어떤 현상이 발생하든 그것에 주목해야한다. 판단이나 도전을 시도하기 보다는 특정한 변수들을 더욱 주시해야한다. 스윙시 그 같은 요인들이 언제, 어디서, 그리고 어느 정도의 강도로 나타났는지 정확하게 느끼는 게 중요하다. 집중한다면 의식적 컨트롤 보다 자각의 법칙이 더 유익한 변화를 유도해낼 것이다.

초점은 임팩트시 클럽헤드의 각도처럼 폭이 넓다. 일반적으로 연습장에서는 주의력의 초점을 좁히고, 코스에서는 보다 넓은 초점을 갖는 게 바람직하다.

선택 기능

선택은 집중과 분리될 수 없다. 욕구가 여러 방향으로 분산되면 집중력도 흩어진다. 욕구는 힘과 방향 모두에 영향을 미친다.

선택은 집중과 분리될 수 없다. 욕구가 여러 방향으로 분산되면 집중력도 흩어진다. 욕구는 힘과 방향 모두에 영향을 미친다.

볼을 치려는 것은 욕구에서 비롯된다. 때문에 주의력은 볼, 몸, 클럽, 목표물과 같은 당면한 변수로 향하게 된다. 욕구의 힘이나 특성은 집중력의 성질을 좌우한다. 욕구가 약하고 혼란스러우면 초점은 보다 쉽게 분산되며, 강하고 진실하면 목표에 도달하기 위해 내외적 장애를 극복해낼 수 있을 것이다.

욕구가 없다면 목표도 행동도 없다. 티 위에 놓은 볼을 인지하는 것은 가능하지만 그것을 치려는 충동이 없으면 샷은 일어나지 않는다. 사람들은 일반적으로 같은 순간에 다양한 욕구를 느낀다. 보트를 움직이는데 바람방향, 조류 등 여러 요인들이 작용하는 것과 똑 같다. 골프의 경우도 베스트스코어를 기록하길 원하거나, 안전한 플레이를 한다거나, 경쟁자를 이기겠다거나 자신의 일반적 기대에 부응하겠다거나 하는 다양한 욕구들이 샷의 힘과 방향을 결정한다. 욕구가 혼란스러우면 초점이 약해져 정반대의 결과가 나타날 수 있다. 하지만 바람, 조류 등은 의식할 수 없는 욕구로 선장이 컨트롤할 수 없다는 점에서 골프는 보트와 다르다. 인간은 의식할 수 없는 욕구들을 인식함으로써 의식적 선택을 할 수 있기 때문이다. 모든 욕구가 조화로운 방향으로 나아가면 완전집중에 이를 수 있다.

모든 욕구가 조화로운 방향으로 나아가면 완전집중에 이를 수 있다.

선택은 자각이나 믿음과 마찬가지로 주어지는 것이어서 거부할 수가 없다. 선택하지 않는 것 자체가 선택이며, 결과를 갖게 된다. 물론 선택의 결과가 나의 잘못이 아니라고 강변하며 다른 사람이나 운명의 탓으로 돌릴 수도 있다. 선택한 결과를 수용할 수 없는 경우도 있다. 보트가 당신이 조정하는 방향과 관계없이 바람이나 조류를 따라 흘러갈 수 있는 것 역시 현실이다.

결과에 대한 지나친 걱정

결과는 왜 중요한가. 골프에서는 모든 스트로크를 다 헤아려 스코어를 내고, 그것을 평균해 핸디캡을 작성한다. 매 홀의 목표는 작고 하얀 볼을 작고 어두운 구멍에 집어넣는, 대단히 확실하고 계량적인 것이다. 우리의 일상생활은 측량이 불가능하지만 골프게임은 대단히 목표 지향적인 문화를 갖고 있다. 골프와 관련된 모든 광고문구가 하나같이 낮은 핸디캡을 약속하는 게 단적인 예이다.

그렇다면 목표 지향적 습관이 베스트 스코어를 약속하는 것일까? 좋은 스코어를 내는 사람들은 손쉽게 골프에 집중할 수 있는 것일까? 나는 그와 같은 질문에 쉽게 답하지 못한다. 그러나 심각한 골퍼들은 이런 질문에 나름의 의미를 부여한다.

PEL(성과, 즐거움, 배움) 삼각법칙

골프는 가능한 적은 타수로 라운드를 도는 게 목표인지도 모른다. 목표 지향적 게임에서 성적은 분명 중요하다. 그러나 목표만 중요한 것인가? 만약 낮은 스코어를 내는 게 당신이 찾는 목표라면 가장 쉬운 골프 코스가 가장 인기 있어야 하지만 현실은 정반대다. 코스가 어려울수록 비싸고 많은 사람들이 치기를 원한다. 골퍼들은 도전적 코스가 더 흥미롭다고들 말하며 나 역시 여기에 동의한다. 이것은 골프의 목표가 스코어 외에 즐거움 등 다른 것도 있다는 것을 의미한다.

만약 낮은 스코어를 내는 게 당신이 찾는 목표라면 가장 쉬운 골프 코스가 가장 인기 있어야 하지만 현실은 정반대다. 코스가 어려울수록 비싸고 많은 사람들이 치기를 원한다. 이것은 골프의 목표가 스코어 외에 즐거움 등 다른 것도 있다는 것을 의미한다.

골프는 4~5시간 동안 18개 홀을 돌면서 참담함과 환희사이를 오가게 만든다. 인간은 경험의 범위 내에서 즐거움을 선호하는 경향이 있으며,

골프의 경우도 즐거움이 목표중 하나라고 단언할 수 있다. 내적 즐거움을 높이 평가하는 사람은 초점을 보다 지속적으로 유지한다는 게 일반론이다.

그렇다면 좋은 성적과 즐거움 외에 다른 목표는 없는 것일까? 배움도 그중 하나라고 말할 수 있다. 라운드 도중 골프기술은 물론, 편안한 집중, 자신감, 자기극기, 정직과 같은 골프이외의 유용한 성질을 배울 수 있다는 게 나의 생각이다. 스코어가 낮은 사람이 더 많은 것을 배우는 것은 아니다. 배움과 스코어가 주는 성취감은 분명 다르다. 결론적으로 골프는 성과, 즐거움, 그리고 배움 등 세 가지 목표가 공존해 있다. 이는 다른 스포츠나 직장생활에서도 마찬가지일 것이다.

또 한 가지 주시해야할 점은 세 가지 목표가 연계되어 있어 상호 의존적이라는 사실이다. 만약 좋은 성과를 얻으면서도 배움이나 즐거움을 느끼지 못한다면 그 결과는 곧 한계를 나타내게 된다. 어떤 행위를 하면서 즐거움을 느끼지 못하면, 순간적으로는 좋은 성적을 얻는다고 해도 그것이 오래가지 못한다는 얘기다. 반면 골프를 통해 배움을 얻는다면, 결과에 좋은 영향을 주는 것은 시간문제다. 모든 분야에서 훌륭한 플레이어들은 자신의 일을 좋아하는 공통점을 갖고 있다.

성과, 즐거움, 그리고 배움은 모든 스포츠나 직장에서 상호지지해 주는 요소들이다. 성과에만 집착하는 팀은 다른 두 가지 요인으로부터 필요한 지원을 받지 못할 것이다.

이 세 가지 요인을 나는 PEL삼각관계라고 부른다. 성과(performance), 즐거움(enjoyment), 그리고 배움(learning)은 모든 스포츠나 직장에서 상호지지해 주는 요소들이다. 성과에만 집착하는 팀은 다른 두 가지 요인으로부터 필요한 지원을 받지 못할 것이다.

만약 당신이 변화하는 환경에서 일한다면 삼각관계는 더욱 중대한 영향을 미칠 수 있다. 특히 배움은 변화에 적응하도록 도와주는 요소로, 성과를 가시화하는데 소요되는 시간을 단축시켜준다. 실수를 통해 배우는 것을 거부하는 사람은 시간소비형적 인간이라고 분류해도 된다. 경험을 통한 배움은 일을 하는 과정에서 일어나기 때문에 오히려 시간을 적게 소비한다. 나는 많은 직장에 PEL 삼각관계의 균형유지 개념을 적용했으며, 대부분의 경우 놀라운 성과개선을 이끌어냈다고 자평한다.

이 세 가지 목표는 자아2가 안고 있는 고유의 목표라는 점도 분명히 해두고 싶다. 행위에 있어 삼각관계의 균형을 이루는 가장 단순한 방법은 자아2가 선택하는 것을 배우도록 유도하는 것이다. 자아2는 조금만 격려해주면 즐거움과 배움을 추구한다. 최상의 성과는 자연스러움의 산물임에 틀림없다.

자아2는 조금만 격려해주면 즐거움과 배움을 추구한다. 최상의 성과는 자연스러움의 산물임에 틀림없다.

신뢰 기능

신뢰는 편안한 집중의 세 번째 요소다. 신뢰는 자각과 선택을 결합시켜 주는 접착제 역할을 해준다. 자아1은 근본적으로 의혹 제조기다. 머릿속에서 흘러나오는 대화를 듣고 있으면 자아1은 자아2를 신뢰하지 않는다는 결론에 이르게 된다. 의혹은 편안한 집중의 흐름을 방해한다. 스윙 도중, 또는 생각하는 도중, 이것을 정말로 해야 하는 것인가 하고 의문을 던지는 게 자아1의 속성이다.

자아1이 왜 당신을 의심하는지에 대해 의문을 가진 적이 있는가? "당신 스스로 그 삶을 유지하긴 어려워. 선택을 정확하게 하는 것도 쉽지 않지. 볼을 정확히 치는 것은 불가능 할 거야. 내가 도와주지"라고 제안하는 게 자아1의 상투적 수법이다. 만약 자아1이 마음속에 던지는 얘기를 남이 한다면 견디기 어려울 것이다. 그의 제안을 거부하거나 최소한 접촉을 피할 것이 분명하다. 그러나 자기불신의 작은 목소리가 내부를 노크하면 오히려 차까지 대접하며 대화를 시도한다. 자아1이 "이번엔 3피트짜리 짧은 퍼트를 놓칠 거야"라고 속삭이면 당신의 무릎과 손목은 즉각 위축된다. "지난번에 실수한 퍼트를 기억해봐. 느낌이 굉장히 나빴지"라고 다그치면 "물론 기억하지. 그 같은 일이 다시 일어나지 않도록 하려면 어떻게 해야 해"라고 자아1에게 오히려 자문을 구할 것이다. 그러면 자기불신은 "다시는 짧게 치지 마"라고 조언한다. 그 결과 당신의 퍼트가 홀을 4피트 이상 지나가면 자아1은 "실수하지 말라고 했잖아"라고 질책을 되풀이한다. "다음번에는 더욱 집중해. 긴장을 풀어"라고 말할지도 모른다.

자아1이 보내는 불신의 목소리가 정말 도움이 되는 것인가? 왜 자신을 믿지 않고 의혹제조기에 대한 의심은 하지 않는 것일까?

19세기 미국 문학가인 랄프 월도 에머슨은 그의 유명한 에세이 「자기신뢰(On Self-Reliance)」에서 "자신을 믿어라, 가슴은 강철 같은 믿음의 선을 따라 뛴다"라고 묘사했다. 나는 처음 그 구절을 읽었을 때 너무 좋았다.

어릴수록 더 쉽게 사물을 파악한다. 어린 시절 믿음은 단순하면서도 친밀감을 준다. 그러나 그 누구도 어린이들이 갖고 있는 믿음을 이기적, 또는 과도한 신뢰라고 치부하지 않는다. 의혹이 어린이들의 마음속에 스며들 여지는 없다.

신뢰는 자신을 유지하도록 긴장을 풀어준다. 신뢰는 도전적 상황에 처해도 우선순위에 집중해 필요한 능력을 발휘하도록 해주는 유일한 통로이며, 우리 자신의 즐거움을 유지해 주는 진정한 요인이다.

신뢰는 자신을 유지하도록 긴장을 풀어준다. 밤에 악몽을 꾸고도 웃을 수 있고, 3연속 트리플보기를 하고도 평상심을 유지토록 해준다. 물론 신뢰를 갖는다고 모든 샷이 멀리, 그리고 곧 바로 날아가는 것은 아니다. 그러나 볼이 어디로 날아가든 관계없이 바르게 생각하도록 해 준다. 신뢰는 도전적 상황에 처해도 우선순위에 집중해 필요한 능력을 발휘하도록 해주는 유일한 통로이며, 우리 자신의 즐거움을 유지해 주는 진정한 요인이다.

그렇다고 맹목적 믿음까지 미덕이라고 주장할 수는 없다. 미덕은 가치가 있다고 생각하는 것만을 믿는다. 3살짜리 어린이가 차도를 건널 수 있다고 믿는 것은 미덕이 아니다. 1930년대에 독일에 살면서 그 나라의 지도자인 히틀러를 믿는 것을 미덕이라고 할 수 있겠는가? 잘못된 믿음은 고통을 주고, 독립성을 상실하게 한다.

그러나 가장 잘못된 믿음은 우리의 믿음이 가치가 없다는 것을 직·간접적으로 말하는 사람을 믿을 때 나타난다. 자신을 믿어야만 다른 사람을 믿을 수 있다. 자신을 믿지 못하면 누구의 무엇을 믿을 것인지를 선택할 수 없게 되며, 결국 나쁜 책, 나쁜 지도자, 나쁜 종교를 선택할 것이다. 인생은 믿음을 요구한다. 즉 존재는 우리가 자신의 존재를 믿기를 요구한다. 신뢰가 효용성을 갖는 이유이기도하다.

신뢰와 컨트롤

서문과 첫 번째 장에서 골프는 컨트롤의 게임이라고 정의했다. 자아2가 컨트롤 하도록 연습해야 믿음이 생긴다. 스윙을 느낄 때까지 클럽헤드의 움직임에 모든 초점을 맞추면 자아1의 목소리를 듣지 않고도 볼을 맞출 수 있다는 믿음을 갖게 된다. 스윙을 컨트롤 하려는 생각을 버리지 않으면 스윙을 완전히 자각하는 것은 불가능하다. 스윙을 어떻게 할 것인가를 생각하는 순간, 스윙의 느낌은 사라진다.

스윙을 어떻게 할 것인가를 생각하는 순간, 스윙의 느낌은 사라진다. 자각을 하는 것과 동시에 자각을 버리는 것을 배워야 한다. 이것이 이너게임의 핵심이며, 골프에 있어 자기신뢰 훈련이다.

믿음과 자각은 함께 간다. 자아1을 버리면 스윙의 컨트롤이 가능해지며, 때로는 인지하지 못하는 순간 보다 더 큰 믿음을 가질 수 있다. 무의식적인 스윙은 때론 거칠지만 자유롭다. 따라서 자각능력을 스윙에 담지 않으면 스윙을 배울 수 없다. 자각을 하는 것과 동시에 자각을 버리는 것을 배워야한다. 이것이 이너게임의 핵심이며, 골프에 있어 자기신뢰 훈련이다. 물론 자기신뢰가 볼을 더 멀리, 그리고 더 정확히 날려 보내는 것을 보장하는 것은 아니다. 하지만 신뢰는 자신과의 싸움에서 벗어나 편안한 집중의 수준을 더욱 높이는 방법을 배우는데 큰 도움을 준다.

자신의 게임을 하라

압박감을 화성인에게 설명할 수는 없다

'골프가 긴장되는 게임이냐' 란 질문을 던지면 대부분의 골퍼들은 '그렇다' 고 답한다. 그렇다면 압박감이 어디에서 나오는지를 깊이 생각한 적은 있는가? 골프 자체에는 압박감이 없다는 게 나의 지론이다. 압박감이 어디서 나오는가를 찾길 원한다면 골프 이외의 분야를 살펴봐야한다.

화성인이 타고 있는 우주선이 페블비치에서 열리고 있는 프로암대회의 마지막 18번 홀 그린 근처에 착륙했다고 상상해보자. 그리고 미국 대통령이 5피트 거리의 내리막 퍼트지점에 서있다고 가정해보자. 그는 굉장히 긴장해 손과 손목 그리고 무릎을 떨고 있을 것이다. 이마에 땀

이 맺히면서 토너먼트의 마지막 스트로크를 끝내기 위해 집중력을 최대한 모을 것이다. 화성인은 군중들이 숨을 죽이며 지켜보는 것을 흥미롭게 쳐다보다 호기심을 참지 못하고 "세계에서 가장 강력한 국가의 지도자가 두려움을 극복하지 못하는 이유는 무엇인가"라고 곁에 있는 당신에게 물을 것이다.

당신은 주저하지 않고 "내리막 굴절 라이의 퍼트를 남겨놓았기 때문이야. 쉽지 않게 보이는 데"라고 답할 것이다. 화성인은 "나 자신도 성공하기 어려울 것처럼 생각되는군. 그런데 그가 퍼트를 실패하면 어떤 무서운 일이 발생할까. 대단히 조용한 전쟁을 치루고 있는 것 같은데 말이지. 그가 이 일을 실패하면 경쟁국이 승리자가 되는 것인가. 그의 어린 딸이 신에게 희생양으로 받쳐져야 하나. 위대하며 겁 없는 리더가 두려움을 느끼는 데는 그만한 특별한 이유가 분명히 있을 텐데"라고 반문할 것이다.

"마지막 퍼트는 압박감이 클 수밖에 없어. 만약 실수하면 스트로크 한 개가 늘어나 토너먼트 순위에 큰 영향을 주게 되지. 그는 핸디캡이 올라갈 수도 있는 위급한 상황에 처해있어"라고 설명하면 화성인은 "나도 골프 룰을 잘 알고 있으며, 스코어 핸디캡 순위 같은 것도 이해해. 하지만 스코어나 핸디캡이 올라가면 어떤 결과가 나타나는지에 대해서는 읽어본 적이 없어. 이 게임에 돈이 걸려있지 않다면 실제로 무엇이 문제인가. 이기고 지는 것이 무엇인가"라고 또 다른 의문을 던질 것이다. 퍼트를 놓치면 자신감이나 자긍심을 잃을 것이라고 대답할 수도 있겠지만, 화성인은 "골프 룰에는 자긍심을 상실한다는 규정은 없다" 며 반론을 펼 수도 있다.

화성인의 말은 분명히 맞다. 우리는 골프를 치면서 느끼는 압박감을 설명할 수 없다. 압박감은 게임과는 관계없는 변수이기 때문이다. 골프 룰은 작대기로 볼을 치며 18홀을 도는 동안 스트로크 수만 헤아리면 된다고 규정하고 있다. 골프 룰 어디에도 압박감이란 단어를 찾아볼 수 없다. 화성인에게 설명하기는 어렵지만, 골프코스를 도는 동안 상당한 압박감을 느끼는 것은 사실이다. 어떠한 위험도 골프의 일부는 아니며, 골퍼들이 위험을 게임에 적용하는 것이다. 게임은 문화 속에서 만들어졌으며, 세대가 흐르면서 효율성을 더해왔다. 화성인이 이해를 못하는 것은 이 같은 골프문화를 공유하지 못한데서 비롯된 것이라고 말할 수 있다.

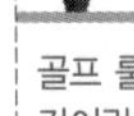

골프 룰 어디에도 압박감이란 단어를 찾아볼 수 없다. 화성인에게 설명하기는 어렵지만, 골프코스를 도는 동안 상당한 압박감을 느끼는 것은 사실이다. 어떠한 위험도 골프의 일부는 아니며, 골퍼들이 위험을 게임에 적용하는 것이다.

우리는 골프게임의 룰을 쉽게 바꿀 수는 없지만 이너게임의 룰은 자유롭게 변경이 가능하다. 이너게임은 개인적, 또는 문화적 창조물이어서 새로운 변신이 가능하다. 만약 골프와 같은 게임이 주는 압박감을 싫어한다면, 그리고 우리의 능력을 제한하는 것을 원하지 않는다면, 새로운 것을 시도할 가치가 있다.

골프는 인생의 축도

내가 UCLA가 개설한 한 교육프로그램에 출강해 이너게임 골프에 대한 강의를 끝내자 한 중견 기업인이 다가와 "마지막 2개 홀에서 받는 긴장감에서 벗어날 수 있도록 집중훈련이 가능 한가"라고 다급히 물었다. 나는 "당신이 원하는 훈련이 집중력 강화가 확실하냐"고 반문했다. 그는 집중력 부족에 대한 정확한 해법 보다는 책략을 추구하는 듯이 보였기 때문이다. 그는 "라운드가 끝날 때 까지 스윙에 문제가 나타나지 않길 바란다. 평생 골프를 쳤고, 골프를 좋아한다. 핸디캡은 4이나 지금껏 17번 홀이나 18홀에서 파를 한 적이 없다. 더블보기나 트리플 보기를 한 적도 있다"고 토로했다.

커피를 마시면서 그는 자신의 게임에 대한 설명을 시작했다. "사업이나 가정생활에서는 압박감을 처리하는데 별다른 어려움을 못 느끼는 편이다. 나의 방식대로 무엇이든 잘 해결한다고 생각한다. 우습게도 골프는 정말 문제다. 플레이를 할 때마다 내 인생의 축도처럼 느껴진다. 첫 번째 홀을 떠날 때 태어나 몇 개 홀에서 성장하고 중간단계에서 절정의 능력을 보인다. 그리고…." 나는 그의 말을 받아서 "마지막 홀로 가면 당신은 죽는군. 집중력에 문제가 있다는 것은 의심할 여지가 없다"고 답했다.

나는 게임에 대한 의미를 다시 생각해 보라고 조언했다. 그는 "그 누구도 나의 게임방식을 빼앗아 갈수는 없다. 나에게는 그것이 골프가 주는 의미다. 내 스타일을 버리는 게 스코어를 개선시켜주는 유일한 방법일지라도 그것을 포기할 수는 없다. 나는 이기기 위해 골프를 친다"고 단호히 말했다.

골프가 사람을 바꾼다

나는 수년전 LPGA투어 상위랭크로부터 전화 한통을 받았다. 그녀는 주요 토너먼트에서 여러 차례 우승했지만 명예의 전당에 가입하기 위해서는 몇 차례의 우승이 더 필요하다고 했다. 그리곤 퍼팅의 심리적 문제를 해소하는데 도움을 줄 수 있느냐고 물었다.

나는 캘리포니아 소재 리비에라 골프클럽의 퍼팅그린에서 그녀를 만났다. 서로 자신을 소개 하고 잡담을 나눈 뒤, 그녀는 주요 경기에서 우승을 가늠하는 마지막 홀에서는 퍼팅에 지나친 어려움을 겪는다고 설명했다. 때로는 손이 떨리고 스트로크에 대한 감각을 잃을 때도 있다고 했다.

나는 "골프의 목적이 무엇이냐" 고 물었다. 그녀는 가능한 스트로크를 적게 하는 것이라고 간단명료하게 답했다. "왜 플레이를 하느냐" 고 묻자 그녀는 "좋은 질문이다. 첫째 게임이 진행되는 환경이 좋고, 둘째 신이 준 나의 재능을 발휘하는 게 좋다. 셋째는 경쟁이 좋다" 고 답했다. 그녀의 대답은 직설적이었으며, 나 역시 그 같은 동기들이 압박감을 유발하는 잠재이유라고 생각하지 않았다.

나는 "당신은 그와 같이 말하는 순간 손이 떨리지 않았다. 당신은 재능을 표현하고 경쟁을 즐기면서 골프코스를 항상 기쁜 마음으로 누비고 있다는데 동의한다" 며 "당신이 플레이를 하는 또 다른 이유가 있느냐" 라고 재차 물었다. 그녀는 잠시 생각을 하다 "있는 것 같다. 나는 골프에 빚이 있다. 골프는 오늘의 나를 있게 해 주었다. 골프 덕분에 전혀 다른 사람이 되었다. 많은 팬들이 생겼고, 그들은 내가 플레이를 잘하길 원한다. 나는 그들을 실망시키고 싶지 않다"고 답했다. 그녀는 손을 조금 떨면서 "명예의 전당에 가입하는 것은 나에게 중요한 의미가 있다"고 거듭 강조했다.

나는 "골프가 오늘날의 나를 만들어 주었다"는 그녀의 말에 특히 관심이 갔다. 나는 "골프가 당신을 의미 있는 사람으로 만들었다면, 골프가 다시 당신을 별 볼일 없는 사람으로 만들 수 있다고 생각 하는가"라고 반문한 뒤, "타이틀이 걸린 경쟁에 처했을 때 당신의 손이 떨리는 이유를 이해할 수 있을 것 같다. 언젠가 당신의 능력이 저하되면 당신에게 무엇이 일어날지 걱정하기 때문이다"고 분석해 주었다.

이 대화의 초점은 명예의 전당이 그녀에게 주는 의미가 아니라, 승리

하지 못하면 팬들이 무엇인가를 상실하게 될 것이란 데 있다. 골프는 그 자체일 뿐이며, 위기감은 다른 것으로부터 유발된다. 아나운서들이 골프게임 중계를 하면서 "6언더파로 선두를 달리는 선수가 16번 페어웨이로 걸어가고 있다. 엄청난 압박감을 느낄 것이다"라고 추측하는 것을 들을 때마다 그들이 그것을 어떻게 아는지 궁금함을 느낀다. 나는 프로선수 모두가 반드시 압박감을 안고 있다고 생각하지는 않는다. 믿음에 따라 압박감에도 상당한 차이가 있다는 게 나의 지론이다.

믿음에 따라 압박감에도 상당한 차이가 있다는 게 나의 지론이다. 골프에 대한 압박감은 없다. 골프 게임에 신념과 의미를 불어 넣어야 한다는 얘기다.

나이 많은 부인에게 처음 가본 페블비치 골프크럽의 까다로운 18번 홀에서 한 번의 퍼트로 홀인을 하라고 주문해보라. 그녀는 아무런 불안감도 느끼지 못할지도 모른다. 그녀는 단 한 번의 퍼트를 성공하거나 또는 실패할 것이지만 위험이 무엇인지 알지 못한다. 골프에 대한 압박감은 없다. 골프 게임에 신념과 의미를 불어 넣어야한다는 얘기다.

자신의 게임을 창조한 캐시

내가 조를 처음 만났을 때 그는 코카콜라의 인력관리 총 책임자였다. 그는 인력관리 매니저들을 위한 코칭기술 포럼을 개설해 줄 것을 요청했고, 나는 테니스에 적용해온 이너게임의 시연을 포럼 내용에 포함시켰다. 조는 그 기법을 골프에도 적용할 수 있는지 물었다. 그는 싱글로서 심리학 박사학위를 갖고 있었으며, 배우는 과정과 그것을 간섭하는 상황에 상당한 관심이 있었다. 이후 코카콜라와의 업무적 인연은 6년간 지속 되었고, 덕분에 조와 나는 친구이자 이너게임을 기업경영에 적용하는 동업자가 됐다. 이 기간 중 나의 파트너이자 고문인 레슬리 역시 조와 조의 부인인 캐시, 그리고 조의 두 자녀와 친밀한 관계를 맺고 있었다.

그때 캐시가 암에 걸려 생존 가능성이 희박하다는 소식이 우리를 당황케 했다. 그녀를 위로할 길은 없었다. 우리는 조 부부가 그 사실을 알면서도 열심히 사는 것을 존경과 경탄으로 지켜볼 뿐이었다. 조와 캐시는 희망을 잃지 않고 이전보다 서로를 더 사랑하며 살고 있었다. 그들의 생활은 이전과 꼭 같았으며, 상당시간을 우리와 함께 보냈다.

캐시는 핸디캡이 이븐파인 조와 때때로 골프를 했다. 어느 날 오후 조는 나와 레슬리에게 애틀란타에서 함께 라운드를 하자고 요청했다. 캐시는 초보수준을 겨우 벗어난 데다 몸도 약해져있어 모든 골프 룰을 지킬 필요가 없었다. 그녀는 게임에서 찾을 수 있는 즐거움, 건강, 남편의 우정 등을 느끼며 즐겁게 플레이를 했다. 멋진 샷을 날리면 웃음 지었고, 샷이 맘에 안 들면 볼을 집어 원하는 곳에 놓았다. 그녀는 같은 장소에서 여러 차례 샷도 했다. 스코어도, 핸디캡도, 동반자들의 기대도 개의치 않았다. 그녀는 동반자들의 행운과 불운을 마음껏 누렸다.

나는 즐거움이 결과로부터 독립적일 수 있다는 생각에 부딪혔다. 그리고 게임의 모든 룰을 파괴하는 게 어렵지 않다는 생각이 들었다.

그녀의 플레이를 지켜보면서 나는 즐거움이 결과로부터 독립적일 수 있다는 생각에 부딪혔다. 그리고 게임의 모든 룰을 파괴하는 게 어렵지 않다는 생각이 들었다. 그 과정에서 대단한 거래는 필요 없었다. 그녀는 가슴의 명령을 따르도록 스스로 허락했고, 자신의 방식대로 플레이했다. 그녀와 골프를 하는 것은 영광이었고, 큰 영감을 주었다.

거의 완벽한 자유

어느 날 저녁 퍼펙트 리버티 골프코스 9번 티에서 나의 골프경력에서 가장 기분 좋은 일을 경험했다. 오후 4시 라운드를 시작한 후 나는 스코어를 의식하지 않은 채 '다-다-다-다' 훈련에만 집중했다. 9번 홀에 이르러 스코어카드를 점검해보니 놀랍게도 불과 32타(이븐 파)를 치고 있었다. 9홀 최저타를 기록할 수 있는 기회를 잡은 것이다. 당연히 책에서 본 멋진 성공 스토리를 머릿속으로 그리기 시작했다. 하지만 페어웨이가 좁고 양측에 오비가 있어 플레이를 망치게 만드는, 여러 차례의 좋지 않은 경험을 가진 홀이었다.

그 순간 오비를 내든 아니든 그것은 실제로 중요하지 않다는 생각이 뇌리를 스쳤다. 역사적으로 중요한 사건도 아니며 그냥 나의 일상이었다. 골프의 결과는 현실이 아니라는 사실을 새삼 절감한 것이다. 진실은 다른 곳에 있으며, 이 코스에서 얻는 스코어는 진실이 아니라는 얘기다. 이 개념을 명확히 설명할 수는 없지만, 볼에 다가갈 때 믿을 수 없을 정도의 자유스런 느낌을 받았고, 아무튼 근심 없이 집중하며 풀 스윙을 했다.

볼이 클럽을 떠났을 때 평소보다 요란한 소리를 내며 오른쪽 언덕 편 오비 말뚝을 향해 날아갔다. 오비처럼 보였지만 동시에 오비가 아니라는 것을 명확히 느낄 수 있었다. 오비를 내도 문제될 것이 없다는 사실을 알고 있었고, 동시에 볼을 치는 순간 오비가 아니라는 것을 자각할 수 있었던 결과였다. 샷에 드로가 걸려 오른편 언덕에 맞고 페어웨이에 떨어지기도 전에 나는 승리를 예감하며 '와' 하고 환호를 질렀다. 외형적으로는 볼을 잘 쳤고, 내적으로도 최상의 성과를 낸 것이다. 그 순간은 볼을 원하는 곳으로 보낼 수 있도록 정확히 스윙했던 것 이상의 승리감을 느꼈다. 나는 독재군주로부터 자유로워진 느낌을 받았다. 그 군주는 외적 결과만을 요구했다. 그가 원하는 대로 볼을 치면 칭찬과 자부심을, 잘못 치면 자기기만의 감정으로 벌을 주기 때문에 그를 즐겁게 만들도록 노력해왔던 것이다.

그러나 나는 그 드라이브 샷을 통해 더 이상 그가 원하는 게임을 하지 않겠다고 최후통첩을 보냈다. 그 군주는 그때까지 게임에서 즐거움을 빼앗아 갔다. 그의 보상은 현실이 아니며, 행복이란 환상을 줄 뿐이었다. 나는 볼을 향해 걸어가며 이것을 명확히 보았다. 파 퍼트를 성공했을 때 해는 서산으로 지고 있었다. 9홀을 36타 이븐파로 마쳤지만 별다른 감홍을 느끼지 못했다. 그 때 내 눈에 눈물이 고인 것을 나는 부끄러워하지 않는다.

게임에 대한 환상은 대단히 강해 현실처럼 느껴질 경우가 허다하다 그러나 스코어보다 중요한 것은 분명히 있고, 게임은 결과 이상이다.

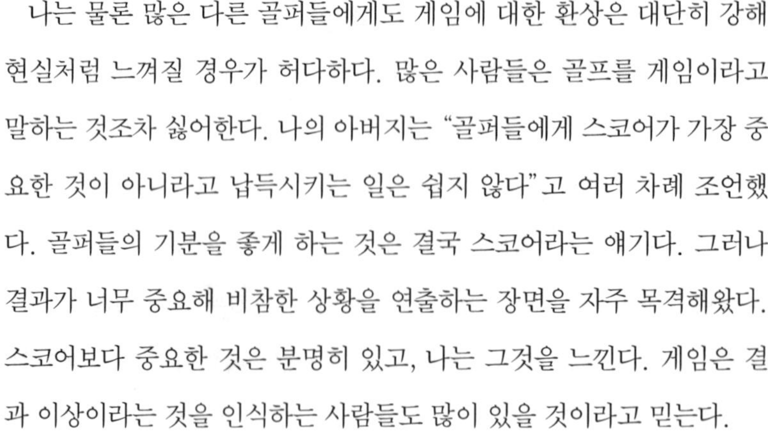

나는 물론 많은 다른 골퍼들에게도 게임에 대한 환상은 대단히 강해 현실처럼 느껴질 경우가 허다하다. 많은 사람들은 골프를 게임이라고 말하는 것조차 싫어한다. 나의 아버지는 "골퍼들에게 스코어가 가장 중요한 것이 아니라고 납득시키는 일은 쉽지 않다"고 여러 차례 조언했다. 골퍼들의 기분을 좋게 하는 것은 결국 스코어라는 얘기다. 그러나 결과가 너무 중요해 비참한 상황을 연출하는 장면을 자주 목격해왔다. 스코어보다 중요한 것은 분명히 있고, 나는 그것을 느낀다. 게임은 결과 이상이라는 것을 인식하는 사람들도 많이 있을 것이라고 믿는다.

골프가 주는 환상의 파괴

스코어에 대한 환상은 대부분 골퍼들의 마음에 너무 강하게 새겨져 있다. 그래서 책을 통한 몇 마디 조언으로 그 환상을 지울 수 있다고 생각하는 것은 어리석은 일일지도 모른다. 많은 골퍼들이 이에 대해 전적으로 동의했듯이 골프 스코어가 주는 위력을 파괴하는 것은 쉽지 않은 도전임에 틀림없다. 나 역시 스코어에 신경을 쓴다. 스코어가 중요하지 않다는 것은 학생들의 등수를 매기지 말라는 것과 같다.

골프가 게임에 불과한데도 우리가 때때로 게임의 의미를 잊고 임한다. 게임은 현실의 위장이라고 말할 수 있다. 작고 하얀 볼을 작고 어두운 구멍에 넣는 것이 가장 중요하다는 것을 믿도록 하기 때문이다.

문제는 골프가 게임에 불과한데도 우리가 때때로 게임의 의미를 잊고 임한다는 점이다. 게임은 현실의 위장이라고 말할 수 있다. 작고 하얀 볼을 작고 어두운 구멍에 넣는 것이 가장 중요하다는 것을 믿도록 하기 때문이다. 만약 우리가 어두운 구멍을 하얀 볼로 채우는 것이 정말 중요하다고 믿는다면, 홀에 볼을 넣은 후 그것을 다시 끄집어 낼 이유는 없다. 모노폴리 게임을 할 때 2000달러를 걸어놓고 호텔을 잘못 매입했을 경우 파산할 것이라며 좌절과 불만을 표시할 수도 있다. 그러나 어떤 결과가 나와도 나의 진짜 은행잔고는 줄지 않는다. 모노폴리 게임에서 졌다고 해서 나의 중요한 것을 잃는 것은 아니다.

그러나 골프는 얘기가 다소 다르다. 가짜 돈인 모노폴리 머니로 게임을 하는 게 아니며 스코어와 플레이 수준은 자기 존중의 척도로 간주되고 있다. 골프는 게임이란 사실을 알면서도 게임이 오히려 당신을 플레이 하는 것처럼 압박감을 느끼는 사람들이 많다.

이에 대해 나는 나름대로의 강력한 처방전을 갖고 있다. 이 처방전을 나에게 처음 전해준 골퍼는 핸디캡이 4오버파인 톰이었다. 톰은 어느 날 3명의 절친한 경쟁자와 라운드를 하기 전에 나를 찾아와 이너게임 훈련을 요청했다. 그의 목소리에는 놀라운 스코어를 기록해 경쟁자들을 압박하겠다는 의도가 다분히 깔려있었다. 나는 경쟁을 잊고 최상의 즐거움으로 볼을 치라고 조언했다. 그는 나의 조언을 들은 뒤 잠시 생각하다 그렇게 하겠다고 답했지만 그의 의도는 약해지지 않았다. 그는 '즐거운 샷이 스코어를 낮춰주는 효과가 있으면 생각해보자' 는 식의 표정이었다.

나는 즉시 처방전을 변경했다. "모든 볼을 최상의 즐거움을 갖고 쳐라. 그러나 두 가지 지침을 더 따라야한다. 하나는 어떤 상황이든 당신의 스코어가 86이하여서는 안 된다" 고 주문했다. 짧은 침묵이 흐른 뒤 그는 나의 말을 정확하게 알아들은 듯 침을 꿀꺽 삼켰다. 나의 조언을 따르면 평소보다 10타를 더 쳐야하기 때문이었다. 그는 머뭇거리는 목소리로 다음 조언은 무엇이냐고 물었다. 나는 "동반자 누구에게도 나와의 이 같은 약속을 알리지 말라" 고 했다.

톰은 나의 좋은 친구이자 이너게임 훈련을 믿는 학생이어서 그 도전을 흔쾌히 받아들일 수 있었다. 그날 저녁 톰은 나에게 전화를 했다. "약속들을 잘 지켰느냐" 고 묻자 그는 "그렇다" 고 간단명료하게 답하면서, "하지만 그렇게 쉽지는 않았다. 무슨 일이 일어났는지 알고 싶으냐" 고 되물었다.

톰은 고통과 승리가 뒤섞인 얘기를 들려주었다. "잃을 것이 없다는 편안한 기분으로 전반 9홀을 시작했다. 7번 홀까지 1언더파를 기록했다. 가장 잘 친 동반자보다 3타 앞서 있었다. 그 순간 86타를 치기로 한 약속이 생각났고, 8번 홀에서 스트로크를 늘릴 수 있는 기회를 잡기로 했다. 볼은 핀에서 45피트 거리에 있었으며, 아무도 모르게 3퍼트를 하기로 결심했다. 하지만 대충 목표를 정했음에도 불구하고 볼은 홀로 정확히 빨려 들어갔다. 이 같은 일은 이날 3~4 차례 더 발생했다. 그리고 16번 홀에 이르렀을 때는 4언드파를 기록하고 있었다. 실수를 유발하려 할수록 좋은 결과가 나왔다."

나는 그가 베스트 스코어를 기록하길 기대하며 "그래서 어떻게 했느냐"고 물었다. 하지만 그는 아무른 감정도 섞지 않고 "당신이 원하는 대로했지"라고 답했다. 그는 "16번 홀부터는 오비를 얼마나 멀리 낼 수 있는지를 시험했지. 물론 다른 사람이 눈치 채지 못하도록 스윙을 했어. 마지막 3개 홀에서는 홀 당 6타씩을 더 쳤지"라고 전했다. 톰은 "내가 당신에게 하고 싶은 말은 그 경험은 스코어와 바꿀 수 없다는 점이지"라고 말했다.

나는 그의 말이 무엇을 의미하는지 의아해했다. 그는 "동료들의 반응을 보는 것 자체가 놀라운 일"이라며 얘기를 계속했다. 두 번째 볼도 오비를 내자 동반자들이 즐거움을 되찾으며 농담을 시작했으나, 미스 샷을 몇 차례 더 하자 그들은 오히려 걱정스런 표정을 지었고 이내 낙담하는 분위기로 변했다는 것이다. "그들은 정말 고통스러워했지. 농담을 멈추고 나에게 도움이 되는 분위기를 만들려고 노력했어. 그들 역시 완전히 의기소침한 상태에 빠져든 것이지. 나는 그들이 이 상황을 얼마나 심각하게 받아들이는지를 주시했어. 물론 클럽하우스에서 맥주를 마실 때 까지 비밀을 유지했지. 이런 분위기가 언제까지 지속될지 모르지만 앞으로 상당기간 우리 중 그 누구도 게임을 심각하게 생각하지 않을 것 같아. 우리가 무엇을 배웠는지는 모르지만 골프의 환상에 다시는 빠져들지 않을 것이란 생각이 들어."

골프 환상의 재생

게임은 유용한 기술을 연마하고 삶의 질적 수준을 높이는 방안으로 인간에 의해 고안된 모의실험이라고 정의할 수 있다. 게임의 결과는 현실이 아니어서 보다 안전하게 실험을 할 수 있으며, 때론 위험을 감수할 수도 있다. 게임을 현실 세계에 그대로 적용하면 보다 비싼 대가를 치러야 한다.

따라서 게임을 인생보다 더 현실적으로 접근하는 것은 좋지 않다. 그렇지만 게임의 결과가 현실이 아니란 가정으로 플레이를 하는 것 또한 게임의 정신에 위배된다. 최상의 진실을 얻기 위해 전력할 이유도 없고, 자신을 뛰어 넘을 이유도 없기 때문이다. 안전하게 이전의 경계를 뛰어 넘을 수 있는 환경을 제공하는 것이 게임의 요체라고 할 수 있다.

인생이 게임에 달린 것처럼 플레이를 하되 그 결과에 관계없이 웃는 것이 중요하다. 골프의 경우도 라운드를 돌때는 매 샷마다 최상의 결과를 얻을 듯 플레이를 하지만, 골프장을 떠날 때는 스코어를 하찮은 것으로 취급해야 한다.

게임은 배움의 경험과 즐거움을 준다. 게임은 현실이 아니지만 현실인 것처럼 응하는 게 그 핵심이다. 하지만 그 같은 환상을 만들되 그것에 사로잡혀서는 안 된다. 어린이가 술래잡기를 하듯 우리는 게임을 어떻게 하는지 잘 알고 있다. 인생이 게임에 달린 것처럼 플레이를 하되 그 결과에 관계없이 웃는 것이 중요하다. 골프의 경우도 라운드를 돌때는 매 샷마다 최상의 결과를 얻을 듯 플레이를 하지만, 골프장을 떠날 때는 스코어를 하찮은 것으로 취급해야 한다는 뜻이다.

PEL 3각관계의 균형

지난 장에서 편안한 집중을 얻기 위해서는 성과, 즐거움, 배움, 등 3가지 요소 사이에 균형이 이뤄져야 한다고 지적했다. 자아2가 자아1의 자기중심적 간섭위로 떠오르면 3가지 요소는 항상 나타난다. 최선을 다해 좋은 결과를 내고, 무엇을 하든 자연스런 즐거움이 나타나고, 그리고 배움을 얻게 된다.

골프는 성과의 중요성을 지나치게 강조해 PEL 삼각관계의 두 축인 배움과 즐거움을 희생시키는 대표적인 운동중 하나다. 균형유지를 위해 3가지 요소가 상호 지원을 하기 보다는 성과를 나타내는 다리가 지나치게 길어서 불균형을 유발할 가능성이 높은 스포츠다. 좋은 성적을 내기 위해 모든 과정을 희생시키면 성적 자체도 나빠지는 상황에 처하게 된다. 높은 수준의 성과는 계속적인 배움과 즐거움을 수반해야 지속성을 지닐 수 있다.

골프는 성과의 중요성을 지나치게 강조해 PEL 삼각관계의 두 축인 배움과 즐거움을 희생시키는 대표적인 운동중 하나다. 균형유지를 위해 3가지 요소가 상호 지원을 하기 보다는 성과를 나타내는 다리가 지나치게 길어서 불균형을 유발할 가능성이 높은 스포츠다. 좋은 성적을 내기 위해 모든 과정을 희생시키면 성적 자체도 나빠지는 상황에 처하게 된다. 높은 수준의 성과는 계속적인 배움과 즐거움을 수반해야 지속성을 지닐 수 있다.

PEL삼각형의 균형은 '골프 환상' 에서 벗어나는 가장 좋은 방법이다. 라운드를 도는 동안 성적 이상의 또 다른 성과, 즉 배움의 게임과 즐거움의 게임을 동시에 맛보는 것이 중요하다.

즐거움과 배움의 게임은 비록 스코어를 매길 수는 없지만 스코어 이상의 중요한 가치를 안고 집으로 향할 수 있게 해 준다.

골프 한 라운드를 도는데 4~5시간이 걸리는 현실을 감안할 때 최상의 즐거움과 최상의 배움을 마다할 이유는 없다. 즐거움과 배움의 게임은 비록 스코어를 매길 수는 없지만 스코어 이상의 중요한 가치를 안고 집으로 향할 수 있게 해 준다. 배움과 즐거움을 누린다는 목표를 세운 뒤 이를 성취해 나간다면, 직장생활이나 다른 활동에서도 그와 같은 균형을 만끽할 수 있다.

배움도 즐거움도 느끼지 못하면 골프코스에 있든, 직장에서 일을 하든, 퇴보를 경험할 것이라고 나는 굳게 믿고 있다. 나는 20년 넘게 비즈니스 컨설턴트로 일해 오면서 다양한 조직에 팀웍의 균형개념을 전파해왔다. 사실 대부분의 조직은 배움이나 즐거움에 비해 성과를 지나치게 강조하고 있는 게 현실이다. 삼각관계의 균형을 잡는 노력은 성과도 개선시켜 준다는 점을 다시 한 번 강조해 둔다.

게임의 즐거움을 다시 알게 된 프로골퍼

최근 나는 프로골퍼로 활동했던 배리와 플레이를 했다. 그는 지난해 PGA투어 자격을 얻는데 실패하자 프로생활을 포기했지만, 모든 상황에서의 다양한 스윙방법을 알고 있는 대표적인 골프 이론가다. 그의 스윙은 기계적이며 견고했다. 하지만 이날 그의 스윙은 딱딱했으며, 스윙폼이 옛날로 돌아가지 않자 긴장하는 표정이 역력했다. 그는 '백-히트-스톱' 기법을 적용하면서 "백 상황에서 클럽이 어디에 위치하는지 알

수가 없어. 생각대로 되는 게 아무것도 없다"고 하소연했다.

'백' 이란 소리를 언제 내느냐고 묻자 그는 "클럽이 그곳에 있어야 한다고 생각할 때 '백' 을 외치지만 그것을 느낄 수 없다"고 답했다. 나는 그에게 다른 연습방법을 권했다. 우선 볼을 어떻게 맞추든 상관 말고 원하는 대로 드라이브샷을 해 보라고 주문했다. 배리는 그렇게 했으며, 그날 연습한 드라이브 샷보다 거리를 50야드 더 냈다. 그는 그 결과에 놀라면서도 만족하지 않았다. "다음번에는 무엇을 하겠느냐"고 묻자, 그는 똑 같은 방식으로 드라이브 샷을 해서 같은 결과를 내길 원한다고 말했다. 나는 "이전과 같은 방식으로 스윙을 해도 그 같은 결과를 얻지 못할 수도 있다. 그 방법이 효과가 있다고 스스로 생각하면 다른 결과가 나올 수 있다"고 설명했다. "그렇다면 어떻게 하라는 것인가"라며 그는 다소 불만스럽게 되물었다.

나는 "당분간 게임방식을 변경해볼 필요가 있지. 지금부터 성과위주의 게임을 하는 거야. 최상의 결과를 얻기 위해 볼을 정확히 쳐야해"라며 평소와는 다소 상반된 주문을 했다. 그가 "골프코스에서는 항상 결과를 의식하며 게임을 했는데"라며 의문을 던지자 "이것은 또 다른 게임이지. 이른바 '즐거움(fun) 제로' 로, 단지 두 가지 룰만 있어. 하나는 어떤 상황이든 당신이 가장 즐거운 방법으로 볼을 치는 것이고, 둘째는 결과에 대한 모든 걱정을 포기하는 것이지. 당신의 골프는 스트로크 개수를 최소화 하는데 목표를 두고 있어. 결과에 관계없이 목표를 즐거움에 둬야해"라고 지적했다.

이른바 '즐거움 제로' 에는 두 가지 룰이 있다. 하나는 어떤 상황이든 당신이 가장 즐거운 방법으로 볼을 치는 것이고, 둘째는 결과에 대한 모든 걱정을 포기하는 것이다.

우리는 나머지 홀을 '펀 제로' 원칙에 따라 플레이를 했고, 배리는 어린 아이처럼 행동했다. "무엇이 달라진 것 같으냐"고 묻자, 그는 "나의 골프지론과 정반대되는 방식으로 플레이를 하고 있어. 볼을 칠 때 왼손 대신 오른손을 사용하는데 느낌이 대단해"라고 전했다. 실제 배리는 몇 개 홀 동안 볼을 거칠게 치는 등 모험을 즐겼다. 하지만 자신의 이런 행위에 점차 싫증을 느끼자 그는 다시 자신이 원하는 방식대로 볼을 치기 시작했다. 라운드가 끝날 무렵 그는 다른 사람이 되어 있었다. 게임 후 배리는 "어린 아이처럼 게임을 하는 훈련법이 나를 이전의 모습으로 되돌려 놓은 것은 분명해. 솔직히 말해 나는 실패가 두려워 모든 테크닉을 매일 수 시간씩 연습했지. 이전에는 플레이를 하며 즐거움을 만끽한 적은 없었어"라고 실토했다.

자신의 플레이를 하라

골프는 클럽으로 볼을 쳐 홀에 넣는 게임이다. 물리적 단순성으로 계산하면 성공적 스트로크는 라운드당 18번에 그친다. 골퍼마다 다양한 성적을 내는 것은 홀에 이를 때까지 몇 차례 실수를 하는 가에 달려있다고 해도 과언이 아니다.

게임에 영향을 주는 것은 골퍼 자신의 선택 문제란 점도 확실하다. 골프게임 자체가 갖는 고유한 의미는 없다. 게임의 룰은 아무런 의미를 못주며, 사람이 의미를 부여하는 것이다.

게임에 영향을 주는 것은 골퍼 자신의 선택 문제란 점도 확실하다. 골프게임 자체가 갖는 고유한 의미는 없다. 게임의 룰은 아무런 의미를 못주며, 사람이 의미를 부여하는 것이다. 처음 골프를 배우면 코치를 통해 골프의 의미를 얻게 된다.

그렇다면 골퍼들은 어디서 게임의 의미를 찾아야 하는 것일까? 당신은 의미에 대한 의문을 애써 무시할 수도 있지만 그것은 사라지지 않고 모든 샷과 플레이에 영향을 미친다. 골프의 심리학이 존재하는 이유이기도하다.

골프는 나 자신을 부모나 친구, 또는 나 자신에게 입증하려는 게임이다. 또는 나 자신의 기대감에 따라 살 수 있는지를 보기 위해 앞으로 4시간을 사용할 것이다.

"골프는 나 자신을 부모나 친구, 또는 나 자신에게 입증하려는 게임이다" 또는 "나 자신의 기대감에 따라 살 수 있는지를 보기 위해 앞으로 4시간을 사용할 것이다" 또는 "골프는 다른 사람보다 내가 훌륭하다는 것을 보여줄 수 있는 기회다"라고 스스로 말한 적이 있는가? "죽기 전 80타를 깨지 못하면 나의 인생은 살 가치가 없다"라고 말했는가? 볼을 바르게 치는지 여부에 대해 왜 그렇게 관심을 가졌는지 의문을 가져본 적은 없는가?

이 같은 단면들의 대부분은 선호 여부와 관계없이 우리의 내면에 깔려있다. 이들이 주는 의미가 좋다, 나쁘다를 말하는 게 아니라 당신이 받아들인 의미를 의식적으로 선택했느냐가 더욱 중요하다. 실제로 의식적으로 선택하는 것은 플레이에 상당한 도움을 준다. 플레이를 할때마다 과거를 되돌아보면 무엇인가를 얻게 된다.

골프의 기본 : 왜 플레이를 하는가

골프의 심리적 측면을 이겨내는 기본은 골프를 왜 하는지에 대한 입장을 분명히 갖는데 있다. 즐거움, 우정, 또는 그 무엇을 위해서 플레이를 결심하면 이너게임이 당신의 문을 두드리고, 결국 무의식적으로 플레이를 하게 된다.

골프를 하는 동안 자기 스스로 선택을 하면 스코어보다 더 중요한 것을 얻을 수 있다.

이 과정에서 당신은 적어도 선택을 할 수 있는 기회를 갖게 된다. 골프를 하는 동안 자기 스스로 선택을 하면 스코어보다 더 중요한 것을 얻을 수 있다. 인간존엄성의 척도를 느낄 수 있고, 즐거움을 만끽하는 이유도 알게 된다. 자신의 게임을 하면서 동시에 다른 동반자들도 그렇게 하도록 유도하면 당신은 항상 즐겁고 멋진 플레이를 누릴 수 있게 된다.

느낌의 공식을 넘어서

E. M. 프레인이 1946년에 쓴, 골프저서의 고전격인 「라이브 핸즈」의 발행인이 최근 그 책의 재출판을 위해 머리말쓰기를 요청해왔다. 처음 출간되었을 때는 저명한 골프 평론가이며 세인트 앤드류스 골프클럽의 전 책임자였던 버나드 다윈이 머리말을 썼다. 내가 그 같은 요청을 받은 것은 레슬리의 추천 덕분이었다는 것을 나중에 알았다. 그 책은 5장으로 구성되어 있었는데, '공식을 찾아서' 란 첫 번째 장에서 모든 테크닉에 대한 하나의 해법을 찾느라 결국에는 복잡한 메커니즘에 빠져드는 아이러니를 묘사한 것을 보고 내가 첫 번째 작가가 아니라는 사실을 알게 됐다.

프레인은 이상적인 골퍼가 되려는 꿈을 이루기 위해 공식을 끊임없이 추구하는 과정을 다음과 같이 묘사했다. "우리는 항상 훌륭한 플레이어가 되는 길을 모색하고 있다. 하지만 우리는 지구상에서 가장 잘 변질되는 사도들이다. 구원자를 찾느라 야단법석을 떨다가도 구원자가 원하는 것을 주지 않으면 즉시 다른 것을 찾는다."

"골프를 치면서 엑스칼리버(아서왕의 마법의 칼)를 찾았다고 느낀 적이 얼마나 많았는지 모른다. 어느 날 나의 구세주는 히프의 움직임이었지만 다음날은 어깨 돌리기였고, 또 다른 날은 스탠스 위치를 변경하는 것 이었다"

이븐파 플레이어였던 프레인은 "골프를 치면서 엑스칼리버(아서왕의 마법의 칼)를 찾았다고 느낀 적이 얼마나 많았는지 모른다. 어느 날 나의 구세주는 히프의 움직임이었지만 다음날은 어깨 돌리기였고, 또 다른 날은 스탠스 위치를 변경하는 것 이었다"며 자신의 무익한 추구를 술회했다. 프레인의 공식 찾기는 종교적 의미를 함축적으로 담고 있었다. "변덕이 심한 사도들을 비난하는 느낌을 잘 알고 있다. 성공의 순간은 덧없이 빨리 지나가고, 반쯤 지은 새 성곽은 때때로 부서져 황폐해지기 까지 한다." 프레인은 공식을 찾는데 열중해온 동료들이 즐거움 속에 골프를 시작하지만 티오프 후에는 곧 구름 아래서 플레이를 하는 자신들을 발견하곤 했다고 전했다. "동료들은 스윙 한번에 6~7가지의 다른 기술을 시도했다. 그러나 그들이 얻은 것은 리듬을 빼앗는 스윙의 과장된 움직임뿐이었다."

골프 공식에 대한 인간의 욕구는 기대와 실망이 끊임없이 교차되며 사이클을 형성한다. 우리는 캡슐 속에 보호된 지혜를 원하며, 책에서 관련된 공식을 읽고 일상생활에 적용한다. 물론 우리가 특별히 공식을 생각할 필요는 없다. 전문가라고 자부하는 사람들이 우리에게 전수할 지침들을 충분히 알고 있기 때문이다. 우리의 작업은 단순히 그들의 지침을 따르면 된다.

공식은 주어진 상황에서 어떻게 해야 할지를 알려주는 심리적 개념이다. 불확실성에 부딪히면 그 공식에는 방향과 확실성이 부여된다. 골프가 공식의 지침대로 이행된다면 우리 모두 이븐파 플레이어가 되었을 것이다. 인생이 공식에 따라 전개된다면 우리 모두 행복한 삶을 누릴 것이 분명하다.

'테크닉을 개발하라'는 제6장에서의 지적처럼, 업무를 훌륭하게 수행하려면 기술을 이해하는 게 중요하다는 점을 지금도 믿고 있다. 그러나 공식을 이해하는 것과 추종하는 것은 다르다. 볼은 이해를 하면서 치는 것이 아니다. 이해력은 스윙의 기본을 제공할 뿐이다. 스윙을 할 때는 공식보다 느낌을 따라야한다.

나는 공식보다 느낌을 선호한다. 느낌으로 플레이하고, 책을 쓰며, 인생을 산다. 느낌이 좋으면 모든 것이 잘 작동되기 때문이다. 자아1의 침묵을 유도함으로써 자아2의 자연스런 느낌에 더 쉽게 다가갈 수 있다.

나는 공식보다 느낌을 선호한다. 느낌으로 플레이하고, 책을 쓰며, 인생을 산다. 느낌이 좋으면 모든 것이 잘 작동되기 때문이다. 내가 말하는 느낌은 자아1이 조성하는 공포와 의혹을 의미하는 것이 아니다. 자아1은 불확실한 상황을 조성해 공식을 찾도록 유도한다. 그것보다는 자아2로부터 자연스럽게 형성되는 느낌, 즉 배움을 통해 얻는 느낌이 아니라 자연스레 형성되는 자극, 욕망, 본능, 그리고 반응들이 중요하다. 자아1의 침묵을 유도하는 것은 자아2의 자연스런 느낌에 더 쉽게 다가가기 위해서다.

나는 인생의 자연 천으로부터 솟아 나오는 느낌을 즐기고 따르길 원한다. 골프를 할 때도 그 같은 느낌을 발견해 스윙을 하는 것이다. 볼 앞에 서면 스윙을 어떻게 해야 할지, 스윙의 느낌을 어떻게 기억해 낼지를 생각하지 않는다. 내가 해야 할 가장 중요한 일은 볼을 쳐야하는 상황을 있는 그대로 받아들이는 것이다.

이 글을 읽는 독자들은 "볼을 치길 원하고 어느 곳으로 볼을 보내야 할지 잘 알고 있다. 때로는 볼을 어떻게 치길 원하는지도 안다"고 답할지 모른다. 그러나 볼을 어느 방향으로 어떻게 쳐야하는 것과 볼을 치는 욕망에 자연스럽게 반응하는 것과는 차이가 있다. 저녁을 먹을 시간이라고 생각하는 것과 배고픔을 느끼는 것과의 차이와 같다. 배고픔이나 목마름에 의식적으로 반응을 보이는 것과 밥과 물을 먹을 시간이 되어서 그 공식을 따르는 것과는 분명히 다르다. 배가 고프다는 느낌이 들 때 식사를 하면 그 자체가 더욱 즐거워진다.

원하는 방법에 따라 정확하게 볼을 치는 것도 독특한 즐거움을 준다. 당신이 원한다고 생각하는 방법이 아니라 원한다고 느끼는 방법을 말한다. 이 느낌에 이름을 붙여줄 필요는 없다. 명명하면 다시 공식화되기 때문이다. 그것이 무엇이라고 불리든 그 느낌을 가져야하며, 그것에 따라 자신의 샷을 표현해야한다. 이 같은 방법에 따라 실행하는 샷은 나 자신과 일체감을 느끼게 해 주며 더욱 인간적이 된다. 이런 경지에 이르러야 나 자신이 골프에 의해 플레이되는 것이 아니라 골프를 플레이 하고 있다는 것을 느끼게 된다. 나 자신이 게임보다 더 중요해 지는 것이다.

나 자신을 게임에 저당 잡히고 싶지는 않다. 나는 골프를 주도해가는 플레이어가 되길 원한다. 느낌을 찾아 표현하면 그 결과는 놀라운 행복감을 준다.

나는 나 자신을 게임에 저당 잡히고 싶지는 않다. 나는 골프를 주도해가는 플레이어가 되길 원한다. 느낌을 찾아 표현하면 그 결과는 놀라운 행복감을 준다. 볼이 코스를 벗어나면 나 역시 코스를 벗어난 것을 깨닫게 된다. 나를 보여주는 샷이 좋다. 마치 거울을 보는 것처럼 말이다.

물론 자신의 느낌을 통해 샷을 한다고 해서 자아1이 사라지는 것은 아니다. 자아1은 기계적인 지침을 강요할 수 있는 기회를 어느 정도 잃었다고 하지만 "마지막 샷은 느낌이 좋아. 다음 번에도 그런 느낌을 갖고 샷을 해야 돼"라며 간섭을 계속할 것이다. 내가 어떠한 느낌이 좋아 그것을 따른다면 자아1은 그 느낌을 공식화하려 들 것이다. 공식 버튼을 눌러 그때와 같이 느껴보라고 주문할 것이 뻔하다. 그렇게 하면 느낌의 영역을 떠나 생각의 영역으로 되돌아오게 된다.

자아1의 유혹에 빠져 느낌을 재생하려 시도하면 자연스런 느낌은 사라진다. 새로운 것을 발견하길 기대 하기에 앞서 그 순간을 온전히 느끼는 과정이 필요하다.

자아1의 유혹에 빠져 느낌을 재생하려 시도하면 자연스런 느낌은 사라진다. 새로운 것을 발견하길 기대 하기에 앞서 그 순간을 온전히 느끼는 과정이 필요하다. 첫 번째 티박스에서 경험한 느낌은 18번 홀에서의 느낌과 완전히 다를 수 있다. 때문에 18번 홀에서 첫 번째 홀과 같은 느낌을 갖고 티샷을 시도하는 것은 우스운 일이다. 13번 홀 그린에서 44피트짜리 롱 퍼트를 성공시킨 12번 홀의 느낌을 다시 갖는 것은 불가능 할 수도 있다. 자연발생적으로 일어난 일을 컨트롤할 수는 없다. 그러나 자연발생적 장소에 접근하는 것을 배울 수는 있다. 그 문 앞에 앉아 음악을 들으면 노래의 달콤함을 이해할 수 있다. 샷을 할 때마다 나의 스윙과 걸음에서 노래를 표현할 수 있다.

나는 이것이 진정한 플레이며, 골프를 즐기는 방법이라고 생각한다. 골프스윙에 대한 생각은 여전히 내 마음에 있으며, 이렇게 골프스윙을 생각하는 것도 좋다. 그 생각이 나를 가르칠 것이다. 하지만 그 생각이 나에게 무엇인가 중요한 것을 말하려는 순간, 나 자신이 플레이어가 아니라 게임에 의해 플레이를 당하는 덫에 걸려든다.

나는 경쟁과 도전을 좋아한다. 경쟁은 목적을 다양화 시켜주고 즐거움을 강화시켜준다. 그러나 경쟁에도 진실과 거짓이 있다. 거짓경쟁은 무엇인가를 남에게 입증시키려는 자아1의 투쟁이다. 거짓 경쟁의 압박감이 사라져야 진정한 경쟁을 발견하게 된다. 나는 경쟁이란 단어의 그리스 어원이 '함께 추구하다' 란 사실을 알고는 흥미를 느꼈다. 쌍방이 상호 경쟁을 하면서 함께 훌륭한 길을 모색한다는 의미를 담고 있기 때문이다.

일부 독자는 내가 언급해온 느낌에 대해서 이름을 짓길 원할지도 모른다. 하지만 자아1이 그 느낌들을 쉽게 판단하거나 조작하지 못하도록 하기위해서라도 이름을 붙이는 일을 하지는 않을 것이다. 나는 느낌의 원상태를 보호하기 위해 언어의 영역에서 제외시키길 원한다. 그러면 자아1이 그렇게 하라고 시키는 특정한 느낌에서 벗어나, 그 순간의 진정한 욕구에 충실하며 더욱 자유롭게 볼을 칠 수 있게 된다.

충동이 정확히 표현되면 그 자체를 만족하면 된다. 만족은 볼이 어디로 날아가느냐 와는 관계가 없다. 내가 가장 가치를 두는 것은 열정 그 자체로, 그것이 인생이며 삶이다.

충동이 정확히 표현되면 그 자체를 만족하면 된다. 만족은 볼이 어디로 날아가느냐 와는 관계가 없다. 내가 가장 가치를 두는 것은 열정 그 자체로, 그것이 인생이며 삶이다. 말은 실패를 유발한다. 이런 방법으로 플레이 하는 것은 성실하고 열정적으로 삶을 누리겠다는 나의 선택의 일부이다. 그 선택은 모든 어린이들이 갖고 있는 자연스런 삶이다.

어느 날 피칭과 칩핑 연습을 하면서 프레인이 쓴 「살아있는 손들」을 다시 생각해 보았다. 나의 손들은 더욱 살아있는 듯 느껴졌고, 미묘한 움직임을 자각할 수 있었다. 나는 간섭하거나 조정할 욕구를 전혀 갖지 않았다. 덕분에 나의 몸은 배움을 분석하지 않고도 기술습득을 할 수 있었다. 느낌이 최우선시 될 때에 한해 모든 일이 원하는 방향으로 작동하는 것이다.

나는 자연스런 느낌에 대해 글을 쓰려는 욕구를 갖고 있지만, 전도사나 판매원과 같은 열정을 느끼는 것은 아니다. 그렇다고 내가 발견한 것을 비밀로 간직하고 싶지도 않다. 내가 말하는 것이 독자들에게 유익하다면 그들은 이 글을 읽기 전에 이미 그 진실성을 알고 있었을 것이다. 나의 글은 느낌의 중요성을 다시 한 번 생각하게 하는 것뿐일지도 모른다.

일상에서 우리가 우연히 마주치는 것은 공식화된 생각과 행동으로 인한 결과들이다.

일상에서 우리가 우연히 마주치는 것은 공식화된 생각과 행동으로 인한 결과들이다. 골프나 직장이나 인간관계에 있어서 우리는 우리가 가길 원하는 방향으로 인도해 주는 공식을 믿는 훈련을 받아왔다. 그것에 집착함으로써 피나게 싸우고, 방어하기 위해 잔인한 투쟁을 벌이고, 그것들을 글로벌화 하는 독특한 공식들을 또다시 만든 것이다.

다양한 즐거움

어느 날 오후 5시께 나의 두뇌는 지쳤고, 몸의 움직임도 불안했다. 글을 많이 썼지만 충분하다는 생각은 들지 않았다. 어두워지기 전 9홀을 마치겠다는 기대로 아이언 세트만 갖고 가장 가까운 골프코스를 찾았다. 웨스트레이크는 파5홀이 2개뿐인 파67로, 상대적으로 길이는 짧지만 도전적인 코스였다. 나는 5번 7번 피칭웨지 퍼터 4개만 가지고 플레이하기로 결심했다. 새 아이언세트를 시험할 수 있으며, 동시에 클럽선택에 있어 우유부단함을 줄여주는 기회라고 생각했다.

10번 홀에서 출발했다. 5번 아이언을 두 번 사용해 볼을 그린위에 올린 뒤 20피트 거리의 퍼트를 시도해 1인치 가까이에 붙였다. 무난하게 파를 잡았다. 다음 홀은 420야드 짜리 파4홀이었다. 5번 아이언을 두 번 쳤지만 그린까지는 90야드가 남았다. 새로 구입한 피칭웨지를 사용해 볼을 핀 1피트거리에 붙이는데 성공했다. "이 클럽은 아직 미스샷을 내는 것을 배우지 않았군"하며 중얼 거렸다. 15번 홀에 이르러 다른 골퍼 팀을 만날 때 까지 3번의 버디 기회를 놓쳤지만 이븐파를 유지하고 있었다. 4명이 한조로 라운드를 도는 앞 팀의 속도가 느려서 뒤를 따르고 싶지 않아 12번 홀부터 14번 홀까지 다시 플레이를 했다. 그리고 모두 파를 기록했다. 나는 자아1이 나의 베스트 라운드를 계산하는 소리를 뚜렷이 들었다. 동시에 나의 성취를 자랑하는 허풍 섞인 얘기도 들려왔다. 그러나 "너는 무엇을 성취하길 원하는가"라는 또 다른 목소리도 흘러나왔다.

15번 홀은 520야드 파5였다. 5번 아이언이 처음으로 페어웨이를 벗어나 왼쪽 끝 나무 아래 에 멈춰 섰다. 다시 티샷한 볼은 페어웨이 중앙으로 정확히 날아갔다. 첫 번째 볼은 한 벌타를 먹고 언블레이볼을 선언할 수밖에 없었으며, 결국 보기로 마무리됐다. 두 번째 볼은 파를 기록했다. 1오버파. 나는 무엇을 달성하길 원한 것인가? "아무것도 아니야. 경험을 즐길 뿐이지"라는 대답에 나 스스로 놀랐다.

이날 플레이에서 얻은 성과는 나를 결코 의기양양하게 만들지 못했다. 나는 단지 볼 앞에 서서 스윙을 했고, 아무 생각 없이 샷에 전념하느라 모든 시간을 보냈다. 내 · 외적 게임의 테크닉도 동원하지 않았다. 단지 볼을 치고 곧 바로 날아가는 것을 바라보았을 뿐이다. 무엇인가를 정복했다는 확정적 제스처를 쓰며 예스를 남발하지도 않았다. 그 당시의 느낌을 가장 유사하게 표현하는 단어는 '만족' 그것이었다.

나는 단지 볼 앞에 서서 스윙을 했고, 아무 생각 없이 샷에 전념하느라 모든 시간을 보냈다. 내 · 외적 게임의 테크닉도 동원하지 않았다. 단지 볼을 치고 곧 바로 날아가는 것을 바라보았을 뿐이다. 그 당시의 느낌을 가장 유사하게 표현하는 단어는 '만족' 그것이었다.

수년전에 나는 테니스 게임을 하면서도 비슷한 느낌을 받은 적이 있다. 그러나 당시에는 내가 해냈다는 느낌을 그리워하며 즐겼던 것 같았다. 그러나 웨스트레이크 코스에서는 정복의 느낌이 들지 않았다. 쉽게 부서지지 않는, 한결 같으면서도 진실한 느낌만을 얻었다. 이븐파 골프를 했다는 것이 아니라, 플레이 자체에 편안함을 느껴 나의 유일한 선택인 편안함이 지속되는 것에 감사함을 표했을 뿐이었다. 자아1은 자신의 노력을 했고, 나는 나의 노력을 했다. 나는 마지막 두 홀을 파로 마무리 지었지만 단순하면서도 편안한 느낌은 지속되었다.

그로부터 며칠이 지난 뒤 컴퓨터 앞에서 힘들게 일을 하다가 오후 5시30분께 라운드를 돌고 싶은 충동을 느꼈다. 하루 종일 비가 내려 웨스트레이크 코스는 한적했다. 나는 3번 아이언을 시도하기로 했다. 3번, 7번, 웨지, 그리고 퍼터만 갖고 플레이를 빨리해 18홀을 다 돌 수 있었다. 마지막 2개 홀은 어둠속에서 플레이를 했지만 18번 홀에서는 버디를 잡아냈다. 지난번 라운드에 비해 일관성은 다소 떨어져 보기를 7개를 범한 대신 버디도 3개를 기록해 71타로 끝냈다. 처음 언더파를 한 것이다. 방해는 거의 없었으며 샷을 복잡하게 만들려는 자아1의 노력에 대한 견제도 유지할 수 있었다. 라운드가 끝나자 나는 골프를 어떻게 쳐야할지를 깨달았다. 클럽을 어떻게 스윙하느냐에 대한 절대적인 말이 아니라, 남은 일생동안 골프를 해야 하는 만족스런 이유들을 찾은 것이다.

게임의 미래

골프의 룰은 거의 변하지 않지만 게임의 의미는 개인에 따라 다양하며, 문화적 상황에 따라 많은 영향을 받게 된다. 나는 앞으로 수년간 골프를 배우고 플레이하는 방법에 중대한 변화가 일어날 것이라 믿고 있다. 내가 이 책에서 언급한 골프교습가들은 스윙의 메커니즘을 통해 배울 수 있는 것은 별로 없다는 사실을 인정하고 있다. 티칭 프로들의 가장 중요한 임무는 학생들이 이미 이해하고 있는 스윙을 어떻게 연습하는가를 돕는 것이며, 그 초점은 학습내용보다 배움의 예술로 서서히 이전되어야한다. 골프 숙련자조차 스윙의 기계적 요소들을 찾는 게 어려울 뿐 아니라 숙련하는데도 효율적인 방법이 아니라는 것을 인식을 하고 있다. 골프에 있어 긴장이나 다른 심리적 장애의 역기능에 대한 인식도 높아지고 있다. 요약하면 관심이 물리력에서 심리로 이전되고 있는 것이다.

골프에 있어 외적게임이 내적게임으로 전환되는 것은 문화에서 발생하는 일반적인 균형조절의 반영인 셈이다. 외적환경에 대한 물리적 컨트롤은 제한적일 수밖에 없다는 사실을 깨달은 결과다. 심리적 문제를 해결할 능력이 없다면, 기술은 전쟁, 범죄, 기아와 같은 불만족의 원인에 접근할 수 없다. 다음 세대는 표현을 간섭하는 부정적인 힘을 극복하고 인간의 재능을 토닥거리는 발전적인 행태로 나아갈 것이다.

우리의 문화가 내 · 외적인 균형 조절과정을 겪으면 스포츠는 새로운 존재이유를 발견하게 된다. 스포츠는 긴장을 완화시키거나 영웅을 배출하는 이상으로 문화에 큰 가치를 부여해 인간의 동기, 성과, 그리고 자기간섭에 대한 연구와 실험을 가능케 하는 실험장이 될 수도 있다. 골프는 이 같은 시나리오에서 특별한 역할을 갖게 될 것이다. 골프는 보수적인 사람들에 의한 보수적 게임으로 알려져 왔지만, 실제로는 다양한 인류가 좋아한다. 골프코스에서 스트레스를 이기는 방법을 배운 기업인은 경영과 재정 측면에서 많은 고통을 줄여 나갈 수 있다. 학생들도 마찬가지로 골프코스에서 자신감을 얻게 된다고 믿는다.

스포츠는 긴장을 완화시키거나 영웅을 배출하는 이상으로 문화에 큰 가치를 부여해 인간의 동기, 성과, 그리고 자기간섭에 대한 연구와 실험을 가능케 하는 실험장이 될 수도 있다.

모든 사람들은 현실과 게임간의 미세한 경계를 존중하는 것을 배워야하며, 경쟁의 진정한 가치도 이해해야한다. 이 책에 묘사된 골프의 이너게임은 문화가 싸워 이겨내야 할 문제들이다. 골프가 이를 위한 실험 수단이 된다면 그 존재는 더욱 정당화 될 수 있다.

훌륭한 선수이거나 스윙의 메커니즘을 잘 아는 것만으로 코치가 될 수는 없다. 앞을 내다보는 코치는 배움의 과정에 대한 이해력 개발을 시도해야한다. 그렇게 한다면 집중 자기믿음 의지, 인식과 같은 가치 있는 내적기술을 가르칠 수 있어서 스윙구조만을 교습하는 과거의 수준을 뛰어 넘을 수 있다. 그와 같은 스승들은 학생들의 인생의 질을 높이는데도 기여할 것이다.

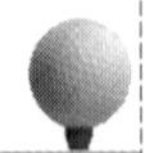

자신을 정복하는 플레이를 한다면 게임은 진정한 레크리에이션으로 승화될 수 있다. 게임은 진부한 일상생활에서 벗어나는 휴식이며, 그 과정을 통해 무엇을 배우는가에 따라 삶의 모든 측면이 변화된다.

보편적이면서도 영원히 경쟁에 참여할 수 있는 더 좋은 방법은 있는 것일까? 바비 존스가 주장한 것처럼 자신을 정복하는 플레이를 한다면 게임은 진정한 레크리에이션으로 승화될 수 있다. 게임은 진부한 일상생활에서 벗어나는 휴식이며, 그 과정을 통해 무엇을 배우는가에 따라 삶의 모든 측면이 변화된다.

그와 같은 기대는 골프게임에 중요한 의미를 부여하며 항상 가치 있는 스포츠로 만들어 준다. 비록 하루밤새 골프게임의 새로운 방법이 탄생될 수는 없겠지만, 현 시점에서는 의외로 빨리 나타날 수도 있다. 그리고 그 속도와 관계없이 골프는 더욱 재미있고, 더욱 자연스러우며, 안팎에서 역동적인 균형을 갖게 될 것이다.